지속가능발전목표(SDG) 시대
한국의 복지와 행복지표 측정

지속가능발전목표(SDG) 시대 한국의 복지와 행복지표 측정

This Edition was published by Jipmoondang Publishing Co. in 2018, Seoul, Korea.

425
아산재단 연구총서

사회복지와 행복

지속가능발전목표(SDG) 시대 한국의 복지와 행복지표 측정

한 준
김석호
김옥태
배 영

집문당

한 준(韓 準) 연세대학교 사회학과 교수
김석호(金碩鎬) 서울대학교 사회학과 교수
김옥태(金沃泰) 한국방송통신대학교 미디어영상학과 교수
배 영(裵 泳) 숭실대학교 정보사회학과 교수

아산재단 연구총서 425
사회복지와 행복
지속가능발전목표(SDG) 시대
한국의 복지와 행복지표 측정

2018년 5월 30일 1판 1쇄

저 자 | 한준, 김석호, 김옥태, 배영
발행인 | 임동규
발행처 | **집문당**
등 록 | 1971. 3. 23. 제300-2012-69호
영업부 | 10881 경기도 파주시 광인사길 85(파주출판도시)
(02)743-3192~3 팩스(02)742-4657
전자우편 | sale@jipmoon.co.kr
편집부 | 03134 서울시 종로구 돈화문로 82 집문당빌딩 5층
(02)743-3096~7 팩스(02)743-0227
전자우편 | edit@jipmoon.co.kr
홈페이지 | www.jipmoon.co.kr

ISBN 978-89-303-1779-5 94330
978-89-303-1500-5(세트)

가격 22,000원

이 도서의 국립중앙도서관 출판시도서목록(CIP)은 e-CIP홈페이지(http://www.nl.go.kr/ecip)와
국가자료공동목록시스템(http://www.nl.go.kr/kolisnet)에서 이용하실 수 있습니다.
(CIP제어번호: CIP2017035470)

머리말

새해를 맞아 인사를 나눌 때 대부분의 사람들은 서로 행복을 기원한다. 결혼해서 새로 가정을 이룬 사람들에게도 행복을 누리길 기원한다. 이렇게 행복은 모든 사람들이 염원하는 가치를 대표해 왔다. 그런데 요즘 새삼 행복에 대한 언론의 기사, 학술적 연구, 정책적 논의가 급격히 늘고 있다. 왜 갑자기 행복에 대한 사람들의 관심이 높아지게 되었을까? 사람들은 무언가 문제가 생기면, 즉 이전에 비해 상태가 나빠지면 관심을 갖게 된다. 그렇다면 행복에 대한 관심이 높아지는 것은 근래 들어 사람들이 점점 더 불행하다고 느끼게 되었기 때문일까? 혹은 우리 사회에서 불행하다고 생각하는 사람들이 늘어났기 때문일까? 그동안 발표된 많은 조사 결과들이나 연구보고서들을 살펴보면, 요즘 들어 우리 사회의 행복 수준이 눈에 띄게 낮아진다고 보기는 어렵다. 그렇다면 행복에 대한 사회적 관심이 높아진 이유는 다른 데에서 찾아봐야 할 것이다.

행복에 대한 우리 사회의 관심이 높아지는 것에 대한 또 하나의 대답은 외부로부터, 즉 전 세계적으로 행복에 대한 관심이 높아지고 있기 때문이라는 것이다. OECD에서는 회원국들의 행복과 삶의 질 수준을 비교하는 "더 나은 삶 지수(Better Life Index: BLI)"를 매년 발표하고 있으며, UN에서도 "세계행복보고서(World Happiness Report)"를 꾸준히 발간하고 있다. 여러 나라의 정부에서도 행복 혹은 삶의 질을 평가하는 지수를 만들어 지속적으로 보고하고 있다. 한국은 근대화를 늦게 시작해서 압축적으로 빠르게 발전하면서 선진 외국의 사례를 많이 참고해 왔다. 따라서 외국에서 행복에 대한 관심이 높아졌다면, 이를 반영해서 우리 사회에서도 행복에 대한 사회적 관심이 높아졌을 것으로 생각할 수 있다. 그렇다면 우리 사회에서 행복에 대한 관심이 높아진 것은 전적으로 외부의 영향을 받은 결과인가? 그렇게 보기는 어려운 점들이 있다. 어떤 문제나 주제에 대한 관심의 증가가 외부 영향 때문일 경우 일시적으로 관심이 높아지다가 얼마 지난 후 관심이 줄어드는 경우가 대부분이다. 그런데 행복에 대한 우리 사회에서의 관심은 꾸준히 지속되고 있을 뿐 아니라 점점 더 높아지고 있다.

외부로부터의 영향 이외에 우리 사회 내부에서는 어떤 사정이 사람들로 하여금 행복에 대해 관심을 갖도록 만드는 것일까? 대답의 실마리는 우리 사회가 발전해 온 과정과 경로에서 찾을 수 있다. 우리 사회는 후발 근대화를 압축적으로 경험하면서 다양한 형태의 불균형이 사회의 여러 분야에서 자리를 잡았다. 그중에는 객관적 물질생활의 수준과 주관적 삶의 만족 간 격차도 포함된다. 이미 1970년대에 경제학자 이스털린(Easterlin)은 사회의 일인당 GDP 수준 증가는 어느 수준까지는 삶의 만족을 높이지만, 그 이후에는 별로 영향을 미치지 못한다는 것을 통계자료로 보였다. 한국 사회는 지난 반세기 동안의 빠른 성장으로 1인당 GDP로 대표되는 물질적 생활수준의 향상이 삶의 만족을 높여왔지만 최근 들어서는 삶의 만족 수준이 정체되고 있다. 또한 국제적으로 비교하면 한국은 비슷한 경제발전 수준의 나라들에 비해 상대적으로 주관적 만족의 수준이 낮다고 평가된다. 뿐만 아니라 최근 국제기구의 행복 관련 보고서들을 보면 한국에서 주관적 행복감의 불평등 또한 다른 나라들에 비해 높은 편이라고 한다. 이처럼 다양한 측면에서 행복의 격차가 우리들로 하여금 행복에 대한 관심을 지속적으로 갖도록 만든다고 할 수 있다.

이 책은 행복에 관심을 가진 사회과학자들이 함께 모여 토론하고, 다양한 자료를 수집해서 공동연구를 수행한 결과이다. 2016년 아산사회복지재단의 지원을 받은 연구자들은 해외 및 국내의 문헌자료와 조사보고서, 학술연구 자료 DB, 연구진이 설계하고 전문기관을 통해 수행한 설문조사 자료 등 다양한 자료들을 종합하고 망라해서 연구를 수행하였다. 본 연구에서 주로 초점을 맞추었던 것은 행복의 일반론이 아닌 한국인들이 생각하고 느끼는 행복 및 그에 대한 영향 요인들이다.

I장에서는 행복에 대한 사상적, 학문적 논의 및 행복을 경험적으로 측정하는 문제에 대한 다양한 의견들을 소개하였다. 고대로부터 현대까지, 동양과 서양을 아우르는 행복에 대한 정의와 논의들이 다루어졌으며, 1960년대와 2000년대 전 세계적으로 행복에 대한 학술적, 정책적 관심과 논의가 활발해진 배경을 살펴보았다.

II장에서는 한국의 행복과 삶의 질 수준이 국제적으로 어느 정도인가를 OECD의 '더 나은 삶 지수(Better Life Index: BLI)' 및 UN의 '세계행복보고서(World Happiness Report)'를 통해 살펴보았다. 이를 위해 국제적으로 행복에 대한 측정방법의 전반적 합의가 2010년대 들어 어떻게 이루어졌는가를 소개하고 있다.

III장에서는 행복에 대한 관심이 높아진 2010년 이후 한국에서 이루어진 행복 관련 학술연구들을 대상으로 어떤 주제들이 다루어졌는가를 빅데이터 분석을 통해 살펴보았다. 이를 통해서 한국에서 학술연구자들의 행복에 대한 대체적 연구 경향이 드러났으며, 학문 분야별로 서로 다른 관심들이 반영되어 있다는 것을 확인할 수 있었다.

IV장에서는 대표적 모바일 SNS인 트위터에서 행복과 관련된 내용들을 빅데이터 분석함으로써 일반인들이 생각하는 행복의 요인들을 살펴보고, 중국, 일본, 미국과 비교하였다. 국가별로 행복과 관련된다고 생각하는 요인들에서 문화적 차이와 세대 간 차이를 발견할 수 있었으며, 이를 통해 한국인의 행복관이 가진 특성들이 추출되었다.

V장 및 VI장에서는 본 연구에서 수행한 설문조사 자료를 분석하여 한국인의 행복에 영향을 미치는 주관적 요인으로 '마음의 습관'과 '사회적 기초'를 분석하였다. 마음의 습관은 사회마다 구성원들이 공유하는 마음가짐 혹은 마음씀씀이의 유형이라고 할 수 있다. 행복에 영향을 미치는 한국인의 마음의 습관으로는 비교성향, 집단/개인주의, 물질/탈물질주의가 주로 다루어졌다. 행복의 사회적 기초는 2017년 UN의 세계행복보고서에서 강조되었던 바로, 한국의 경우 사회적 지지와 사회적 참여, 관용과 배려 등이 주로 영향을 미치는 것으로 분석되었다.

이 책에서 저자들은 한국에서의 행복에 대한 논의가 이제 본격적으로 시작되는 시점에서 행복과 삶의 질에 대한 연구성과들이 실제 국민들의 행복과 삶의 질 향상에 기여할 수 있기를 바라는 마음으로 연구에 임했다. 연구 수행 과정에서 연구진을 중심으로 행복 연구를 위한 학술단체인 '한국삶의질학회'가 설립되기도 하였다. 앞으로도 행복에 대한 연구를 더욱 열심히 수행할 것을 기약하며, 연구진의 공동연구 성과를 조심스러운 마음으로 제출한다.

2018. 5. 30

연구진을 대표하여 한 준

차례

III. 학술 연구에서는 행복과 삶의 질을 어떻게 보는가?: 국내 학술논문 연결망 분석(2010~2016) / 89

IV. 사람들은 행복에 대해 어떤 생각을 하는가?: 설문조사와 빅데이터를 통한 한국, 일본, 중국, 미국 비교 / 121

표/그림 차례

I. 행복은 무엇이며,
어떻게 측정하는가?

I. 행복은 무엇이며, 어떻게 측정하는가?

1. 행복과 삶의 질에 대한 관심의 역사적 배경

우리사회는 지난 반세기에 걸쳐 급속한 경제성장으로 1인당 GDP는 1965년 160만 원에서 2015년에 2,960만 원으로 18.5배 증가하였다. 또한 경제성장과 함께 민주화의 성취로 세계적인 주목을 받아왔다. 그러나 경제적 생활환경과 사회적 환경의 개선에도 불구하고 국민들이 실제 생활에서 체감하는 삶에 대한 만족도나 행복수준은 그리 높지 않게 나타나고 있다. 국제비교 결과를 보면, OECD에서 발표하는 BLI(Better Life Index)이건 UN에서 발표하는 세계행복보고서(World Happiness Report)이건 발표기관별로 차이는 있으나 우리의 위치는 경제성장에 상응하지 못하게 낮은 것으로 나타나고 있다.

오래전부터 GDP는 사회발전 측정에 있어서 핵심 지표로 활용되어 왔으며, 이에 따라 각 국에서도 경제성장 위주의 정책을 추구해왔다. 그러나 경제성장이 당연히 국민의 웰빙이나 삶의 질에 향상을 가져오고 그에 따라 국민들의 행복도 늘어날 것이라는 기대는 현실적으로 다양한 의구심을 받고 있다. 먼저, 경제성장에도 불구하고 빈곤, 범죄, 환경오염 등과 같은 여러 새로운 사회문제들이 발생하였다. 또한, GDP는 삶의 질을 구성하는 실질적인 요소를 제대로 반영하지 못한다는 비판을 받아왔다.

우리 사회도 산업화와 민주화를 동시에 성취하였음에도 불구하고, 서구 선진국이 경험한 역사적 경로를 짧은 시간에 급속히 겪으면서 다양한 사회문제에 직면하고 있다. 낮은 출산율과 급속한 고령화, 높은 자살률 등 사회 전반의 활력이 약화되는 현상이 목격되고 있다. 또한 이념적 갈등, 상대적 빈곤, 노사갈등 등 다양한 갈등을 첨예하게 경험하고 있다. 우리 사회가 이러한 당면한 도전 과제에 대처하기 위해서는 성장위주의 정책에서 벗어나 국민의 삶의 질을 체계적으로 관리하는 방향으로의 정책적 접근이 불가피해졌다. 정부의 기본적 임무는 국민들에게 더 나은 삶의 조건을 창출함으로써 행복을 증진하는 데 있으며, 같은 맥락에서 경제성장은 그 자체가 목적이라기보다는 더 나은 삶의 조건을 창출하기 위한 수단에 불과하기 때문이다. 이러한 사회적 맥락에서 GDP를 넘어서 국민의 삶의 질과 행복에 대한 측정의 필요성이 대두되었다.

삶의 질이라는 용어는 후생경제학자인 피구(Pigou, 1929)에 의해 처음으로 언급되었다. 그는 하층계급을 위한 정부의 복지제공 및 그것이 노동에 의해 받는 영향에 대해 서술하면서, "첫째, 비경제적 복지는 소득 획득 방식에 따라 달라지기 쉽다. 왜냐하면 근로환경이 삶의 질에 반작용을 가하기 때문이다"라고 썼다(Pigou, 1929: 14).

이후로 삶의 질이라는 용어는 거의 20여 년 동안 언급되지 않다가 미국에서 2차 세계대전 후반부에 다시 등장한다. 당시 이 용어는 주택 및 소비재, 자동차의 소유로 대표되는 좋은 삶 혹은 물질적 부를 함축하는 것으로 사용되었다(Fallowfield, 1990). 1950년대 국가목표에 대한 아이젠

하위 위원회는 삶의 질을 측정하고자 시도하였으며, 연구결과는 상이한 환경적 및 사회적 영향들이 있음을 보여주었다. 하지만 삶의 질에 대한 관심이 본격화된 것은 1960년대 중반 등장한 사회지표에 대한 연구가 시작되면서부터라고 할 수 있다. 따라서 '삶의 질'이 무엇인가를 이해하려면 그에 앞서 등장한 '사회지표'의 배경 및 '삶의 질' 개념과의 관련성을 알 필요가 있을 것이다.

사회과학의 연구 분야로서 사회지표는 미국에서 1960년대 중반 시작되었다. 그 출발점은 미국의 항공우주국(NASA)에서 미국의 우주계획이 미국 사회에 미치는 영향과 부작용을 측정하고 예측하기 위해 시작한 연구였다[1]. 이 프로젝트의 책임자였던 바우어(Bauer, 1966)에 따르면, 사회지표는 "우리의 가치 및 목표와 관련하여 현재 우리의 위치와 지향점을 가늠할 수 있게 해 주는 통계, 통계 계열 및 다른 형태의 모든 증거"이다.

미국과 비슷한 시기에 스웨덴에서도 사회지표에 대한 관심이 높아지기 시작했다. 1965년부터 스웨덴 저임금위원회에서 시작한 스웨덴 생활수준 조사(Swedish levels of living survey)에서는 1968년도 조사부터 이전의 임금수준이나 소비수준에서 더 확장해서 다양한 사회분야의 문제에 대한 조사를 시작했다. 스웨덴에서는 이러한 조사항목의 확장이 시장에 의해 해결되지 못하는 한계집단의 문제를 제대로 인식하고 또한 기술경제적 발전이 노동에 미치는 부정적 영향에 관심을 가져야 하기 때문이

---

1) 1960년대의 사회지표 연구 이전에도 이러한 시도는 있었다. 그중에서 가장 오래된 것은 1933년 당시 대통령 후버의 사회동향위원회가 출간한 〈미국의 최근 사회동향〉으로, 사회학자 오그번(Ogburn)이 수행했던 연구이다.

라고 보았다. 미국이 사회지표의 필요성과 관련하여 물질적 영역 대 비물질적 영역의 차이에 초점을 맞추었다면, 스웨덴에서는 시장 영역 대 비시장적 영역의 비교에 초점을 맞추었다고 할 수 있다.

사회지표 연구는 곧 유럽 및 다른 나라들로 확산되었으며 머지않아 국제기구들에 의해 채택되기 시작했다. OECD에서는 1970년에 사회지표 작업을 시작했으며 비슷한 시기에 UN 사회경제위원회에서도 〈사회 및 인구 통계체계〉를 개발하기 위하여 유사한 프로젝트를 시작하였다.

비록 이러한 연구들의 학술적 영향이 크지는 않았지만 상당한 책임과 사명감을 갖고 시작되었기에 '사회지표운동'이라는 명칭이 붙게 되었다. 이처럼 운동의 형태로 등장하고 급속히 확산된 배경에는 1960년대 후반 및 1970년대 초반의 사회적 분위기가 한 몫을 했다. 당시는 번영의 시기였으며 처음으로 서구 선진국에서 사회진보의 주요한 목표로서 경제성장에 대한 의혹이 제기되었다. 경제성장의 '사회적 비용'(Mishan, 1967)에 대한 관심이 높아지면서 과연 "더 많은 것(more)"이 계속 "더 좋은 것(better)"을 의미하는가에 대한 진지한 의문이 제기되면서 양보다 질을 앞세워야 한다는 주장이 늘어났다. 한편으로 이러한 경향은 물질적 부의 한계효용이 줄어드는 것을 의미하였지만 다른 한편에서는 점점 증가하는 탈산업사회의 특성을 반영하는 것이기도 하다.

1980년대에는 유럽의 사회경제적 통합 정책이 발전하면서 삶과 사회의 질이라는 쟁점이 새로운 동력을 받게 되었다. 1988년 유럽연합은 통합의 부정적 효과를 줄이고 조화로운 유럽 공통시장을 추구하고자 하는 재분배정책을 채택했으며, 1989년에는 사회헌장이, 1992년에는 마스트리흐트 조약의 사회 프로토콜이 채택되어 빈곤한 지역의 사회경제적 문제점들에 대응하는 적극적 행동의 채택을 가져왔다. 2000년대에 이르러 유럽은 리스본 전략에서 사회적 배제와 빈곤에 함께 대처할 것을 협의하면서 라에켄(Laeken) 지표로 불리게 되는 일련의 지표들—소득, 고용, 교육과 건강 영역으로 나뉘는—을 채택하였다. 이러한 관심은 2003년 유럽위원회가 제안한 유럽연합 소득 및 생활조건 통계 프로젝트(EU-SILC) 및 생활 및 근로 및 생활조건 개선을 위한 유럽재단(EUROFOUND)이 시작한 유럽 삶의 질 조사로 구체화되었다.

국제적 차원에서 GDP의 한계를 극복한 보다 포괄적인 사회의 발전 지표를 모색하려는 관심도 많았다. 2007년에는 유럽위원회, OECD, UN, 세계은행이 함께 글로벌리제이션 시대의 사회의 진보 측정에 대한 국제회의를 가졌으며, 2008년에는 프랑스의 사르코지 대통령이 국민 웰빙을 주관적 및 객관적으로 측정하기 위한 대안적 접근들에 대한 보고서를 작성하기 위해 노벨 경제학상 수상자인 스티글리츠(Stiglitz) 교수를 위원장으로 하는 전문가 위원회를 구성했고 2009년도에 보고서가 작성되었다. 2010년에 UN은 과거부터 작성해왔던 인간발전지표(human development indicators)를 재검토하는 한편 젠더 불평등과 빈곤을 측정하는 새로운 지표들을 도입했다. UN에서는 OECD 및 Eurostat와 협력하여 인간 웰빙과 지속가능성을 보다 잘 측정하기 위한 지속가능한 발전 측정 작업을 수행하고 있기도 하다. OECD 역시 2007년도 시작한 사회 진보의 측정을 위한 준비 작업을 거쳐 2011년 5월 OECD 50주년 기념으로 '보다 나은 삶 계획'(Better Life initiative)을 발족하는 한편 OECD의 웰빙 관련 지표들의 개요인 '삶이 어떤가요?'(How's Life?)를 공표하고 웹 기반으로 "당신의 보다 나은 삶 지수"(Your Better Life Index: www.oecdbetterlifeindex.org)라는 서비스를 제공하기 시작했다.

이러한 사회 진보 및 웰빙 측정을 위한 국제적 공동노력에 영향을 받아 여러 나라들에서도 다양한 형태로 사회 진보 및 웰빙 관련 계획들이 진행되어 왔다. 그 형태는 국가 컨설팅(영국), 의회 위원회(독일, 노르웨이), 국가적 라운드테이블(이태리, 스페인, 슬로베니아), 경제, 사회, 환경 조건 관련 통계의 통합 및 확산을 위한 프로젝트(미국), 통계보고서(호주, 아일랜드) 그리고 그 밖의 계획(프랑스, 일본, 한국, 중국) 등 다양하다.

위에서 살펴본 바와 같이 1960년대 사회지표운동 형태로 등장한 삶의 질에 대한 관심은 2000년대 들어서 새롭게 높아지고 있다. 이들 두 시기 간에는 국민들의 웰빙을 포괄적으로 분석하는 것에 초점을 두고 사회적 측정과 벤치마킹을 통해서 정책형성을 적극적으로 이끌어가고자 한다는 공통점이 있지만 상당한 차이도 보인다(Vesan and Bizzotto, 2011). 1960년대에는 풍요의 시대에 산업사회의 지속적 발전을 모형화하기 위한 방안으로서 사회적 측정이 역할을 해야 한다는 낙관적 분위기 속에서 삶의 질에 대한 관심이 일종의 사명감과 책임감에 의해 고무되었다. 반면 최근의 삶의 질에 대한 논의는 글로벌 경제 위기 이후 늘어나는 불평등과 불안감 속에서 이루어진다. 최근의 삶의 질에 대한 관심이 지속가능성이라는 측면을 강조하고 있는 것 역시 이러한 위기의 분위기와 무관하지 않다. 이러한 최근의 관점에 의하면 보다 나은 삶의 추구는 미래 세대의 질 좋은 삶에 대한 권리와 분리될 수 없다. 따라서 삶의 질 개념은 과거 인류 문명의 부단한 진보의 결과라는 낙관적 의미로부터 최근 정책적 선택이 사회 및 환경 영역에 대해 미칠 영향을 고려해야 한다는 공유(sharing)와 균형(balancing)의 신중한 의미로 그 의미가 바뀌었다.

2. 삶의 질과 행복에 대한 학술적 논의

삶의 질이라는 용어는 공공정책과 관련하여 주로 사용되기 시작하였기 때문에 엄밀한 개념적 정의나 이론적 설명을 갖고 사용된 것은 아니었다. 또한 이 용어가 사용된 학문적, 정책적 맥락도 매우 다양하기 때문에 삶의 질에 대한 논의가 종종 모순적이고 대립적인 방향으로 전개되는 경우도 있었다. 하지만 그렇기 때문에 삶의 질 개념을 어떻게 규정할 것인가를 둘러싸고 많은 논의와 논란이 과거로부터 최근까지도 계속되어왔다.

삶의 질(quality of life) 개념은 논리적으로 따져볼 때 삶의 양(quantity of life)에 대비되는 개념으로 제안되었다고 볼 수 있다. 이때 삶의 양이 지칭하는 것이 대부분 GDP 등으로 대변되는 물질적 삶의 조건이라는 점에는 크게 이견이 없을 것이다. 서구에서 2차 세계대전 이후 대량생산과 대량소비가 일반화되고 물질적 삶이 풍요로워진 1950~60년대 이후 삶의 질에 대한 관심이 높아진 것은 바로 이 때문이다. 이러한 맥락에서 볼 때 삶의 질 개념은 경제적 결핍에서 벗어난 인간의 삶을 더욱 값지게 만드는 것이 무엇인가, 어떤 삶이 값지고 좋은 삶인가에 대한 철학적이고 규범적인 질문과 불가분의 관계를 가질 수밖에 없다.

1) 행복한 삶에 대한 철학적 논의

삶의 질에 대한 관심이 20세기 중반 이후에 시작된 것에 비해 값진 삶(virtuous life)과 좋은 삶(good life), 그리고 행복한 삶(happy life)에 대한 학문적 관심은 고대 그리스까지 올라가는 오래된 것이다. 고대 그리스 철학에서 행복에 대한 추구는 인간 본연의 욕망의 충족과 참된 인간성의 실현이라는 두 개의 서로 다른 방향에서 이루어졌다.

기원전 350년경 아리스토텔레스는 문학가인 헤시오도스와 역사가 헤로도투스의 저작에서 사용되었던 유데모니아(εὐδαιμονία eudaimonia)라는 용어를 행복에 가장 가까운 것으로 보았다. 좋은 정신, 혹은 행운 등의 의미를 지니는 유데모니아는 인간성이 훌륭하게 잘 실현된, 부끄러움이 없이 추구할 수 있는 행복을 지칭한다. 인간이 부나 명예, 건강 혹은 친구를 추구하는 것은 행복해지기 위한 것이지만 행복은 그 자체로서 추구하는 것이며, 이때 행복은 "이성과 일치하는 정신의 가치있는 활동," 즉 가치의 실천으로 정의된다. 따라서 아리스토텔레스에 따르면 행복은 인간의 주관적 감정(즐거움이나 기쁨) 혹은 객관적 상태(물질적 풍요)가 아닌 가치로운 주체적 행동이다. 이러한 아리스토텔레스의 윤리학적 사고는 훗날 칸트에게 이어져 칸트 역시 개개인의 행동이 보편법의 기초가 될 수 있도록 도덕적으로 행동할 때에 좋은 사회가 만들어질 수 있다고 주장하였다.

한편 가치의 실천을 강조한 아리스토텔레스와 달리 에피쿠로스는 인간의 쾌락, 보다 정확하게는 고통과 공포로부터 자유로운 평안한 상태를 아타락시아(ἀταραξία ataraxia)로 표현했으며, 이러한 마음의 평온을 얻은 상태야말로 행복한 삶의 본보기라고 주장하였다. 그에 따르면 좋은 것은 기쁜 것이고 나쁜 것은 고통스러운 것이기 때문에, 고통이나 혼란으로부터 자유롭고 기쁨과 즐거움을 누리는 것이 좋은 삶에 이르는 길이다. 이러한 에피쿠로스의 사상은 행복한 삶을 즐거움(pleasure)에서 찾고자 하는 훗날의 시도들로 이어졌다. 특히 인간 행위의 윤리적 기초를 쾌락, 즉 고통이 없는 상태의 추구로 정의했던 벤담과 존 스튜어트 밀의 공리주의(utilitarian) 사상은 에피쿠로스 사상을 이어받았다고 할 수 있다.

동양에서 행복(幸福)이라는 용어는 서구에서 도입된 개념을 표현하기 위해 나중에 만들어진 단어라는 의견이 지배적이다. 하지만 용어 자체가 없었다고 해서 그와 비슷한 생각마저 없었다고 하기 어려운 것도 맞다. 동양의 경우 행복에 대한 철학적 논의의 연원은 서양의 고대 그리스처럼 중국에서의 고대 유교 경전으로 거슬러 올라간다.『서경(書經)』「주서(周書)」홍범(洪範)편에는 수(壽), 부(富), 강녕(康寧), 유호덕(攸好德), 고종명(考終命)의 다섯 가지가 오복이라고 적혀 있다. 이들은 각각 오래 사는 것, 물질적으로 풍요로운 것, 육체 및 정신적으로 건강한 것과 아울러 도를 지키며 다른 사람들에게 덕을 베푸는 것, 그리고 후회 없는 삶을 가족이 있는 집에서 마감하는 것이 그 내용이다. 앞의 세 가지가 객관적으로 만족스러운 삶에 해당한다면 뒤의 두 가지는 가치와 보람을 추구하는 삶에 해당된다고 할 수 있다(이상호, 2009). 공자와 맹자의 가르침에서도 행복에 대한 직접적 언급은 없지만 이상적 삶으로 그리는 것은 "낙도(樂道)"라는 말에 집약된 것처럼 세속에 얽매이지 않고 올바른 가치를 추구하는 것이라고 할 수 있다(김형중, 2016).

행복과 좋은 삶에 대한 철학적 접근은 크게 세 갈래로 나뉜다(Brock,

1993). 첫 번째 접근은 좋은 삶의 특성이 종교적, 철학적 혹은 기타의 체계에 기반한 규범적 이상들(normative ideals)을 따른다고 본다. 아리스토텔레스나 칸트의 입장이 이러한 접근의 한 예가 될 수 있으며, 올바른 행동과 좋은 삶은 합리적 사고에서 출발한다고 한다. 따라서 행복해지려면 사람들은 가치를 추구하면서 규범에서 정한 바 옳은 일을 행해야만 한다. 좋은 삶과 행복을 가치의 체계에 기반한 것으로 보는 이러한 관점은 분별 있는 행복(prudential happiness)으로 불리기도 한다(Haybron, 2000).

행복과 좋은 삶에 대한 두 번째 접근은 선호의 충족(satisfaction of preferences)에 기초한다. 사람들이나 사회가 지닌 자원의 제약 내에서, 사람들은 자신들의 삶의 질을 고양시킬 선택을 하게 된다. 이러한 전통에서 볼 때 사회의 삶의 질에 대한 정의는 시민들이 자신들이 욕구하는 것들을 획득할 수 있는지 여부에 달려 있다. 쾌락주의적 행복(hedonistic happiness)이라고 불리기도 하는(Scanlon, 1993) 이러한 입장에서는 사람들이 무엇을 소유하고 이를 통해 어떤 욕구가 충족되었는가에 초점을 맞추게 된다. 종종 이러한 접근에서는 다른 사람들이 부러워하는(enviable) 삶을 좋은 삶으로 보기도 한다.

마지막으로 행복과 좋은 삶에 대한 세 번째 접근은 개인의 경험(experience)을 중시한다. 만약 어떤 사람이 자신의 삶을 좋고 바람직한 것으로 경험한다면 그의 삶은 좋은 것으로 간주된다. 이러한 접근에서는 단지 가치 있는 것을 소유하는 것에 의미를 두지 않고 스스로 기쁨이나 즐거움, 만족과 충족감을 느끼는 것이 가장 중요하다. 심리적 행복(psychological happiness: Haybron, 2000) 혹은 주관적 웰빙(subjective well-being: Diener)이라고도 불리는 이러한 입장은 개인의 심리적이고 주관적인 차원을 매우 중요시하며, 인간의 만족과 즐거움이 반드시 외적 조건에 의해서만 결정되지 않는다는 점을 강조한다.

2) 삶의 질과 행복에 대한 사회과학적 논의

행복과 웰빙에 대한 철학적 논의와 함께 삶의 질이 무엇인가와 관련하여 사회과학에서 몇 가지의 중요한 쟁점들이 제기되어 왔다. 이들 쟁점들이 무엇이었는지를 먼저 살펴보고 쟁점들을 둘러싼 입장과 관점을 살펴보도록 하자.

- ▪첫 번째 쟁점: 삶의 질에서 삶은 개인의 삶을 의미하는가? 아니면 사회의 집합적 삶을 의미하는가?
- ▪두 번째 쟁점: 삶의 질은 삶의 주체인 개개인이 주관적으로 느끼는 것인가? 아니면 관찰 주체인 연구자가 객관적 기준에 따라 외적 조건을 평가하는 것인가?
- ▪세 번째 쟁점: 삶의 질은 개인의 욕구가 충족된 상태인가? 아니면 개인의 능력과 선택의 기회가 충분한 상태인가?
- ▪네 번째 쟁점: 삶의 질을 판단하는 기준이 되는 가치는 개인마다, 사회마다, 문화마다 다른가? 아니면 인간 공통의 삶의 질을 판단하는 기준이 있는가?

우선 첫 번째 쟁점과 관련하여 삶의 질을 개인의 삶을 중심으로 연구하는 것은 주로 심리학이나 보건학, 간호학, 정신의학 등의 분야이다. 반면에 사회의 집합적 삶을 중심으로 삶의 질을 다루는 분야는 사회학, 정책학, 경제학 등의 분야이다. 삶의 질 문제를 개개인 간의 비교의 문제로 볼 것인가 아니면 서로 다른 사회의 격차 혹은 시점 간의 변화의 문제로 볼 것인가는 어느 정도 연구 분야에 따라 다르겠지만 이 문제는 단지 분야 간의 차이로 환원될 수 있는 성질의 것이 아니다. 만약 사회 내 개인 간 삶의 질 격차가 사회 간 삶의 질 격차보다 더 크다면 사회의 집합적 삶의 질이라는 것 자체가 무의미해질 수 있기 때문이다.

이 문제에 대해 사회학자 거슨(Gerson, 1976)은 전자의 경향을 개인주의적, 후자의 경향을 초월주의적이라고 부르며 이 두 입장이 모두 개인과 사회를 분리시키는 오류를 범하고 있다고 비판한다. 이들 두 입장에 대한 대안으로 거슨은 상호작용적 입장에 서서 개인과 사회의 교섭(negotiation) 과정의 산물로 삶의 질이 나타나며, 개인이 사회에 대해 얼마나 몰입(commitment)을 하며 동시에 사회가 개인을 얼마나 활성화시켜 주는가에 따라 삶의 질 수준이 결정된다고 주장한다. 본 연구는 주로 집합적 수준에서 삶의 질을 평가하지만 그 이론적 전제는 삶의 질이 개인 간 차이에도 불구하고 사회에 의해 상당한 영향을 받으며 또한 개인과 사회의 상호작용이 중요하다는 입장을 견지한다.

이 문제와 관련하여 주목할 점은 최근 들어 삶의 질과 관련되면서도 구별되는 개념으로서 사회의 질에 대한 관심이 높아지고 있다는 점이다(Walker and Maeson, 2003; Wallace and Abbott, 2009). 사회의 질 개념은 삶의 질에 비해 좀 더 최근에 등장한 개념으로 집합적 수준에서의 삶의 질이 아닌 사회적 결속(cohesion), 통합(inclusion), 역능(empowerment),

그리고 사회경제적 안전(security) 등을 포함하는 개념이다. 예컨대 앞서 언급한 것처럼 만약 삶의 질이 사회 내에서 격차가 클 경우 평균적 삶의 질 수준이 의미하는 바가 무엇인가에 대한 질문에 대한 대응으로 사회의 질을 이해할 수도 있겠다. 앞서 역사적 배경에서 살펴본 대로 1990년대 이후 특히 2000년대 들어서 사회적 위기에 대한 대응으로 삶의 질에 대한 관심이 높아졌다고 할 수 있는데 사회의 질에 주목하고 관심을 갖는 것은 보다 적극적으로 이러한 위기에 대응하여 약화되거나 상실된 '사회(the social)'의 의미를 회복하려는 시도라고 할 수도 있겠다. 사회의 질과 삶의 질 개념이 어떤 관계에 있는가에 대해서도 양자가 대등하며 상호보완적이라는 입장(Walker and Maeson, 2003)과 사회의 질이 삶의 질에 비해 더 큰 개념이라는 입장(Wallace and Abbott, 2009)이 제기되고 있다.

두 번째 및 세 번째 쟁점은 삶의 질 측정과 관련된 방법론적 문제와도 관련이 깊지만 이론적으로도 중요하다. 삶의 질에 대해 객관적 조건을 중심으로 연구자의 판단을 중시하는 전통은 주로 경제학적 전통을 따른다. 하지만 이 입장 내에서도 크게 공리주의 입장에 충실한 북유럽의 자원(resource) 중심의 생활수준 접근(Erikson, 1974, 1993)과 자유주의 입장에 충실한 경제학자 센(Sen, 1985, 1992)의 역량(capability) 접근으로 나눌 수 있다. 반면 삶의 질에 대해 주관적 판단이나 느낌을 중시하는 입장은 주로 심리학적 전통을 따른다. 이러한 입장을 대변해온 캠벨(Cambell, 1972; 1974)에 따르면 "우리가 직면한 도전은 웰빙의 기준으로 전통적으로 받아들여져 왔던 물질적 조건을 넘어서서, 삶의 질이 궁극적으로 결정되는 훨씬 측정이 어려운 느낌과 감정의 세계를 들여다보는 것(1974: 11)"

이며, 따라서 "삶의 질은 그 보는 사람의 눈 속에 있어야 한다(1972: 442)." 보다 최근에 주관적 웰빙의 입장을 대변하는 디너(Diener and Suh, 1997)는 자료분석을 통해 객관적 조건과 주관적 만족의 관계가 선형적이지 않을 뿐 아니라 오히려 객관적 조건이 좋을수록 주관적 만족이 떨어지는 부정적 관계도 있다는 점을 보이며 주관적 느낌과 만족도의 중요성을 강조한다.

하지만 개인간 차이를 설명하고자 하는 의도가 아니라면 사회의 집합적 수준에서 삶의 질을 측정하거나 분석하면서 전적으로 주관적 느낌과 만족도에만 의존하는 것도 무리이다. 결국 많은 연구자들은 사회지표와 같이 다양한 영역에서의 삶의 조건에 영향을 미치는 요인들을 포괄하면서 동시에 주관적 느낌과 만족을 함께 고려해야 한다는 입장을 택한다(Schneider, 1976; Cummins, 2000). 또한 주관적 개념과 객관적 개념의 상호보완성을 주장하는 것에서 더 나아가 보다 적극적으로 주관적 느낌과 객관적 조건의 관계를 교차시켜 다차원적인 개념화 및 분류를 시도하는 경우들이 있다(Allardt, 1976; Veenhoven, 2000; Zapf, 1984).

핀란드의 사회학자 알라트(Allardt, 1976)는 삶의 질이 소유(having), 사랑(loving), 존재(being)라는 세 차원으로 구성된다고 주장하면서 맨 앞의 소유는 경제적 자원, 주택 조건, 고용, 근로조건, 건강, 교육 등 객관적이고 물질적인 생활수준과 관련되는 반면, 사랑은 이웃공동체에 대한 애착과 접촉, 가족과 친척에 대한 애착, 적극적 우애, 결사체 성원들과의 애착 및 접촉, 직장동료와의 관계 등 사회적 관계에 의존하고, 존재는 자신의 삶에 영향을 미치는 결정과 활동에의 참여, 정치적 활동, 여가활동 기회와 의미있는 직업활동의 기회, 그리고 자연을 즐길 기회 등에 의존한다고 보았다. 그리고 세 차원에 대한 주관적 평가와 인지가 행복을 결정한다고 보았다.

네덜란드의 사회학자이자 사회심리학자인 빈호벤(Veenhoven, 2000)은 삶의 기회와 삶의 결과를 구분하고 다시 이들에 대해 내면적 질과 외면적 질을 구분하여 환경의 질, 삶의 효용, 사람의 생활능력, 삶에 대한 가치평가 등으로 나누고 있다.

마지막으로 독일 출신으로 유럽 삶의 질 연구 권위자인 잡프(Zapf, 1984)는 객관적 삶의 조건과 주관적 웰빙이 일치하는 경우와 불일치하는 경우를 교차하여 양자 모두가 좋은 경우 '웰빙'으로, 양자 모두가 나쁜 경우는 '박탈'로 규정하는 한편, 양자가 불일치하는 경우를 나쁜 조건이지만 주관적으로 좋게 느끼는 '적응'과 좋은 조건임에도 나쁘게 느끼는 '불일치'로 나누고 있다. 그에 따르면 삶의 질이라는 관념은 객관적 조건과 주관

표 1-1 알라트의 삶의 질 정의

	Welfare	Happiness
Level of living	Needs for which satisfaction is defined by having or mastering material and impersonal resources	Subjective evaluations and perceptions of how satisfied an individual feels himself as regards his material living conditions
Quality of life	Needs for which satisfaction is defined by human relations or by how the individual relates to other people and to society	Subjective evaluations and perceptions of how satisfied an individual feels himself as regards his human and social relations

출처: Allardt(1976).

적 태도나 느낌이 불일치하는 적응(만족의 패러독스) 혹은 불일치(불만족의 딜레마)의 경우에는 잘 적용되기 어렵다고 한다.

본 연구에서는 삶의 질에 대한 객관적 접근과 주관적 접근의 주장을 통합적으로 수용하여 객관적 조건의 측면과 주관적 느낌과 만족이 삶의 질을 함께 구성한다는 전제 위에서 삶의 질 측정의 틀을 작성한다.

마지막으로 네 번째 쟁점은 개인간 비교의 경우 주관적 만족이나 느낌의 기준이 서로 다른 경우에 해당되며 심리학적 설명에서는 가장 대표적인 변수가 개인별 성격 차이라고 할 수 있다. 하지만 서로 다른 사회나 문화 간의 비교 혹은 동일 사회에서의 시점 간 비교에서 비교의 기준이 서로 동일하거나 안정적이라고 간주할 수 있는지의 문제는 주관적 만족이

표 1-2 빈호벤의 삶의 질 정의

	Outer qualities	Inner qualities
Life chances	Livability of environment	Life-ability of the person
Life results	Utility of life	Appreciation of life

출처: Veenhoven(2000).

표 1-3 잡프의 삶의 질 정의

Objective Living Conditions	Subjective Well-Being	
	good	bad
Good	Well-Being	Dissonance
Bad	Adaptation	Deprivation

출처: Zapf(1984) p. 25.

나 느낌은 물론이고 삶의 질의 객관적 조건에 대해서도 적용될 수 있는 문제이다. 특히 서구 사회에서 삶의 질에 대한 관심이 높아진 계기가 물질적 풍요수준이 높아지면서 경제적 부의 한계효용이 낮아지고, 또한 다른 분야에 대한 관심이 높아질 뿐 아니라 경제성장으로 인한 다른 분야에서의 희생에 대한 불만도 높아졌다는 점에 주목한다면 삶의 질을 구성하는 영역이나 분야에 대해 동일한 비중을 적용할 수 있는지 의문이 제기된다.

하지만 그렇다고 해서 사회마다 각자 고유한 기준과 영역별 비중을 갖고 삶의 질을 측정하고 평가한다면 비교가능성이 낮아질 것이다. 더 나아가 시기별로 사람들이 중요시하는 영역이나 분야가 바뀐다고 해서 그 비중을 변화시킨다면 궁극적으로 삶의 질이 개선되었거나 악화되었는지를 평가하는 것 자체가 곤란해질 수도 있는 문제가 발생할 수 있다. 인식론적으로 혹은 방법론적으로 상대주의의 문제와 밀접하게 관련된 이 문제는 삶의 질을 철저하게 객관적이고 보편타당한 기준을 갖고 모든 사회와 모든 시대에 걸쳐 측정하고 평가하는 것이 가능하고 의미 있는가에 대한 질문을 제기한다.

위에서 살펴본 삶의 질 개념을 둘러싼 다양한 입장들을 통해 삶의 질 개념에 대한 다음과 같은 특성들을 파악할 수 있다.

첫째, '삶의 질' 개념은 GNP 등 기존의 경제지표 중심의 생활여건이나 삶의 조건을 파악하는 것의 한계로 인해 등장한 개념이다. 경제적 여건만으로 새로운 사회의 흐름과 개인의 삶의 조건을 이해하는 것이 어렵게 됨에 따라, 보다 다양한 삶의 영역에 걸쳐 포괄적으로 파악할 필요가 증대하면서 '삶의 질' 개념이 등장하게 되었다.

둘째, '삶의 질' 개념은 포괄성을 지님과 동시에 개념적 모호성을 동시에 수반하는 특징을 보인다. 사회지표는 학자마다 다양하게 정의되는 경향이 있으며, 따라서 그 측정내용에 대해 삶의 질, 복지, 행복, 주관적 웰빙, 주관적 만족감 등 다양한 유사개념이 혼용해서 사용되는 경향을 보인다. 다만 '삶의 질', '복지', '웰빙' 개념은 객관적 조건을 강조하는 반면, '주관적 웰빙', '만족도', '행복' 개념은 상대적으로 주관적 평가에 보다 중점을 두는 경향이 있다. 최근에는 두 측면을 동시에 고려하는 절충주의적 경향이 일반적이다.

셋째, 삶의 질 및 사회지표 개념은 규범적 성격을 지닌다. 이 개념은 어떤 상태가 바람직하다는 사회적 가치나 규범을 반영하고 있다. 따라서, 이 개념은 시공간을 초월한 절대적 개념이 아니라 한 사회의 경제 및 사회 발전 수준과 이에 대한 사회구성원의 가치 및 규범에 의해 변화되는 상대적 개념이다. 객관적 조건의 변화와 이에 대해 사회구성원이 어떻게 느끼고 판단하는가에 의해 영향을 받기 때문에 주관적이고 규범적 성격을 띤다. 이러한 특징으로 볼 때, 삶의 질과 관계된 요인들도 객관적 차원뿐 아니라 목표, 열망, 성격 등이 동시에 영향을 미친다.

넷째, 삶의 질은 사회구성원 개인의 삶의 질만을 의미하는 것이 아니라 '전체사회의 질(societal quality)'과도 관계된다. 개인의 삶의 질에 직간접적으로 연관된 공평(equality), 형평(equity), 자유, 유대감 등과 같은 전체사회적 특성이나 질도 '삶의 질'과 관계된다. 특히, 최근에 복지의 배분 및 사회 내에서 사회적 관계에 대한 관심이 삶의 질에 대한 논의에서 증가하고 있다. 사회응집력(social cohesion)과 지속가능성(sustainability)은 전체사회의 질과 관련해서 주목받는 개념이다.

3. 삶의 질과 행복은 어떻게 측정하는가?

사회지표를 통해 측정되는 내용인 '삶의 질' 개념에 대한 조작화 노력은 크게 두 가지 대별되는 방향으로 진행되었다. 하나는 스칸디나비언의 접근이고 다른 하나는 미국의 접근법이다.

스칸디나비언 접근법은 자원 및 객관적 생활조건에 배타적으로 초점을 맞추는 반면, 미국의 접근법은 조건과 과정의 최종 결과물로서 개인의 주관적 웰빙을 강조한다(Noll, 2004). 객관적 사회지표는 개인의 평가와 독립적인 사회적 사실을 제시하는 통계이고, 주관적 사회지표는 사회적 조건에 대한 인식 및 평가의 측정값이다.

객관적 지표를 강조하는 스칸디나비언 전통에서, 복지[2](혹은 삶의 질)는, '가용한 결정요인 자원이 주어진 조건하에서, 개인이 자신의 삶의 조건을 통제하고 의식적으로 방향지울 수 있는 장악력'으로 정의된다(Erikson, 1993, Noll, 2004에서 재인용). 이러한 복지 관념은 개별 시민을 능동적이고 창의적인 존재 그리고 자기 자신의 목적을 자율적으로 규정하는 사람

2) 스칸디나비언 접근에서 '복지(welfare)'는 '삶의 질'과 동일한 의미로 사용된다.

으로 보는 인식과는 구별된다. 여기서 자원은 돈, 재산, 지식, 육체적 및 심리적 에너지, 사회적 관계, 안전 등을 가리킨다. 이 관점에서는 개인의 삶의 수준을 평가하는 데 초점이 주어지고, 따라서 자신의 상황에 대한 개인의 평가는 거의 영향을 미치지 않는다.

삶의 질에 대한 이런 접근은 센(Sen, 1993)의 '능력(capabilities)' 개념에서도 볼 수 있다. 그는 삶의 질은 가치 있는 기능(functioning)을 성취할 수 있는 능력에 의해 평가되어야 한다고 보고 있다. 여기서 기능은, 자신이 꾸려가고자 하는 삶을 이끌어 가는 데 있어서 개인적 상황의 부분들을 표상한다. 어떤 기능은 매우 기초적인 것으로 건강, 좋은 영양 상태와 같은 것이고, 다른 것은 성취, 자존감, 사회적 통합 등과 같이 보다 복잡한 것들이다. 삶의 질에 대한 이러한 관념은 인간발달 접근(Human Development Approach)에 의해 구체화되었다.

객관적 지표의 옹호자들은 사회지표는 사회정책을 안내해야 하고, 정책결정자에게 사회문제의 실태와 그 문제해결 노력의 결과에 대한 정보를 제공해야 한다는 입장이다. 이 정보는 논란의 여지가 없는 객관적 사실이어야 하고, 이런 과학적 진실이 합리적인 정책결정을 가능하게 한다고 보고 있다. 그래서 주관적 지표는 정책과정에 왜곡을 가져오고, 과학적 관리를 방해하는 비합리성을 야기한다고 보고 있다(Veenhoven, 2002).

객관적 지표는 가치나 목적과 같은 규범적 기준으로 실제 조건을 비교하여 삶의 조건이 좋고 나쁨을 판단할 수 있다는 가정 하에서 출발했다. 이러한 가정은 다음 세 가지 사항에 대한 사회 전체적이고 정치적인 합의가 존재한다는 중요한 선결조건을 필요로 한다. 첫째, 복지 고려사

항으로 적합한 차원들이 무엇이고, 둘째, 어떤 조건이 나쁘고 좋은 것인지, 셋째, 사회가 나아가야 할 방향이 어디인지에 대한 합의가 그것이다. 하지만, 이런 합의가 어떤 경우에는 명료하나 그렇지 않는 경우도 많이 있다. 예컨대 형평과 효율성, 공정성과 경제성장은 때때로 양립하기 어렵다.

미국의 삶의 질에 대한 연구는 주관적 지표를 우선적으로 강조한다. 이 전통은 공리주의 철학에 기초한 것으로, "사람들이 상황을 실재하는 것으로 규정하면, 결과적으로 그것은 실재한다"는 금언으로 잘 알려져 있다. 이 전통에서는 삶의 질을 '주관적 웰빙'으로 규정한다. 삶의 질은 개인에 의해 주관적으로 인식되고, 경험된 것으로 간주된다. 이러한 관점에서 사회발전의 궁극적 목표는 개인 시민의 주관적 웰빙으로 규정되고, 이것이 삶의 질 측정의 기준이 되어야 한다. 따라서, 주관적 웰빙의 관점에서 보통 사람 자신이 자신의 삶의 질 평가의 가장 적합한 전문가이다. 가장 중요한 주관적 웰빙의 지표는 만족감과 행복감의 측정이다. 이러한 시각은 최근에 세계적으로 많은 관심을 받고 있다.

주관적 지표를 강조하는 입장은 사회정책에서 다음과 같은 이유로 주관적 지표의 필요성을 주장한다(Veenhoven, 2002). 첫째, 사회정책은 단순히 물질적 문제에 머무는 것이 아니라 정신적 문제도 목표로 하는데, 주관적 목표는 주관적 지표를 필요로 한다. 둘째, 물질적 목표에서 성취도 항상 객관적으로만 측정될 수 있는 것이 아니다. 경우에 따라서는 주관적 지표가 더 낫다. 셋째, 측정의 포괄성에 있어서 현재의 종합척도는 별다른 의미가 없고, 주관적 만족 지표의 활용으로 포괄성이 보다 잘 확보된다. 넷째, 객관적 지표로 정책결정자는 공중의 선호(preferences)를 잘 알 수 없다. 그러므로 정책결정자는 여론으로부터 확보한 추가 정보가 필요하다. 마지막으로, 정책결정자는 결핍(wants)과 욕구(needs)를 구분해야 한다. 욕구에 대한 만족은 주관적 지표에 의해 측정될 수밖에 없는 것이다.

주관적 지표의 강조는 삶의 질이 궁극적으로 개인 시민들에 의해 인식되어야 하고, 바로 그들에 의해 가장 잘 평가될 수 있다는 가정 하에서 출발한다. 이러한 삶의 질 측정에 대해서도 논란이 존재한다. 객관적 지표를 강조하는 스칸디나비언들은 주관적 지표 사용에 대해, 만족의 정도는 부분적으로 열망의 수준에 의해 결정된다고 비판한다. 또한, 주관적 지표 사용과 관련해서 정보의 타당도와 신뢰도에 대해 의문을 제기하기도 한다[3].

객관적 지표와 주관적 지표에 대한 논쟁에서 일반적 합의가 존재하는데, 객관적 지표와 주관적 지표 모두를 활용해야 한다는 입장이다. 실제로 사례를 들면, 호주는 웰빙을 측정하기 위해 객관적 측정에 초점을 맞추고 있으나, 주관적 측정을 보완적으로 활용하고 있다(Trewin, 2001). 독일의 경우에도 비슷한데, 개인의 삶의 질은 개인의 삶의 조건을 규정하는 객관적인 삶의 조건과 시민들의 주관적 평가의 시각에서 인지되어야 한

---

3) 주관적 지표가 충분한 대표성을 지니기 위해서는 다음과 같은 가정이 충족되어야 한다(Cobb, 2000). 사람들이 느낌의 뉘앙스를 의식하고 명료하게 표현할 수 있고, 임시적인 느낌이 지속적인 조건을 반영하며, 그 느낌이 가치와 등가물이고, 그리고 절대적인 척도로 느낌을 양화할 수 있어야 한다는 가정이 그것이다. 더욱이 사람들이 원한다고 말하는 것과 실제 행동이 다를 수도 있다는 점도 문제이다.

다고 보고 있다. 우리의 경우도 마찬가지로, 「한국의 사회지표」를 작성하기 위해 객관적 지표와 '사회조사'를 통해 확보한 주관적 지표를 동시에 활용하고 있다.

국내의 개념적 논의(임희섭, 1996)에서도 삶의 질을 객관적 차원과 주관적 차원으로 구분하고 있다. 객관적 차원은 '특수한 사회의 객관적인 삶의 조건과 환경'을, 주관적 차원은 '개인의 삶이 자신의 명시적 혹은 묵시적 내면적인 기준(기대수준)을 충족시키는 정도'로 정의하고 있다. 객관적 차원은 생활수준, 평균수명, 직업기회, 범죄율, 교육기회 등과 같은 객관적인 삶의 조건으로 삶의 질에 직접적 혹은 간접적 영향을 미치는 것으로 상정하고 있다. 주관적 차원과 객관적 차원의 관계가 항상 일정한 관계를 지니지 않고 가변성을 갖는 것은 내면적인 기대수준과 외재적인 준거로 설명한다. 즉, 객관적 조건의 향상이 기대수준을 높여서 두 관계가 가변성을 가질 수 있고, 또한 준거집단과의 비교에 의해서도 상대적 박탈감을 경험할 수 있다는 것이다. 따라서, 객관적 지표와 주관적 지표의 동시 활용을 강조하고 있다.

가장 최근에 발간된 스티글리츠 위원회의 「경제적 성취 및 사회발전 측정」 보고서에 따르면 삶의 질 측정에 대해서 세 가지 접근법이 가능하다고 판단하고 있다(Stiglitz et al., 2009). 첫 번째 접근은 삶의 질 측정에 있어 주관적 웰빙의 개념에 근거하고 있다. 주관적 웰빙은 심리학 연구와 밀접한 관련을 가지고 개발된 것으로, 개인을 그들 자신의 상황에 대한 최선의 판단자로서 간주한다. 이러한 접근은 사람들이 그들의 삶에 '행복'하거나 '만족'하는 것이 인간 존재의 보편적인 목적이라고 가정한다.

주관적 웰빙의 가장 큰 장점은 그것의 간편함(simplicity)에 있다. 즉 개인의 판단에 근거하는 것은 개인들의 선호를 반영한다는 점에서 다양한 경험들을 모을 수 있으며, 그들의 삶에서 중요한 것이 무엇인지에 대한 사람들의 다양한 견해를 반영할 수 있기 때문이다.

두 번째 접근방식은 삶의 질 측정에서의 능력(capabilities) 개념에 근거한다. 이 접근법은 인간의 삶을 다양한 '행위와 존재(doing and being)', 즉 기능의 결합 및 이러한 기능을 선택할 수 있는 자유로 간주한다. 여기에서 기능은 사람들이 중요하다고 인식하는 상황이나 행동으로 건강, 지식, 직업과 같은 개인의 성취라고 할 수 있으며, 시간과 장소에 따라서 다른 가치를 가진다. 이러한 접근방식은 삶의 질 측정뿐 아니라 정책평가에도 활용가능하다. 이 접근방식은 삶의 질 측정을 위한 몇 개의 단계를 요구한다. 첫 번째 단계는 이용가능성, 사람들의 가치, 정치적 목적, 중요성 등을 고려하여 영역을 선택하는 것이다. 그 다음으로는 다양한 영역에 대한 정보와 자료를 수집하는 것이다. 마지막 단계에서는 서로 다른 능력, 즉 지표에 대해 가치를 부여하는 것으로 이러한 평가는 기능과 능력의 방향성을 웰빙의 수치로 변환시켜준다. 그러나 여기에서 어려운 점은 사람들마다 기능과 능력에 대한 가치의 평가가 동일하지 않다는 점이다. 이러한 접근방식을 기초로 작성된 연구로는 UNDP의 HDI가 있다.

세 번째 접근방식은 경제적 접근방식으로 경제복지와 분배의 측면에 근거한 개념이다. 이 접근의 기본개념은 삶의 질의 다양한 차원에 대한 개인들의 선호와 관련되어, 삶의 질의 다양한 비화폐적 측면에 대해서 사람들의 선호로 측정하고자 하는 것이다. 따라서 다양한 비화폐적차원에 대한 특정한 선호도와 함께 사람들의 현재의 상황과, 개인들의 선호도에 대한 정보 등이 요구된다. 이 접근방식은 사회의 모든 구성원 간의 평등에 초점을 맞추고 있기 때문에 더 나은 조건에 살고 있는 사람들의 선호도만을 불균형하게 반영하지는 않는다는 장점이 있다.

II. 한국인의 행복과 삶의 질은 국제적으로 어느 수준인가?

II. 한국인의 행복과 삶의 질은 국제적으로 어느 수준인가?

1. 들어가며

말 그대로 삶의 질 전성시대이다. 최근 당선된 세 명의 대통령 모두 행복과 삶의 질을 국정운영의 전면에 내세울 정도다. 이명박 대통령은 2009년 8.15 경축사에서 국민행복지수를 소득, 고용, 주거, 교육, 안전 등 민생 5대 지표를 토대로 작성하겠다는 계획을 밝힌 바 있고, 박근혜 대통령은 국민행복시대를 표방하며 선거 출마 시 조직의 이름을 국민행복캠프로 명명하기도 하였다. 문재인 대통령도 취임과 동시에 부탄의 행복지수(Gross National Happiness Index)를 언급하며 한국형 행복지수의 도입을 검토하겠다고 천명했다.

국내에서 활발하게 수행되고 있는 행복지수 작성과 국제비교 노력은 위에서 밝힌 것처럼 한국경제의 성장과 삶의 조건의 변화에 따른 정책적 관심과 국민적 열망을 반영한다. 즉 급속한 산업화와 민주화를 합심해서 이루어냈지만, 재분배 정책, 사회안전망 구축, 사회복지 정책 등과 같은 삶의 질에 직접적인 영향을 줄 수 있는 사회적 인프라와 거버넌스의 미비 등으로 인해, 한국인은 우리가 선진국이 되려면 아직 멀었다고 생각하는 경향이 있다. 한국경제의 양적 · 질적 성장은 최근 한국인의 생활수준과 생활방식에 있어서 근본적인 질적 도약을 가져왔다. 그러나 한국인은 한국경제의 양적 및 질적 성장에도 불구하고 행복하다고 느끼지 않는다(Easterlin, 2009). 서울대학교 전상인 교수의 지적처럼, '헝그리 사회'는 '앵그리 사회'로 바뀌었고, 과거의 경험을 바탕으로 제도에 대한 '불신', 현재의 삶에 대한 '불만', 그리고 미래에 대한 '불안'이 팽배한 소위 3불의 시대가 되었다는 지적도 많다. 물질적 풍요는 자살률 급증과 불행감을 낳았고, 민주화는 정치에 대한 냉소와 참여의 저하를 가져왔다는 점에서 우리는 '풍요의 역설'과 '민주화의 역설'에 시달리기도 한다(이재열 외, 2014).

어느 나라 국민이 행복한가? 행복한 나라의 국민들은 어떤 이유로 행복해졌는가? 잘사는 나라 국민이 못사는 나라 국민보다 더 행복한가? 이러한 질문은 연구자, 정책담당자, 그리고 일반 국민들 모두 가질 수 있는 의문이다. 어느 나라 국민이든 나 자신이 또는 나와 함께 사는 이웃들이 함께 행복감을 느끼며 살고 싶은 소망은 마찬가지일 것이다. 이 장에서는 이러한 행복 또는 삶의 질에 대한 보편적 관심, 특히 다른 나라의 국민들과 비교했을 때 대한민국 국민의 행복은 어느 수준인가에 대한 관심을 다룬다.

삶의 질 지표의 작성은 GDP의 단점을 보완하려는 노력의 일환으로 국제사회에서 먼저 시작되었다. 사이먼 쿠즈네츠 미국 하버드대 교수가 1934년 개발한 GDP는 최근까지 국가의 경제력과 국민의 행복을 나타내는 지수로 인식되어 왔다. 그러나 양적인 경제 성장만으로는 사회발전과 행복을 측정하는 것에 존재하는 GDP의 본질적인 문제에 대한 지적이 끊이지 않았다. 특히 사회과학에서 GDP가 증가한다고 국민들의 행복도 함께 높아지는 것이 아니라는 사실이 다양한 연구를 통해 입증되었다. 즉 삶의 질 지표의 작성은 여러 국가에서 공통적으로 관찰되는 현상인 "이스털린의 역설"—경제수준이 높아진다고 해서 개인의 행복이 반드시 높아지는 것은 아니다—로 인해 경제 중심 지표의 한계를 극복하고자 시도되었다. 먼저 프랑스 사르코지 대통령이 구성한 스티글리츠 위원회에서 경제적 성취 및 사회발전 측정을 어떻게 할 것인가에 대한 논의가 시작되었다(Stigliz et al., 2009). 스티글리츠 위원회는 사회발전을 측정하기 위해 경제적 측면과 삶의 질, 지속가능성을 모두 포괄하는 지표체계를 제안하였다. 이를 토대로 OECD는 창설 50주년을 맞아 2011년에 How's Life Index를 구축함으로써 행복의 국제비교의 틀을 제안하였다. 그 이후, OECD와 UN에서 각각 Better Life Index(이하, BLI)와 세계행복보고서를 발간하였으며, 캐나다 CIW(Canadian Index of Wellbeing), 영국 MNWB(Measure of National Well-Being), 이탈리아 MES(Measuring Equitable & Sustainable Wellbeing), 일본 MNWB(Measure of National Well-Being) 등 세계 주요국에서 삶의 질 관련 지표를 생산하고 있다. 최근에는 UN이 삶의 질, 사회의 질, 지속가능발전 개념을 포괄하고 새천년발전지표(Millenium Development Goals, 이하 MDGs)를 확장한 지속가능발전지표(Sustainable Development Goals, 이하 SDGs)를 10여 년간의 논의 끝에 공표하였다.

국내에서도 삶의 질에 대한 연구가 활발히 진행되었는데, 통계청은 2009년 OECD 세계포럼에서 삶의 질 측정과 관련된 기초 연구 수행 결과를 발표하고, 2011년 한국사회학회에 의뢰하여 "국민 삶의 질 측정을 위한 분석틀" 연구를 수행하였다(한준 외, 2011). 연구결과를 바탕으로 통계청은 2012년부터 전문가 의견 수렴 및 공개 포럼 개최, 미작성 지표 개발, 홈페이지 구축 등을 진행하였으며, 2014년에 국가통계위원회는 최종적으로 "국민 삶의 질 지표"의 서비스 제공을 확정하였다. 그리고 2015년과 2016년 삶의 질 주제의 OECD 세계 포럼, 공개 워크숍, 대한민국 희망박람회 등 공감대 확산 및 자료 축적 작업을 거쳐 2017년 3월에 통계청과 한국삶의질학회가 공동으로 국민 삶의 질 종합지수를 공표하기에 이르렀다(김석호, 2017). 뿐만 아니라 KDI, 보건사회연구원, 청소년연구원, 서울연구원 등 연구기관들도 각기 기관의 연구목적에 부합하는 소위 "행복지수"를 산출하고 있거나 준비 중이다.

국내외에서 삶의 질의 측정과 그 결과를 정책에 반영해 국민의 삶의 질을 고양하려는 시도는 이제 당연하게 받아들여지지만, 그럼에도 불구하고, 근본적인 의문은 남는다. 먼저 이론적 차원의 질문은 '행복과 삶의 질은 어떻게 다른가'이다. 그리고 측정과 관련된 의문을 나열해보면 다음과 같다. 행복을 측정하는 것이 가능한가? 행복과 삶의 질은 측정에 있어서 어떻게 다른가? 행복지수는 작성이 가능한가? 만약 가능하다면 준수해야 하는 원칙은 무엇인가? 그리고 "삶의 질 국제비교"는 가능하며, 그렇다면 어떤 방식이 바람직한가?

따라서 이 글은 한국인의 삶의 질을 다른 국가 국민들과 비교하기에 앞서 몇 가지 이론적 논의와 경험적 측정과 관련된 문제를 다룬다. 구체적으로, 이 글은 우선 물질적 조건과 행복에 관해서 논한다. 여기에는 행복에 있어서 물질적 풍요가 가지는 중요성에 대한 가장 대표적인 논의인 이스털린의 역설과 삶의 질 측정의 철학적 토대가 된 "beyond GDP"에 대한 내용도 포함된다. 둘째, 이러한 이론적 논의를 바탕으로 행복과 삶의 질에 대한 측정의 문제를 다룬다. 주관적 행복감과 객관적 조건까지 포함한 삶의 질에 대한 측정은 서로 다르다. 이에 국내외 행복과 삶의 질 측정에서 대표적인 사례로 꼽히는 OECD의 BLI, UN의 행복보고서, 통계청의 국민 삶의 질 지표체계 등을 살펴본다. 이 과정에서 삶의 질 지수의 작성과 측정, 그리고 국가 간 비교에 존재하는 어려움은 무엇인지 파악하고, 이를 토대로 이 글이 초점을 두고 있는 삶의 질 국가 비교를 위한 좋은 전략은 무엇인지 논한다. 그리고 최근 국제사회의 관심을 한 몸에 받고 있는 UN의 SDGs에 대해서도 상세히 살펴본다. 셋째, 한국인의 삶의 질 변화를 다른 국가와의 비교를 통해 살펴본다. 이러한 국제비교는 OECD BLI, UN의 행복보고서와 SDGs에 포함된 지표들 중심으로 이루어질 것이다.

2. 행복과 삶의 질 측정

1) 물질적 조건과 행복: Beyond GDP와 이스털린의 역설

행복과 관련해 역사적으로 가장 오랫동안, 가장 많은 사람들에게 수용된 명제는 발전한 국가의 사람들이 평균적으로 더 행복하다는 것이다. 즉 행복하기 위해서는 물질적 조건이 갖춰져야 한다는 주장은 반박하기 어렵다. 최근 Beyond GDP에 대한 논의가 활발해지면서, 물질적 조건이 반드시 행복을 가져오는 것은 아니라는 인식도 광범위하게 확산되었다. 그러나 여전히 분명한 것은 물질적 기반이 일정 수준으로 갖춰져 있는 사회에 사는 사람들이 그렇지 못한 사회에 사는 사람들보다 행복할 가능성이 높다는 사실이다. 물질적 조건은 직접적으로 삶의 질에 영향을 미친다. 삶의 질과 관련성이 있다고 판단되는 환경이나 교육, 문화, 건강 그리고 주관적 만족도 등은 모두 물질적 조건을 기반으로 한다. 적절한 물질적 조건이 수반되지 않는 경우, 현대적 의미에서의 삶의 질에는 상당한 제약이 가해질 수밖에 없다. 삶의 질이 높다고 인식되는 대부분의 사회에서는 일정한 정도 이상의 물질적 조건이 구비되어 있으며, 일반적으로 물질적 조건이 향상될수록 삶의 질도 올라갈 개연성이 증대된다. 에우다이모니즘(Eudaimonism) 전통에 있는 Sen(1993)의 역량이론도 따지고 보면, 자신의 삶의 선택할 수 있는 자유가 행복에 핵심적이며, 이러한 선택할 수 있는 자유는 물질적 조건의 뒷받침 없이는 불가능하다는 사실을 시사한다. 경제가 발전하지 않은 몇몇 국가의 국민들이 경제발전 수준이 높은 국가의 국민들보다 더 행복하다는 연구들이 종종 발표되지만, 이는 기본적인 물리적 요소들이 결여됨으로써 개인이 자신의 삶을 선택할 수 있는 자유가 훼손되고 이로 인해 삶에 대한 체념적 만족 현상이 발생하는 것으로 해석될 수도 있다. 사실 이러한 지적은 기존 주관적 만족 중심의 행복 및 삶의 질 연구의 한계로 받아들여진다(Glatzer, 2012). 이에 대해 Sen(1993)은 다양한 삶의 방식 가운데 원하는 것을 선택할 수 있도록 해주는 객관적 물리적 요소가 여전히 중요하다고 주장하며, 삶의 역량을 아직 실현되지 않은 바람직한 삶의 기능을 달성할 수 있도록 해주는 기회의 집합으로 개념화한다.

다른 한편으로, 물질적 조건이 삶의 질에 영향을 미치는 것은 분명하지만, 물질적 조건과 삶의 질이 비례관계에 있지는 않다는 주장도 상당하다. 이스털린의 역설이 이에 해당하는데, 이스털린의 역설은 소득의 증가와 행복의 증가사이에 비례관계가 성립하지는 않는다는 점을 부각시킨다(Easterlin, 1974; Easterlin and Angelescu, 2012). 그에 따르면, 경험적 자료를 통계적으로 분석한 결과 각 나라의 사람들이 느끼는 평균적 행복의 정도가 절대적 소득의 증가에 따라 일정한 수준까지는 증가하지만 더 이상 증가하지 않는다. 국가별로 일인당 GDP 수준과 설문조사에서 행복하다고 응답한 사람들의 비율의 관계를 분석했을 때, 경제적 물질적 조건의 진보는 행복의 증진에 대해 직선적이 아닌 곡선적인 관계를 갖는다. 즉 일인당 GDP의 증가는 일정 수준까지는 평균적 행복을 높이지만 그 수준을 넘어서면 평균적 행복은 더 이상 높아지지 않는다는 것이다. 소득은 물질적 조건의 일부라고 할 수 있고, 행복은 삶의 질의 일부라고 할 수 있다. 따라서 소득과 행복간의 관계를 나타내는 이스털린의 역설을 보다 광의로 해석할 때 물질적 조건과 삶의 질 사이에는 광의의 이스털린의 역설이 가능할 수 있을 것이다. 즉, 물질적 조건은 최저한의 충족여부가 삶의 질을 결정하는 가장 기본적인 1차적 고려 대상이 되며, 최저한이 충족된 이후에는 절대적인 물질적 수준 이외에 다양한 요인들이 결합하여 삶의 질을 결정하게 된다고 할 수 있다. 물론 이 때 최저한의 물질적 조건의 충족여부는 시기와 공간에 따라 상이하게 결정될 것이다.

'그림 2-1'은 일인당 GDP와 평균 행복 수준의 산점도 그래프를 보여준다. 이스털린이 주장한 대로 일인당 GDP는 10,000달러 수준까지는 빠른 속도로 평균 행복을 높이고 20,000달러까지는 완만하게 행복을 높이지만 이후에는 거의 영향을 미치지 않는 것을 알 수 있다. 이 그래프에서 한국은 굵은 동그라미로 표시되어 있는데, 일인당 GDP는 30,000달러에 조금 못 미치는 수준이고 평균적 행복은 10점 만점에서 6점에 조금 못 미친다. 주목할 사실은 한국이 비슷한 경제적 조건의 나라들 중에서도 특히 행복의 수준이 낮다는 것이다. 한국보다 경제적으로 더 앞선 나라들 중에서 비슷하거나 더 낮은 행복 수준을 보이는 나라들은 홍콩, 일본과 같은 동아시아의 국가들이다.

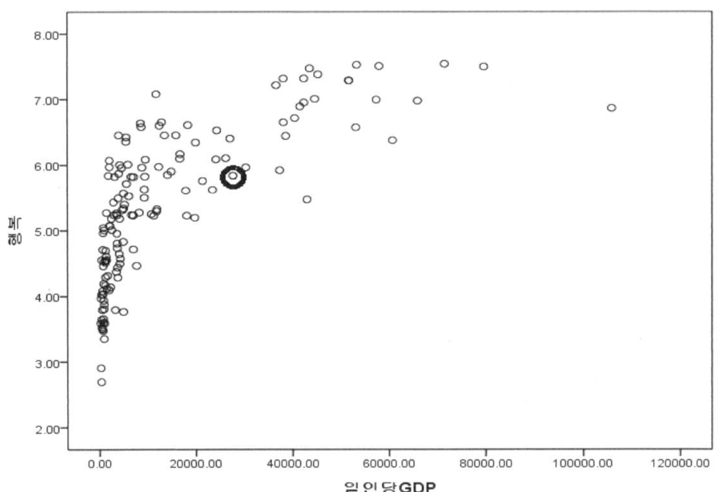

자료: World Happiness Report 2017, UN Statistics.

그림 2-1 일인당 GDP와 평균 행복 수준(2016)

2) 행복과 삶의 질 측정

행복(Happiness)과 삶의 질(Quality of Life)은 밀접한 관련이 있지만 동일한 개념은 아니다. 행복이 보통 개인이 삶에 대해 가지는 긍정적인 생각과 느낌, 또는 주관적 만족감을 일컫는다면, 삶의 질은 주관적 만족감과 물질적 삶의 조건을 모두 포함하는 개념으로 사용된다(Veenhoven, 1984: 22-25). 여기서 말하는 긍정적인 생각과 느낌은 물론 즐거움, 기쁨, 쾌락과 가치 있는 삶의 의미 둘 모두를 포괄한다. 한편, 삶의 질은 행복감, 경제적 조건(가령 GDP, 노동, 소비 등), 조건이 행복감으로 연결되는 과정(분배구조, 생활시간 사용 또는 여가, 교육정책, 건강, 주거와 교통 등), 조건과 과정을 둘러싼 사회적 및 정치적 환경(시민사회, 사회통합, 신뢰 등) 등으로 구성된다(한준 외, 2011; 우성대, 2016). 즉 행복감 그 자체와 이를 결정하는 요인과 과정 모두를 포함하는 개념이 삶의 질이라 할 수 있으며, 조건, 과정, 그리고 결과 중 어느 부분에 초점을 두고 삶의 질을 측정할 것인가는 사회마다 달라진다. 따라서 국가 간 삶의 질을 비교하는 것은, 사회마다 가치 있다고 여기는 요소가 서로 다를 것이기 때문에, 단순한 숫자의 나열에 그치는 무의미한 작업이 될 수 있다.

먼저 주관적 차원을 강조하는 행복의 측정에 대해 살펴보자. 행복을 측정하는 도구 중 가장 보편적이며 간편하게 사용되는 것은 생활만족도(Life Satisfaction), 전반적 행복감(Happiness in general), 켄트릴 사다리(Cantril Ladder) 등이다. 생활만족도와 전반적 행복감은 0점부터 10점 중에서 응답자가 직접 숫자 하나를 선택하게 하는 방식이고, 캔트릴 사다리는 응답자가 0점(응답자의 삶에서 가능한 최악의 상태)부터 10점(응답자의 삶에서 가능한 최상의 상태)의 사다리 중에서 현재 느끼는 상태 하나를 고르도록 하는 방식이다. 세 방식 모두 질문 하나를 통해 개인의 주관적 행복 수준을 직접적으로 측정한다는 장점이 있는 반면, 개인의 행복이 다양한 요소들로 구성되어 있다는 점에서 측정 결과가 긍정 또는 부정적 감정 또는 정서에 의한 것인지 삶의 의미를 상실해서인지 알 길이 없다는 단점이 있다.

사실 행복은 생활만족도, 전반적 행복감, 캔트릴 사다리로 간편하게 측정하기에는 복잡다단한 속성을 지닌다. 따라서 일반적으로 행복은 행복감 또는 주관적 웰빙(happiness or subjective well-being)이나 삶에 대한 만족감(life satisfaction) 등과 같은 전반적 느낌과 감정(affects), 그리고 사고 또는 삶의 의미(thoughts) 등으로 구성된다. 행복은 삶에 대한 전반적인 평가(overall happiness)와 더불어 감정(hedonic level of affect)과 만족(contentment)에 대한 두 가지 판단 등, 모두 세 가지로 구성된다고 할 수 있으며, 사회과학자들은 통상 이 세 가지로 행복을 측정해왔다(Land et al., 2012). 행복이 개인 자신의 삶의 질에 대해 가지는 전반적 판단이라고 했을 때, 행복의 측정은 주관적인 감정과 느낌에 초점을 두면서 그 양상들을 다양한 각도에서 수행하는 것이 더 바람직하다.

가령, Diener(1984)는 행복에 대한 과학적 개념화와 측정을 시도하면서 행복이라는 개념에 내포된 주관성을 강조한다. 그는 행복을 인지적인 삶의 만족감, 빈번한 긍정적 정서, 그리고 낮은 빈도의 부정적 정서로 개념화한다. 이 경우 행복은 긍정적 정서, 부정적 정서, 전반적 삶에 대한 만족도 등 세 가지 차원에서 측정된다. 그의 분석에 의하면, 삶의 만족과 긍정적 정서 간 상관관계는 0.52이며, 삶의 만족과 부정적 정서 간 상관관계는 -0.59이다. 긍정적 정서와 부정적 정서 간 상관관계는 -0.43이었다(Diener, 1984).

이러한 논의가 종합적으로 반영된 것이 OECD의 주관적 웰빙 지표인데, 그 구체적 내용이 '표 2-1'에 제시되어 있다. OECD는 주관적 웰빙 측정을 15세 이상을 대상으로 하는 통합가구조사에 포함하여 조사하는 것을 권고하는데, 이는 주관적 웰빙 측정 결과와 다른 변수들 간의 비교가능성이 높기 때문이다. OECD가 제시하고 있는 측정 항목은 크게 핵심항목, 삶에 대한 평가, 정서, 심리적 번영, 영역별 평가, 경험된 웰빙의 여섯 개 영역 등이다. 이 중 핵심항목은 국제비교를 위해서 동일하게 조사할 것을 권고하고 있다(OECD, 2011). 통계청은 OECD의 권고를 받아들여 사회조사에 주관적 웰빙을 2013년부터 포함시켜 조사하고 있다.

이제 삶의 질의 측정에 대해 살펴보자. 삶의 질과 주관적 행복감 측정은 서로 다르다. 한국사회학회와 통계청은 2011년에 삶의 질 지표체계의 구축을 위한 연구 결과를 발표하면서 다음과 같은 네 가지 잠정적 결론을 내리는데, 이 결론은 최근 삶의 질 연구와 관련해 시사하는 바가 크다. 이를 구체적으로 살펴보면, 첫째, '삶의 질' 개념은 GNP 등 기존의 경제지표 중심의 생활여건이나 삶의 조건을 파악하는 것의 한계로 인해 등장한 개념으로, 보다 다양한 삶의 영역에 걸쳐 포괄적으로 파악한다는 것이다. 둘째, '삶의 질' 개념은 포괄성을 지님과 동시에 개념적 모호성을 동시에 수반한다. '삶의 질', '복지', '웰빙' 개념은 객관적 조건을 강조하는 반면, '주관적 웰빙', '만족도', '행복' 개념은 상대적으로 주관적 평가에 보다 중

표 2-1 OECD subjective well-being 조사항목

측정내용	항 목
핵심항목	o 당신의 삶을 전반적으로 고려할 때 최근 당신의 삶에 대해서 얼마나 만족하십니까? (0~10점) o 당신의 삶이 얼마나 가치 있다(worthwhile)고 생각하십니까? (0~10점) o 당신은 어제 하루 동안 다음과 같은 감정을 경험하였습니까? (0~10점) - 행복한(happy), 걱정스러운(worried), 우울한(depressed)
삶에 대한 평가	o 0에서부터 10까지의 단계가 있는 사다리가 있고, 사다리의 맨 위는 당신에게 있어 최상의 삶이고, 맨 아래는 최악의 삶을 뜻합니다. 당신은 현재 어느 단계에 가깝다고 느끼십니까? o 모든 것을 전반적으로 고려할 때 당신은 얼마나 행복하십니까? (0~10점) o 모든 것을 고려할 때 당신은 5년 전 삶에 대해서 얼마나 만족하십니까? (0~10점) o 모든 것을 고려할 때 당신은 5년 후에는 얼마나 만족할 것이라고 예상하십니까? (0~10점) o Diener의 SWLS 척도 (1~7점) - 대체로 나의 생활은 나의 이상과 가깝다. - 내 생활의 조건들은 훌륭하다고 말할 수 있다. - 나는 나의 생활에 만족한다. - 지금까지 내 삶에서 내가 원하는 중요한 것들을 소유해 왔다. - 만약 내 삶을 다시 살 수 있다면, 나는 아무것도 바꾸지 않을 것이다.
정서	o 당신은 어제 하루 동안 다음과 같은 감정을 경험하였습니까? (0~10점) - 즐거운(enjoyment), 평온한(calm), 걱정스러운(worried), 슬픈(sadness), 행복한(happy), 우울한(depressed), 화남(anger), 스트레스(stress), 피곤한(tired), 웃음(smile or laugh)
심리적 번영	o 다음 항목에 대해서 당신이 동의하는 정도를 0~10점 척도로 응답해주십시오 - 일반적으로 나는 나 자신이 매우 긍정적이라고 느낀다. - 나는 내 미래에 대해 늘 낙관적이다. - 나는 내 삶을 결정하는 데 있어 자유롭다. - 나는 나의 삶이 가치 있다고 느낀다. - 대부분 나는 내가 한 일에 대해 성취감을 느낀다. - 내 인생에서 일이 잘못될 때, 일반적으로 그것이 다시 정상으로 돌아오기까지 오래 걸린다. o 지난 한 주 동안 다음과 같은 감정을 얼마나 자주 느꼈습니까? (0~10점) - 에너지 넘치는(a lot of energy), calm(평온한), 외로운(lonely)
영역별 평가	o 다음에 제시한 삶의 각 영역에 대해서 얼마나 만족하십니까? (0~10점) - 생활수준, 건강, 삶의 성취, 개인적 관계, 안전, community, 미래안보, 시간사용, 지역 환경의 질 o 직장인의 경우, 직업에 대한 만족도
경험된 웰빙	o 일상재구성법(Day reconstruction method questions)을 통한 정서측정

점을 둔다. 셋째, 삶의 질 개념은 어떤 상태가 바람직하다는 사회적 가치나 규범을 반영하고 있기 때문에 시공간을 초월한 절대적 개념이 아니라 한 사회의 경제 및 사회 발전 수준과 이에 대한 사회구성원의 가치 및 규범에 의해 변화되는 상대적 개념으로 보는 것이 적절하다. 넷째, 삶의 질은 사회구성원 개인의 삶의 질만을 의미하는 것이 아니라 '전체사회의 질(societal quality)'과도 관련이 있다. 개인의 삶의 질에 직간접적으로 연관된 공평(equality), 형평(equity), 자유, 유대감 등과 같은 특성들이 삶의 질과 밀접한 관계가 있다. 이러한 잠정적 결론을 바탕으로 "국민 삶의 질 지표"가 공표되는데, 그 이론적 틀을 살펴보면 '그림 2-2'와 같다. '그림 2-2'는 또한 지표의 작성 목적과 이론적 토대를 바탕으로 구성된 국민삶의질지표의 개념 지도를 보여준다.

국민삶의질지표에서 '삶의 질'이란 삶을 가치 있게 만드는 모든 요소를 포괄하는 개념으로 객관적인 생활조건과 이에 대한 시민들의 주관적 인지 및 평가로 구성된다. 여기서는 개인의 '삶의 질'과 함께 전체 사회와 관련된 '사회의 질'도 포함하는 개념으로 활용하고 있다(한준 외, 2011). 국민 삶의 질은 환경적 조건, 사회적 관계, 개인의 역량에 의해 결정되며, 삶의 질의 최종적 결과는 주관적 웰빙이다. 개인 수준에서는 역량 있는 개인을 목표로 하고 있으며 이를 실현하기 위해서는 교육을 통해 지식과 일할 능력을 갖추고, 경제적 여유와 복지혜택을 누리며, 건강한 삶을 영위하는 것이 필요하다. 사회적 관계 수준에서의 목표는 서로 돌보는 활기찬 공동체를 만드는 것이다. 이러한 공동체는 사회통합과 결속이 이루어지고, 시민참여가 활발하고, 여가활용을 통해 문화생활을 즐길 수 있을

그림 2-2 국민삶의질지표 개념 틀

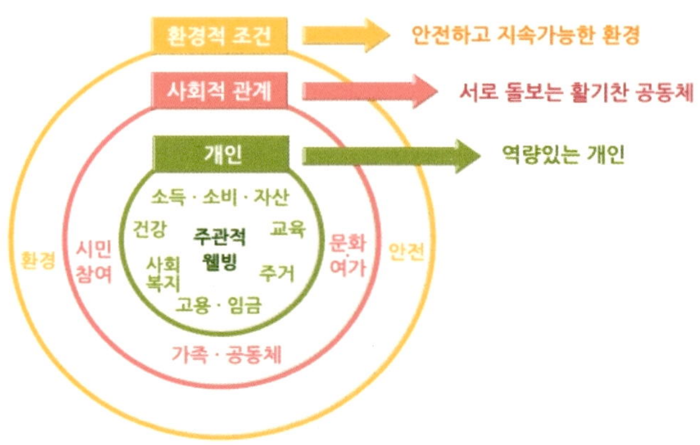

표 2-2 국민삶의질지표의 목표와 세부내용

차원	목표	세부내용
개인	역량(capability) 있는 개인	• 교육을 통해 지식과 일할 능력을 갖추고 있고 • 경제적 여유와 복지혜택을 누리며 • 건강한 삶을 영위하는 개인
사회적 관계	서로 돌보는 활기찬 공동체	• 사회통합과 결속이 이루어지고 • 시민참여가 활발하고 • 여가활용을 통해 문화생활을 즐기는 공동체
환경	안전하고 지속가능한 환경	• 위험으로부터 자유롭고 • 환경이 보호되어 지속가능한 삶을 보장하는 환경

때 가능해진다. 그리고 안전하고 지속가능한 환경을 지향하며, 이를 위해서는 위험으로부터 자유롭고, 환경이 보호되어 지속가능한 삶을 보장할 수 있어야 한다('표 2-2').

이 같은 논의를 바탕으로 작성된 국민삶의질지표는 12개 영역, 81개의

표 2-3 국민삶의질지표의 구조

영역		지표		
		객관지표	주관지표	합계
물질부문	소득 · 소비 · 자산	6	2	8
	고용 · 임금	5	1	6
	사회복지	3	–	3
	주거	4	1	5
비물질 부문	건강	7	2	9
	교육	7	2	9
	문화 · 여가	4	2	6
	가족 · 공동체	6	2	8
	시민참여	2	5	7
	안전	7	2	9
	환경	6	2	8
	주관적웰빙	–	3	3
합계		57	24	81

지표로 구성된다('표 2-3'). '소득 · 소비 · 자산', '고용 · 임금', '사회복지', '주거', '건강', '교육', '문화 · 여가', '가족 · 공동체', '시민참여', '안전', '환경', '주관적웰빙' 등이며 영역은 3~9개의 지표로 구성되어 있다. 지표선정기준은 자료의 질, 적절성, 중립성이다. 자료의 질은 공식통계를 사용해야 하며, 가능한 전체인구를 포괄하는 지표이어야 하고 시계열확보가 가능해야 한다는 것이다. 적절성과 관련해서는 액면타당도가 높아야 하며, 투입보다는 성과를 측정해야 하며, 이해가 쉬워야 하고, 정책개입에

따라 민감하게 변화하는 지표이어야 하며, 국내 상황에 적합해야 한다는 것이다. 중립성과 관련해서는 정치적 편견이 반영되지 않아야 한다는 것을 의미한다(한준 외, 2011). 2011년 작성당시 83개의 지표체계로 출발하였으나, 2013년 외부 전문가 의견 검토를 통해 삶의 질과 관련이 높은 지표를 추가로 보완하고, 삶의 질과 관련성이 낮거나 투입지표, 의미없는 지표 등 일부 지표를 삭제하는 과정을 거쳤다. 이후에도 지표검토위원회를 통하여 지표명 변경, 산식변경 또는 더 이상 생산되지 않는 지표의 대체지표 개발 등의 과정을 거쳤으며, 2016년 12월 기준으로 81개의 지표가 되었다. 한편, 12개 영역은 물질 부문과 비물질 부문으로 구분되기도 한다.

3. 삶의 질 측정을 위한 국제사회의 노력

이제 이 글의 목적인 삶의 질 측정과 국가 간 비교를 위한 국제사회의 노력에 대해 살펴보자. 삶의 질에 대한 개념화와 측정의 노력이 본격화된 시발점은 스티글리츠 위원회의 보고서라 할 수 있다. 여기에서 작성한 보고서를 기반으로 행복에 대한 관심이 국제사회에서 환기되었으며 이를 토대로 OECD, UN, EU 등에서 삶의 질 관련 연구가 이루어졌으며, 개별 국가들도 삶의 질에 대해 과학적이고 정책적인 접근을 시작했다(김석호, 2013). 스티글리츠 위원회가 2009년에 삶의 질 지표작성에 관한 12개의 권고를 작성한 후, OECD는 Better Life Index를 발표하였고, EU

는 "GDP and Beyond: Measuring Progress in a Changing World" 보고서를 발행하였다. '표 2-4'는 2015년 현재 국제기구와 개별국가에서 공표하고 있는 삶의 질 관련 지표들을 보여준다.

표에서 알 수 있는 것처럼 OECD와 EU는 삶의 질 지표체계를 체계적으로 구축하고 국가 간 비교의 결과를 매년 공표한다. 그 방식이 달라 표에는 제시하지 않았지만 UN도 세계행복보고서를 2012년부터 발간하고 있다. 아시아에서도 부탄, 중국(홍콩), 일본이 삶의 질 측정의 세계적 흐름에 적극적으로 동참하고 있다. 그리고 북미, 유럽, 오세아니아 대륙에서는 앵글로색슨 계열 국가—영국, 캐나다, 호주—의 노력이 적극적이다. 여기에서는 먼저 스티글리츠 위원회의 보고서를 간략히 정리하고, OECD

표 2-4 삶의 질 지표체계 작성 현황: 국제기구와 개별국가들

	국가 / 단체	연구 명
국제기구	OECD	Better Life Index
	EU	Quality of Life Indicators
북 미	캐나다	Canadian Index of Wellbeing(CIW)
	미국	Key National Indicators System(KNIS)
오세아니아	뉴질랜드	Quality of Life Project
	호주	Australian Unity Well Being Index
	호주	Measures of Australia's Progress (MAP)
유럽	네덜란드	Life Situation Index(LSI) - Wellbeing in Netherlands
	스위스	MONET Indicator System
	아일랜드	Measuring Ireland's Progress (MIP)
	벨기에	WellBeBe
	핀란드	Findicator
	영국	National Accounts of Well-Being(NAWB)
	영국	Measure of National Well Being(MNWB)
	오스트리아	How's Austria
	이탈리아	Measuring Equitable and Sustainable Wellbeing(BES)
아시아	부탄	Gross National Happiness (GNH)
	중국	Hong Long Quality of Life Index
	일본	Measuring National Well-being(MNWB)

와 UN의 삶의 질 측정 체계에 대해 살펴보도록 한다. 그런 후에 2016년에 공표된 UN의 SDGs를 설명하고, SDGs가 삶의 질에 대해 가지는 의미에 대해 논한다.

1) 스티글리츠위원회 보고서와 행복의 국제비교

프랑스의 사르코지 대통령은 국민의 웰빙을 주관적 및 객관적 차원에서 개념화하고 측정에 대한 원칙들과 방법론을 모색하고자 노벨 경제학상 수상자인 스티글리츠(Stiglitz) 교수를 위원장으로 하는 전문가 위원회를 구성했고 2009년도에 보고서가 작성되었다. 보고서가 지적하고 있는 것처럼, 삶의 질 연구에서 가장 중요한 도전과제 중 하나는 풍부한 자료를 간결한 방법으로 종합하는 것이다. 이 보고서에 따르면, 삶의 질 측정에 대해서 세 가지 접근법이 가능하다고 판단하고 있다(Stiglitz et al., 2009).

첫 번째 접근은 삶의 질에 대해 주관적 웰빙의 개념에 근거하는 것이다. 이 접근은 사람들이 그들의 삶에 '행복'하거나 '만족'하는 것이 인간존재의 보편적인 목적이라고 가정한다. 앞서 지적했듯이, 주관적 웰빙의 가장 큰 장점은 간편함(simplicity)에 있다. 즉 개인의 판단에 근거하는 것은 개인들의 선호를 반영한다는 점에서 다양한 경험들을 모을 수 있으며, 그들의 삶에서 중요한 것이 무엇인지에 대한 사람들의 다양한 견해를 반영할 수 있기 때문이다.

두 번째 접근은 삶의 질 측정을 역량(capabilities) 개념에 근거하는 것이다. 이 접근은 인간의 삶을 다양한 '행위와 존재(doing and being)', 즉 기능의 결합 및 이러한 기능을 선택할 수 있는 자유로 간주한다. 이는

Sen(1984)이 주창한 삶의 질에 있어서 스스로의 삶을 선택할 수 있는 자유와 다양한 선택지를 강조한 역량이론과 같은 맥락이다. 여기에서 기능은 사람들이 중요하다고 인식하는 상황이나 행동으로 건강, 지식, 직업과 같은 개인의 성취라고 할 수 있으며, 시간과 장소에 따라서 다른 가치를 가진다. 이러한 접근방식은 삶의 질 측정뿐 아니라 정책평가에도 활용가능하다. 이 접근방식은 삶의 질 측정을 위한 몇 개의 단계를 요구한다. 첫 번째 단계는 이용가능성, 사람들의 가치, 정치적 목적, 중요성 등을 고려하여 영역을 선택하는 것이다. 그 다음으로는 다양한 영역에 대한 정보와 자료를 수집하는 것이다. 마지막 단계에서는 서로 다른 능력, 즉 지표에 대해 가치를 부여하는 것으로 이러한 평가는 기능과 능력의 방향성을 웰빙의 수치로 변환시켜준다. 그러나 여기에서 어려운 점은 사람들마다 기능과 능력에 대한 가치의 평가가 동일하지 않다는 점이다.

세 번째 접근은 경제적 접근방식으로 경제복지와 분배의 측면에 근거하는 것이다. 이 접근은 삶의 질의 비화폐적 측면을 사람들의 선호로 측정하고자 한다. 따라서 다양한 비화폐적차원에 대한 특정한 선호도와 함께 사람들의 현재의 상황과, 개인들의 선호도에 대한 정보 등이 요구된다. 이 접근방식은 사회의 모든 구성원 간의 평등에 초점을 맞추고 있기 때문에 더 나은 조건에 살고 있는 사람들의 선호도만을 불균형하게 반영하지 않는다는 장점이 있다.

한편 스티글리츠 위원회 보고서에서는 삶의 질을 객관적으로 측정하기 위해 8가지 요인, 즉 보건, 교육, 시간활용, 정치참여와 지배구조, 사회적 연결, 환경, 개인의 안전, 경제적 안정을 고려해야 한다고 제시하고 있다. 보고서는 삶의 질의 단일한 요약측정법을 구축하는 데 초점을 맞추기보다는, 통계청은 각 사용자의 철학적 관심에서 따라 다양한 총합 측정값의 연산자에 필요한 데이터를 제공해야 한다고 지적한다(Stigliz et al., 2009). 즉 국제기구, 정부, 정부기관이 삶의 질 지표체계를 구축해 공표 시, 종합지수를 산출하는 것보다는 개별 지표의 통계치를 제공해 연구자로 하여금 직접 종합지수를 산출하도록 하는 것이 바람직하다는 것이다. 이는 통계기관이 종합지수를 작성하게 되면 정치적 영향력에서 자유롭지 못하고 정치적 논란에 휘말릴 위험이 높기 때문이다. 지표체계에서 어느 영역 또는 지표가 다른 영역 또는 지표보다 더 또는 덜 중요한가의 문제는 항상 규범적 판단이 뒤따르기 때문이기도 하다.

2) OECD의 Better Life Index

OECD는 2007년도에 시작한 사회 진보의 측정을 위한 준비 작업을 거쳐 2011년 5월 OECD 50주년 기념으로 '보다 나은 삶 계획'(Better Life initiative)을 발족하는 한편 OECD의 웰빙 관련 지표들의 개요인 '삶이 어떤가요?'(How's Life?)를 공표하고 웹 기반으로 "당신의 보다 나은 삶 지수"(Your Better Life Index: www.oecdbetterlifeindex.org)라는 서비스를 제공하기 시작했다.

'그림 2-3'은 Better Life Initiative의 개념틀과 구성요소들을 보여준다. Better Life Initiative는 물질적 생활 조건과 삶의 질 차원으로 구성되어 있다. 물질적 생활 조건 차원은 주거, 일자리와 소득, 소득과 부로 이루어진다. 거시적인 맥락에서 물질적 생활 조건은 GDP와 밀접한 관련을 가

그림 2-3 OECD Better Life Initiative의 개념틀

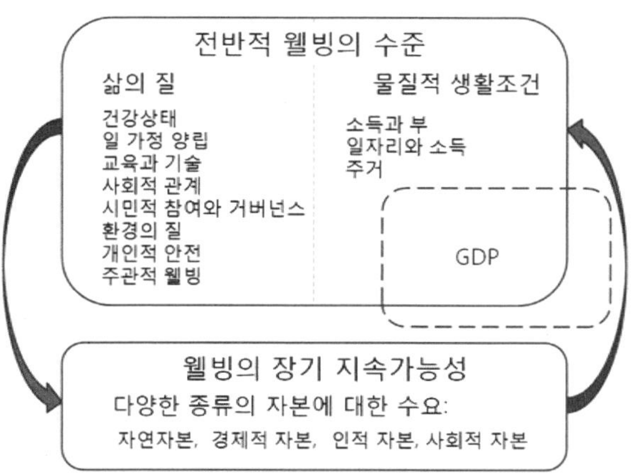

진다. 삶의 질 차원은 건강상태, 일 가정 양립, 교육과 기술, 사회적 관계, 시민참여와 거버넌스, 환경의 질, 개인적 안전, 주관적 웰빙으로 구성되어 있다. 그림은 또한 이러한 물질적 생활조건과 삶의 질이 웰빙의 장기 지속가능성을 결정한다는 점을 분명히 하고 있다. 즉 한 사회에서 국민의 웰빙이 지속적으로 재생산될 것인가의 여부는 물질적 생활조건과 삶의 질에 의해 결정되는데, 여기서 웰빙은 자연자본, 경제자본, 인적자본, 사회자본 등이 고르게 축적될 수 있는가에 의해 좌우된다는 것이다. 그리고 이러한 다양한 유형의 자본은 다시 전반적 웰빙 수준의 질적 도약에 영향을 준다.

OECD가 Better Life Initiative의 일환으로 2011년부터 매년 발표해 온 Better Life Index는 과거 물질적 생활수준 향상 측면에서 주로 평가되어 온 사회발전을 삶의질 관점에서 다각적으로 측정하는 데 일조한 것으로

표 2-5 Better Life Index의 영역과 지표

영역	지표명	정의
주거(Housing)	주거관련지출(Housing expenditure)	· 주거관련 가계의 최종소비지출 및 수선유지비용의 합이 가계의 순가처분소득에서 차지하는 비율
	기본시설이 있는 가구 (Dwelling with basic facilities)	· 단독으로 사용하는 실내 수세식화장실 보유 주택이 전체 주택에서 차지하는 비율
	개인당 방 수(Number of rooms per person)	· 주택의 방수를 거주 인원으로 나누어 산출
소득(Income)	가계 금융순자산(Household financial wealth)	· 금융부채를 차감한 순계기준 가계 보유 금융자산 (현금, 채권 및 주식 등)
	가계 순가처분소득(Household net adjusted disposable income)	· 직접세 및 사회보장분담금, 감가상각비를 제외한 가계의 임금, 재산 및 임료 소득 등 순가처분소득
직업(Jobs)	직업안정성(Job security)	· 전년도에 고용된 사람중에서 다음 연도에 실업자가 된 사람의 전년도 고용자수 대비 비율
	개인소득(Personal earnings)	· 정규노동자의 연평균 소득
	고용률(Employment rate)	· 근로가능연령인구(15~64세)에서 임금을 지급받는 일자리에 고용(1시간 이상)된 인구의 비율
	장기 실업률(Long-term unemployment rate)	· 노동인력에서 1년 이상 실업상태(취업의사가 있고 구직활동을 함)에 있는 사람의 비율
공동체 (Community)	지원관계망의 질(Quality of support network)	· 어려움에 처했을 때 도움을 요청할 수 있는 친척, 친구 또는 이웃이 있다고 응답한 사람의 비율
교육(Education)	기대교육기간(Years in education)	· 5살 어린이가 평생 공식교육을 받을 것으로 기대되는 평균 기간
	학생들의 역량(Students skills)	· 독해, 수학 및 과학에 관한 PISA 평가 점수
	교육 성취(Educational Attainment)	· 고등학교 졸업 학력 이상을 보유한 성인(15~64세)의 비율
환경 (Environment)	수질(Water quality)	· 살고 있는 지역의 수질에 대해 만족한다는 응답자 비율
	대기의 질(Air quality)	· 큐빅 미터당 미세먼지(마이크로 그램) 농도
시민참여 (Civic Engagement)	규칙제정에서의 협의 (Consultation on rule-making)	· 규제를 도입할 때 합의 과정에 대한 공개성 및 투명성에 관한 정보를 종합(composite)한 지표
	투표 참여율(Voter turn-out)	· 선거에 참여한 인구 비율(선거등록 인구 대비)
건강(Health)	자기보고 건강상태 (Self-reported health status)	· "전반적으로 당신의 건강상태에 대한 의견은?"이란 질문에 건강하다고 답변한 응답자 비율
	기대수명(Life-expectancy)	· 현재의 사망률에 근거한 평균적인 기대 수명
삶의 만족 (Life Satisfaction)	삶에 대한 만족도(Life-Satisfaction)	· 전반적인 삶에 대한 만족도(10 ; 매우만족~0 ; 매우 불만족) 평가에 대한 개인별 점수의 평균
안전(Security)	살인율(Homicide rate)	· 인구 10만 명당 경찰에 신고된 의도적인 피살자 수
	범죄피해율(Assault rate)	· 과거 12개월 내 범죄피해를 신고한 사람의 비율
일과 삶의 균형 (Work-Life Balance)	여가와 개인적 돌봄에 쓴 시간 (Time devoted to leisure and personal care)	· 전국 서베이를 통해 조사한 통상적인 날에 여가 및 개인적인 돌봄에 사용한 시간
	장시간 근로자 (Employees working very long hours)	· 주 50시간 이상 근무한 임금근로자의 비율 (자영업자 제외)

평가할 수 있다. '표 2-5'는 Better Life Index의 영역과 지표를 보여준다. Better Life Index는 11개의 영역과 24개의 지표로 구성된다. 조사대상 국가는 34개 OECD 회원국에 러시아 및 브라질이 포함된 36개국이며, 영어, 프랑스어, 스페인어, 러시아어, 독일어, 포르투갈어, 이탈리아어로도 관련 자료를 발표하고 있다. OECD는 각국의 홈페이지 이용자들이 BLI 11개 영역에 대해 각자가 판단하는 나름대로의 가중치(중요도)를 부여하여 국가별 웰빙 수준을 비교할 수 있도록 하고 있으며, 자체적인 종합지수 산출은 하지 않고 있다.

'그림 2-4'는 2015년 기준 OECD Better Life Index에 의한 종합 순위를 보여준다. 순위 산정 과정에서는 가중치는 적용되지 않았다. 2015년 Better Life Index상의 한국의 순위는 36개국 중 27위로 2014년의 25위에서 2단계 하락하였다. 한국의 순위는 2012년과 2013년에 각각 24위와 27위였다. 동일가중치 기준 국가별 순위는 호주(2012-2013-2014-2015; 1→1→1→1위)가 전년에 이어 1위를 차지하였고 다음으로 스웨덴(4→2→3→2), 노르웨이(2→4→2→3), 스위스(7→5→ 6→4), 덴마크(5→7→4→5), 캐나다(6→3→5→6), 미국(3→6→7→7), 뉴질랜드(9→11→10→8), 아이슬란드(13→9→11→9), 핀란드(11→12→9→10)가 10위권을 차지하였다. 다음으로, 네덜란드(8→8→8→11), 아일랜드(15→15→15→12), 독일(17→17→14→13), 벨기에(14→16→13→14), 룩셈부르크(10→14→17→15), 영국(12→10→12→16), 오스트리아(16→13→16→17), 프랑스(18→18→18→18), 스페인(19→20→21→19), 일본(21→21→20→20), 슬로베니아(20→19→19→21), 체코(23→22→23→22), 이태리(22→23→22→23), 이스라엘(25→24→24→

그림 2-4 OECD Better Life Index 국가별 종합 순위(동일가중치 기준, 2015년)

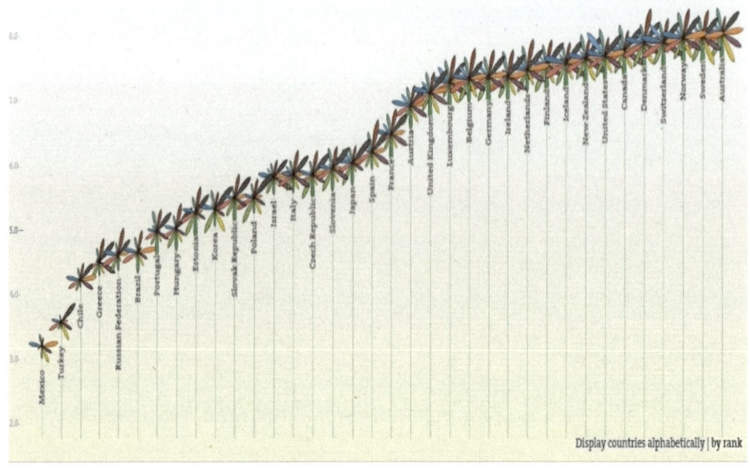

24), 폴란드(27→25→27→25), 슬로바키아(26→26→26→26), 한국(24→27→25→27), 에스토니아(31→31→28→28), 헝가리(30→29→30→29), 포르투갈(29→28→29→30), 브라질(33→33→32→31), 러시아(32→32→33→32), 그리스(28→30→34→33), 칠레(34→34→31→34), 터키(36→36→36→35), 멕시코(35→35→35→36) 등의 순이다(한국은행 보도자료, 2015).

3) UN의 행복보고서

UN 산하 자문기구 '지속가능한 발전해법 네트워크'는 2012년부터 매년 세계행복보고서를 발간해오고 있다. UN 행복지수는 1인당 국내총생산(GDP), 사회적 지원, 기대수명, 선택의 자유, 관대함, 부패 지수 등을 기준으로 산정된다. 이에 따르면, 2016년 기준, 한국의 행복지수는 5.835로,

그림 2-5 주관적 웰빙(삶의 만족) 평균(왼편)과 표준편차(오른편)

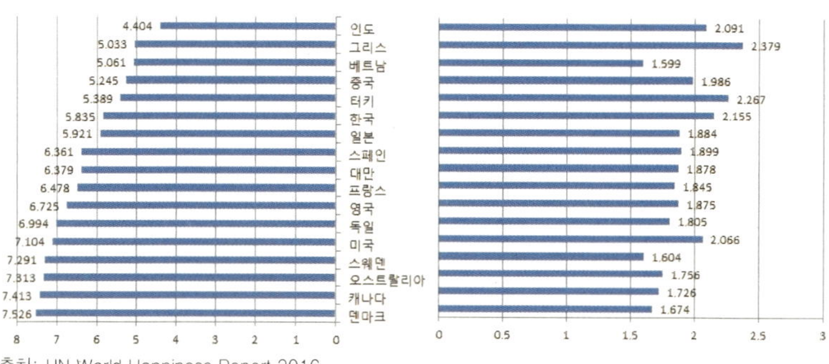

출처: UN World Happiness Report 2016.

58위를 기록했다. 이는 2015년의 47위보다 11계단 하락한 결과이다. 행복지수 1위를 차지한 국가는 덴마크(7.526)이며, 그 뒤를 스위스 · 아이슬란드 · 노르웨이 · 핀란드 · 캐나다 · 네덜란드 · 뉴질랜드 · 호주 · 스웨덴 등이 따른다. 아시아 국가 중에서는 싱가포르(6.739)가 22위로 가장 높다. G7 국가들의 행복지수 순위는 캐나다(6위) · 미국(13위) · 독일(16위) · 영국(23위) · 프랑스(32위) · 일본(53위) · 러시아(56위)로 나타났다. 중국은 83위에 그쳤다.

'그림 2-5'는 2016년 UN에서 발간한 세계행복보고서(World Happiness Report)에서 국가별로 삶의 만족의 평균과 표준편차를 함께 비교한 것이다. 한국은 대부분의 서구 나라들에 비해 삶의 만족이 낮을 뿐 아니라 표준편차도 크다. 이 그래프에서 한국보다 행복의 표준편차가 큰 나라는 그리스, 터키 정도이다. 행복의 표준편차가 크다는 것은 행복의 불평등 정도가 크다는 것을 의미한다. 행복의 평균값을 중심으로 퍼진 정도가 커서 매우 낮거나 높은 사람들이 많다는 것이다.

한국에서 행복의 평균은 상대적으로 낮고 표준편차는 큰 이유에 대하여, 제프리 삭스는 2017년 보고서에서 한국의 행복수준을 낮추는 요인은 사회적 토대(social foundation)의 취약이라고 설명한다. 한국이 경제적으로는 어느 정도 높은 수준에 도달했지만 사회적으로는 아직도 갈 길이 멀다는 의미이다.

4) UN SDGs 지표

UN은 2015년 9월 제70차 총회에서 2001년부터 15년간 지속되어 온 MDGs 시대의 막을 내림과 동시에 새로운 15년을 목표로 '2030 지속가능발전의제(2030 Agenda for Sustainable Development)'를 공식적으로 선언하였다. 여기에서 채택된 의제는 '지속가능발전목표(Sustainable Development Goals)'로 명명되었으며, 17개 목표와 169개 세부목표, 241개 글로벌 지표로 구축하였다(2016년 3월 기준).[1] 새롭게 채택된 17개의 목표는 경제, 사회, 환경, 글로벌 거버넌스 부문에서 인류의 지속가능발전을 위해 필요한 다양하고 구체적인 의제들을 포함하고 있다.

분석적 목적으로 SDGs의 17개 목표는 '사회발전', '경제성장', '환경보존' 세 가지 축을 기반으로 조직화하기도 한다. 사회발전영역은 목표 1부터 목표 6까지로 빈곤과 불평등을 해소하고 인간의 존엄성을 회복하고자 한다. 경제성장영역은 목표 8부터 목표 11까지로 모든 사람들이 양질의

---

1) 2017년 3월 UN통계위원회 제출된 보고서에는 일부 지표의 수정보완이 있었으며 지표 수도 중복제외 시 232개로 바뀌었으나, 본 연구에서는 2016년 3월 기준으로 하였다.

일자리를 통해 적절한 수준의 생계를 유지할 수 있도록 포용적인 경제환경을 구축하고 지속가능한 성장동력을 만드는 것을 목표로 한다. 마지막으로 목표 7, 12, 13, 14, 15는 생태계를 보호하기 위한 목표이다. 현재 극심한 기후변화와 그로 인한 자연재해로 몸살을 앓는 지구를 보호하고 대량생산과 대량소비로 인한 환경오염과 자원고갈을 막아서 환경을 보호하고 지속가능한 지구를 만들기 위한 목표가 여기에 포함된다. 한편, 목표 1부터 15까지가 지속가능한 발전을 위해 달성해야 하는 목표라면 목표 16과 17은 앞의 목표들을 달성하기 위한 조건과 방법을 담은 것이라고 할 수 있다. 목표 16은 정의롭고 평화로우며 효과적인 제도를 구축하는 것이며, 목표 17은 이 모든 목표를 달성하기 위하여 전 지구적인 협력이 필요하다는 내용을 담고 있다. 그러나 이러한 분류는 엄격한 것이 아니며 기관이나 연구자에 따라서 약간씩 차이가 있고 오히려 최근에는 SDGs를 5P 개념으로 재구조화하기도 한다. 5P는 사람(People), 번영(Prosperity), 지구환경(Planet), 평화(Peace), 파트너십(Partnership)의 이니셜인 다섯 개의 P를 의미한다. 이 5P는 새로운 개발 의제의 기본 정신이자 키워드라고 할 수 있다('그림 2-7'). 사람에는 목표1~5, 지구환경에는 목표6, 목표12~15, 번영에는 목표7~11, 평화에는 목표16, 파트너십에는 목표17을 흔히 다루고 있다(김석호 외, 2016).

SDGs 지표는 데이터 가용성과 국제적인 표준적인 방법론에 따라서 지표를 세 개의 층위로 구분하고 있다. 티어1은 개념이 명확하고, 방법론 및 표준이 존재하며, 데이터가 정기적으로 생산되는 경우, 티어2는 개념이 명확하고, 방법론 및 표준이 존재하나, 데이터 사용에 한계가 있는 경우,

표 2-6 SDGs 지표체계 구조

목표	세부목표 수	지표 수
1. 빈곤종식	7	12
2. 기아종식, 식량안보와 농업 증진	8	14
3. 보건 및 웰빙 증진	13	26
4. 교육보장, 평생교육기회 증진	10	11
5. 성평등 달성, 여성역량 강화	9	14
6. 물과 위생시설 접근성 향상과 관리	8	11
7. 에너지접근 보장	5	6
8. 경제성장 촉진, 일자리 증진	12	17
9. 인프라 구축, 산업화와 혁신 증진	8	12
10. 불평등 감소	10	11
11. 지속가능한 도시와 거주지 조성	10	15
12. 지속가능한 소비와 생산양식 확립	11	13
13. 기후변화 대응	5	7
14. 해양 생태계 보호	10	10
15. 육상 생태계 보호	12	14
16. 평화와 정의, 제도 구축	12	23
17. 이행수단 및 글로벌 파트너십 강화	19	25
합	169	241

티어3은 국제적으로 합의된 방법론과 표준이 부재하는 경우이다. 현재 IAEG-SDGs 티어 분류 결과를 보면, 티어1과 2는 65%, 티어3은 35%가량인 것으로 나타났다(UN, 2017).

SDGs는 1) 빈곤 종식과 불평등 감소, 2) 경제, 사회, 환경을 포괄한 발전 프레임, 3) 함께 누리는 행복한 삶 추구, 4) 사회의 질과 삶의 질 향상을 위해 모든 국가들의 전면적 변화 지향, 그리고 5) 선진국뿐만 아니라 개도국 국민들 모두 전면적 변화의 혜택을 누릴 수 있는 국제 및 국내 거버넌스 구축 등을 목표로 하고 있다는 점에서, 평화의 기반위에서 전 인류의 행복한 미래를 꿈꾸고 있다.

즉 SDGs는 빈곤, 농업, 교육, 양성평등, 기후변화, 보건, 경제성장 및 삶의 질 등 사회 · 경제발전의 의제를 전방위적으로 다루고 있다. 국제적 및 거시적 차원의 경제발전과 사회진보 관련 의제와 더불어 국내적 및 미시적 차원의 삶의 질 향상에 초점을 두고 있는 것이다.

4. 한국인의 삶의 질 국제비교: OECD Better Life Index와 UN 행복보고서

1) OECD Better Life Index

'표 2-5'에 제시된 것처럼, Better Life Index는 주거(Housing), 소득(Income), 직업(Jobs), 공동체(Community), 교육(Education), 환경(Environment), 시민참여(Civic Engagement), 건강(Health), 삶의 만족(Life Satisfaction), 안전(Security), 일과 삶의 균형(Work-Life Balance) 등 11개 영역의 24개 지표로 구성된다. 여기에서는 각 영역 지표별 한국의 순위변

화를 2011년부터 2016년까지 살펴본다.

① 주거

주거영역은 주거관련지출, 기본시설이 있는 가구, 개인당 방 수 등 3개의 지표로 구성된다. 1인당 방 수 지표에서 2011년 한국은 평균 1.3개의 방을 소유하고 있으며, 21위를 차지했다. 2012년에는 평균 1.4개로 17위로 상승하였으나 2013년에는 25위로 하락하였다. 2014년부터 2015년에는 27위로 다시 하락하였으며, 2016년에는 26위를 기록했다. 한편 한국의 1인당 방 수는 2011년부터 2016년에 이르는 동안 OECD 평균 1인당 방

그림 2-6 한국의 '1인당 방 수' 순위변화

	2011	2012	2013	2014	2015	2016
순위	21	17	25	27	27	26
값(단위: 개)	1.3	1.4	1.4	1.4	1.4	1.4
OECD평균	1.6	1.6	1.6	1.6	1.8	1.8

그림 2-7 한국의 '기본시설이 없는 가구비율' 순위변화

	2011	2012	2013	2014	2015	2016
순위	4	8	7	8	8	12
값(단위: %)	7.5	4.2	4.2	4.2	4.2	4.2
OECD평균	2.8	2.3	2.2	2.1	2.4	2.1

수에 미치지 못하고 있다.

기본시설이 없는 가구비율 지표에서 2011년 한국은 평균 7.5%를 기록하였으며, 이는 전체 OECD 국가들 중 끝에서 4위에 해당한다. OECD 국가 평균이 2.8%인 것에 비해 다소 높은 수치다. 2012년에는 기본시설이 없는 가구비율이 4.2%로 감소하여 향상되었으며, 이 상태가 2013년부터 2016년까지 큰 변화 없이 지속되고 있다.

주거관련 지출비중은 2011년에는 조사되지 않았던 항목이다. 2012년 한국은 31위를 기록했으며 16%를 주거관련 지출비로 사용하고 있는 것으로 나타났다. OECD 평균이 22%인 것에 비해 다소 낮은 수준이다.

그림 2-8 한국의 '주거관련지출 비중' 순위변화

	2011	2012	2013	2014	2015	2016
순위	–	31	35	35	35	37
값(단위: %)	–	16	16	16	16	16
OECD평균	–	22	21	21	18	21

2012년부터 2016년까지 모두 동일하게 16%를 기록했다. 2013년부터 2015년까지는 35위를, 2016년에는 37위를 기록했다.

② 소득

소득 영역에는 가계 금융순자산과 가계 순가처분소득이 존재한다. 먼저 가구원당 순가처분 소득지표에서 한국은 2011년 24위로 16,254(US$)를 기록했다. OECD 평균 22,284(US$)에 비해 다소 낮은 수치다. 2012년에는 두 계단 하락하여 26위를 차지하였으며 이는 2014년까지 지속된다. 2015년부터는 다시 24위로 상승하였으나 OECD 평균과의 격차는 커지는 추세다.

그림 2-9 한국의 '가구원당 순가처분 소득' 순위변화

	2011	2012	2013	2014	2015	2016
순위	24	26	26	26	24	24
값(단위: US$)	16,254	16,570	17,337	18,035	19,510	19,372
OECD평균	22,284	22,387	23,047	23,938	25,908	29,016

가구원당 금융순자산 지표에서 2011년 한국의 순위는 14위며, 자산규모는 23,671(US$)로 측정되었다. 2012년에는 자산규모는 23,715로 증가하였으나 순위는 18위로 하락하였다. 2013년부터 2016년에 이르는 기간 동안 자산의 규모는 꾸준히 증가하였으나 OECD 평균의 급증으로 인해 국제순위는 상승하지 않았다. 2013년은 21위로 전년대비 하락하였으며 2014년만 다소 상승한 19위를 기록하였고 2015년과 2016년은 20위에 머물렀다.

그림 2-10 한국의 '가구원당 금융순자산' 순위변화

	2011	2012	2013	2014	2015	2016
순위	14	18	21	19	20	20
값(단위: US$)	23,671	23,715	26,036	28,290	29,091	30,852
OECD평균	36,808	36,237	40,516	42,903	67,139	84,547

③ 직업

직업 영역의 지표는 모두 네 개인데, 직업안정성, 개인소득, 고용률, 장기 실업률 등이 있다. 고용률의 지표에서 한국은 2011년 21위로, 63.3%로 나타났다. 이는 OECD 평균보다 다소 낮은 수치다. 2011년부터 2016년에 이르는 기간 동안 한국의 고용률은 지속적으로 OECD 평균보다 낮다. 2012년에는 23위로 전년 대비 두 계단 하락하였으며 2013년에는 22위로 다시 상승하였다. 2014년부터는 23위를 유지하고 있다.

1년 이상 장기실업률 지표에서 한국은 2011년 35위로, 0.01%를 기록했다. OECD 평균 장기실업률이 2.74%인 것에 비해 매우 낮은 수치다. 한국

그림 2-11 한국의 '고용률' 순위변화

	2011	2012	2013	2014	2015	2016
순위	21	23	22	23	23	23
값(단위:%)	63.3	63	64	64	64	65
OECD평균	64.5	66	66	65	65	66

은 2011년부터 2016년 동안 장기실업률 수치가 꾸준히 0.01%를 기록하고 있다.

직업안정성 지표는 2011년과 2016년에는 조사되지 않은 항목이다. 이는 실직 위험률을 의미하는 것으로, 그 값(%)이 낮을수록 실직 위험률이 낮아 고용안정이 보장되는 것을 의미한다. 2012년 한국은 25.8%로 33위를 기록하였다. 이는 OECD 평균 10.1%에 비해 크게 높은 수치로 한국의 직업안정성이 매우 낮은 수준임을 의미한다. 2013년에는 직업안정성이 35위로 하락하였으며 2014년에는 33위, 2015년에는 32위로 다소 상승하였다.

노동자 개인소득 지표에서 한국은 23위를 기록하였으며 OECD 평균

그림 2-12 한국의 '1년 이상 장기실업률' 순위변화

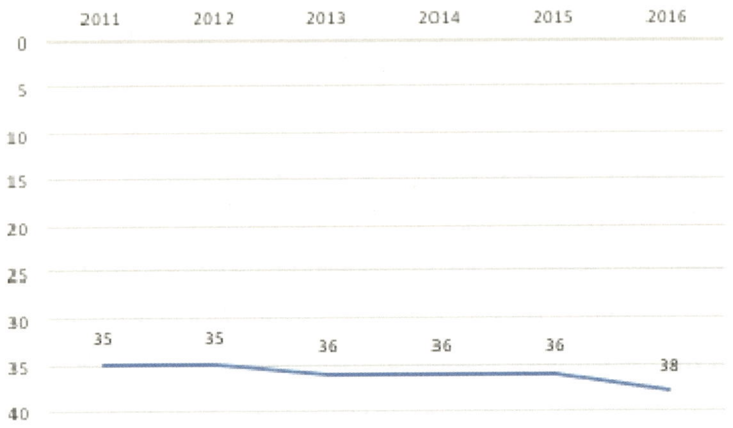

	2011	2012	2013	2014	2015	2016
순위	35	35	36	36	36	38
값(단위: %)	0.01	0.01	0.01	0.01	0.01	0.01
OECD평균	2.74	3.04	3.14	2.73	2.79	2.58

그림 2-13 한국의 '직업안정성' 순위변화

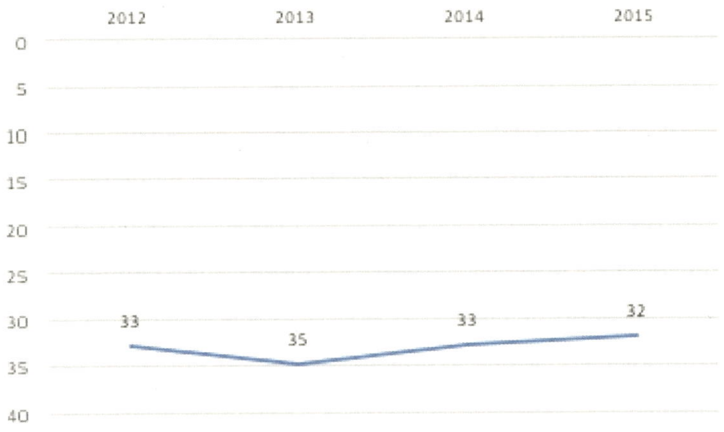

	2011	2012	2013	2014	2015	2016
순위	–	33	35	33	32	–
값(단위: %)	–	25.8	24.3	3.0	3.2	–
OECD평균	–	10.1	10.5	5.3	5.4	–

그림 2-14 한국의 '노동자 개인소득' 순위변화

	2011	2012	2013	2014	2015	2016
순위	–	23	18	20	18	19
값(단위: US$)		31,733	35,406	34,056	36,354	36,653
OECD평균		34,033	34,466	41,010	36,118	40,974

에 비해 다소 낮은 31,733(US$)로 측정되었다. 2013년에는 OECD 평균 이상으로 증가한 35,406(US$)로서 18위로 상승하였다. 2014년에는 20위로 하락하였다. 2015년에는 18위, 2016년에는 19위로 나타났다.

④ 공동체

공동체 영역은 지원관계망의 질 지표 하나로 측정된다. 사적 지원관계망의 질 지표에서 한국은 2011년 34위였으며 79.8%로 나타났다. 1위인 아이슬란드는 97.6%이며, OECD 평균 91.1에 비해 상당히 낮은 수치다. 한국은 2012년부터 2016년에 이르는 기간 동안 사적 지원관계망의 질 지표에서 하위권을 기록하고 있으며 OECD 평균과도 큰 격차를 보인다.

그림 2-15 한국의 '사적 지원관계망의 질' 순위변화

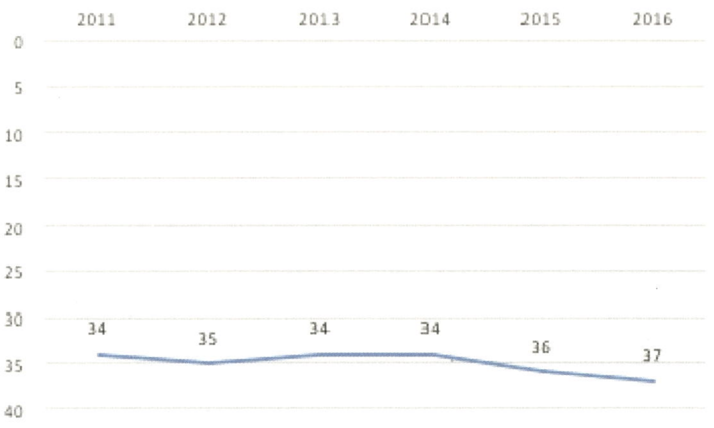

	2011	2012	2013	2014	2015	2016
순위	34	35	34	34	36	37
값(단위: %)	79.8	81	77	77	72	76
OECD평균	91.1	91	90	89	88	88

⑤ 교육

교육 영역은 기대교육기간, 학생들의 역량(독서기술), 교육 성취 등 세 개의 지표로 구성된다. 성인 중 고등학교 이상 졸업자 비율 지표에서 한국은 2011년 17위로, 79%로 측정되었다. OECD 평균인 73%와 비교해볼 때 다소 높은 수치다. 2012년부터 2016년 동안 성인 중 고등학교 이상 졸업자 비율은 점차적으로 증가하였다. 2013년부터 2015년에는 18위였으나 2016년에는 85%의 성인이 고등학교 이상 졸업자로 조사되면서 15위로 상승했다.

그림 2-16 한국의 '성인 중 고등학교 이상 졸업자 비율' 순위변화

2011 2012 2013 2014 2015 2016

0 5 10 15 20 25 30 35 40

17 17 18 18 18 15

	2011	2012	2013	2014	2015	2016
순위	17	17	18	18	18	15
값(단위: %)	79	80	80	81	82	85
OECD평균	73	74	74	75	75	76

그림 2-17 한국의 '학생들의 독서기술' 순위변화

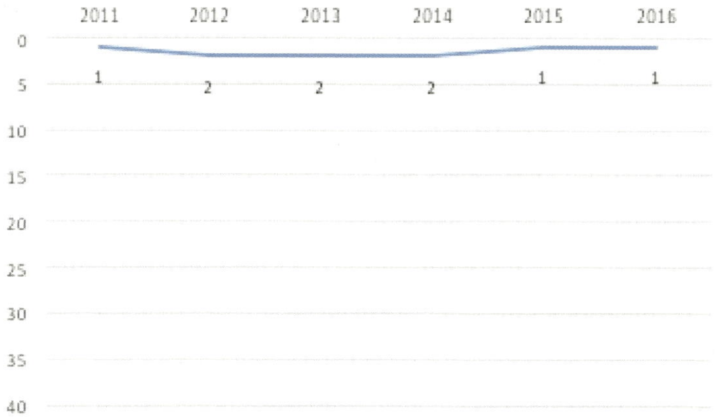

2011 2012 2013 2014 2015 2016

0 5 10 15 20 25 30 35 40

1 2 2 2 1 1

	2011	2012	2013	2014	2015	2016
순위	1	2	2	2	1	1
값(단위: 평균점수)	539	541	541	537	542	542
OECD평균	493	497	490	497	497	497

그림 2-18 한국의 '기대교육기간' 순위변화

	2011	2012	2013	2014	2015	2016
순위	–	19	18	17	19	18
값(단위: 년)	–	17.2	17.7	17.5	17.5	17.5
OECD평균	–	17.3	16.5	17.7	17.7	17.5

학생들의 독서기술(평균점수) 지표에서 한국은 2011년 1위를 차지했다. OECD 평균점수가 493점인 데 비해 한국은 539점으로 크게 높은 점수를 기록했다. 2012년부터 2014년까지는 한 계단 하락한 2위였으나 2015년부터 다시 1위로 상승하였다.

기대교육기간 지표에서 한국은 2012년 19위로, OECD 평균에 비해 0.1년 짧은 것으로 나타났다. 2013년에는 18위로 상승하였으며 OECD 평균보다 높았다. 2014년부터 2016년까지 기대교육기간은 17.5년으로 동일하게 나타났으나 국제순위는 각각 17위, 19위, 18위로 변동이 있었다. 2016년을 기준으로 할 때 OECD 평균과 한국의 기대교육기간은 동일하다.

⑥ 환경

환경 영역의 지표는 두 개인데, 수질과 대기의 질이다. 대기의 질 지표에서 한국은 2011년 31 마이크로그램으로 28위를 기록했다. 이후 2012년 한국의 대기의 질 지표는 2012년 31마이크로그램으로 30위, 2013년 33마이크로그램으로 33위, 2014년과 2015년에는 30마이크로그램으로 32위를 기록했다. 한국의 대기의 질 지표는 이후 더욱 악화돼 2016년에는 29마이크로그램으로 OECD 내 최하위 순위(38위)를 기록했다. 한국의 대기의 질 지표는 OECD 평균치를 크게 상회하며 하위권을 기록했다.

수질에 대한 만족 지표는 2011년 OECD와 한국 모두 지표가 존재하지 않아, 실질적인 기록은 2012년부터 이뤄졌다. 2012년 한국의 수질에 대한

그림 2-19 한국의 '대기의 질(PM 10농도)' 순위변화

	2011	2012	2013	2014	2015	2016
순위	28	30	33	32	32	38
값(단위: 마이크로그램)	31	31	33	30	30	29
OECD평균	22	22	21	20	20	14

그림 2-20 한국의 '수질에 대한 만족' 순위변화

	2011	2012	2013	2014	2015	2016
순위	–	25	26	27	26	26
값(단위: %)	–	82	78	78	78	78
OECD평균	–	85	84	84	81	81

그림 2-21 한국의 '규칙제정 과정의 협의' 순위변화

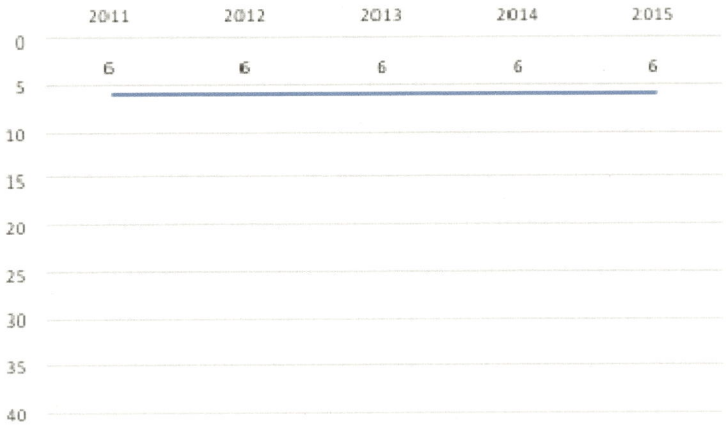

2011 2012 2013 2014 2015

0 5 10 15 20 25 30 35 40

6 6 6 6 6

	2011	2012	2013	2014	2015	2016
순위	6	6	6	6	6	–
값(단위: 평균점수)	10.4	10.4	10.4	10.4	10.4	–
OECD평균	7.3	7.3	7.3	7.3	7.3	

만족 지표는 82%로 25위를 기록했으나, 2013년에는 78%, 26위로 만족도와 순위가 모두 하락했다. 2013년 이래 한국의 수질에 대한 만족도는 78%로 일정했으며, 2014년 27위, 2015년과 2016년에는 26위를 기록했다. 한국의 수질에 대한 만족도는 줄곧 OECD 평균을 하회했다.

⑦ 시민참여

시민참여는 규칙제정에서의 협의와 투표참여율로 측정된다. 규칙제정 과정의 협의 지표에서 한국은 10.4점으로 6위를 차지한 이래 그 순위와 값이 크게 변화하지 않았다. 2011년 이후 한국의 규칙제정 과정의 협의 지표는 OECD 평균치인 7.3%를 상회했다.

그림 2-22 한국의 '투표율' 순위변화

	2011	2012	2013	2014	2015	2016
순위	26	28	13	12	12	12
값(단위: %)	63	63	76	76	76	76
OECD평균	72	72	72	72	68	68

투표율 지표에서 한국은 2011년 63%로 26위를 기록했다. 2012년에는 63%로 28위로 2011년과 비슷한 순위와 값을 기록했으나, 2013년 76%로 13위를 차지했고 2015년, 2016년에는 같은 수치로 12위를 기록하며 그 순위와 값 모두 상승하는 추세를 기록했다. 2013년부터 투표율 지표에서 한국은 OECD 평균값을 상회하기 시작했다.

⑧ 건강

건강 영역의 지표는 자기보고 건강상태와 기대수명이다. 기대수명 지표에서 한국은 2011년 79.9세로 18위를 기록했다. 2012년부터 80.7세로 기대수명이 80세를 초과한 이래 한국의 순위는 2012년 15위, 2013과 2014년

그림 2-23 한국의 '기대수명' 순위변화

	2011	2012	2013	2014	2015	2016
순위	18	15	14	14	14	12
값(단위: 세)	79.9	80.7	81.1	81.1	81.3	81.8
OECD평균	79.9	80.7	79.8	80.1	79.6	79.9

그림 2-24 한국의 '자기보고 건강상태' 순위변화

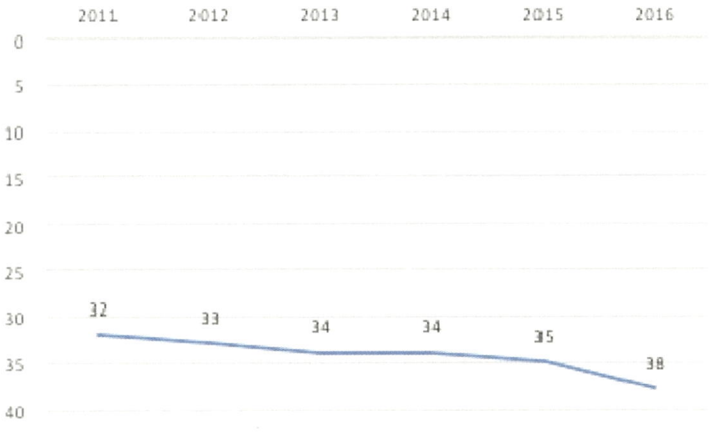

	2011	2012	2013	2014	2015	2016
순위	32	33	34	34	35	38
값(단위: %)	44	38	37	37	35	35
OECD평균	69	70	69	69	68	69

에는 81.1세로 14위, 2015년에는 81.3세로 14위, 2016년에는 81.8세로 12위를 기록하며 지속적으로 기대수명과 순위가 상승했다. 기대수명 지표에서 한국은 OECD 평균 수치와 같거나 상회하는 추이를 보이고 있다.

자기 보고 건강상태 지표에서 한국은 2011년 44%로 32위를 기록했다. 이후 한국의 자기 보고 건강상태 지표에서 한국은 줄곧 그 값과 그 순위가 하락해 2012년 38%로 33위, 2013년에는 37%로 34위, 2014년 37%로 34위, 2015년에는 35%로 35위를 기록했으며, 2016년에는 35%로 OECD 내 최하위 순위(38위)를 기록했다. 자기 보고 건강상태 지표에서 한국의 수치는 언제나 OECD 평균 수치를 크게 밑돌았다.

⑨ 삶의 만족

삶의 만족은 삶에 대한 만족도 한 개의 지표로 측정된다. 삶의 만족도 지표에서 한국은 2011년 6.1%로 25위를 기록했다. 2012년에는 지표 값이 6.9%로 호전돼 순위 역시 16위로 상승했으나, 2013년에는 6.0%로 26위로 다시 하락했다. 이후 2014년에는 6.0%로 27위, 2015년에는 5.8%로 30위, 2016년에는 5.8%로 31위로 지속적으로 그 순위와 수치가 하락했다. 삶의 만족도 지표에서 한국은 2012년을 제외하고 OECD 평균 수치를 밑돌았다.

그림 2-25 한국의 '삶의 만족도' 순위변화

	2011	2012	2013	2014	2015	2016
순위	25	16	26	27	30	31
값(단위:%)	6.1	6.9	6.0	6.0	5.8	5.8
OECD평균	6.7	6.7	6.7	6.6	6.6	6.5

⑩ 안전

안전 영역에는 살인율과 범죄피해율 등 두 개의 지표가 있다. 살인율 지표에서 한국은 2011년 2.3%로 9위를 기록했다. 2012년과 2013년에는 각각 2.8명과 2.6명으로 8위를 차지했으며, 2014년부터는 그 수치와 순위가 모두 크게 하락했다. 한국에서 2014년, 2015년, 2016년의 10만 명당 피살자수는 1.1명으로 OECD 기준 19위(2014년), 17위(2015년, 2016년)였다. 한국의 살인율은 2011년부터 2013년까지는 OECD 평균 수치를 웃돌았으나, 2014년 이후에는 평균 아래를 유지하고 있다.

범죄 피해율 지표에서 한국은 2011년 2.1%로 29위를 기록했다. 2012년 31위, 2013년 30위, 2014년과 2015년 각각 31위로 기록됐다. 한국의 범죄

그림 2-26 한국의 '살인율(10만인당 피살자 수)' 순위변화

	2011	2012	2013	2014	2015	2016
순위	9	8	8	19	17	17
값(단위: 10만 인당 피살자 수)	2.3	2.8	2.6	1.1	1.1	1.1
OECD평균	2.1	2.1	2.2	4.1	4.0	4.1

그림 2-27 한국의 '범죄피해율' 순위변화

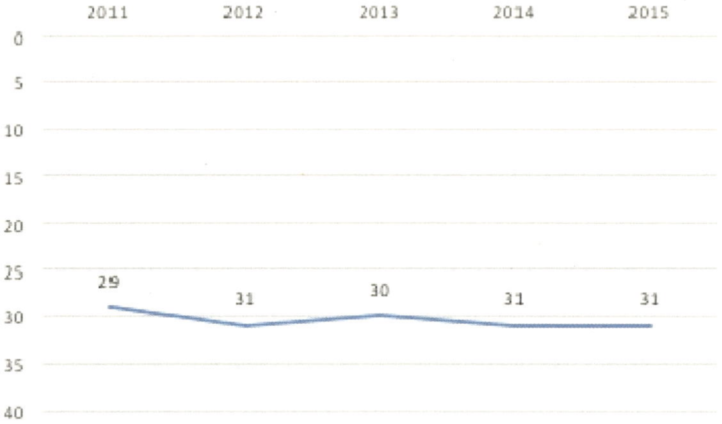

	2011	2012	2013	2014	2015	2016
순위	29	31	30	31	31	–
값(단위: %)	2.1	2.1	2.1	2.1	2.1	–
OECD평균	4.1	4.0	4.0	3.9	3.9	–

피해율은 2011년부터 2015년까지 OECD 평균 수치를 밑돌고 있으며 그 순위에서 30위권 안팎을 유지하고 있다.

⑪ 일과 삶의 균형

일과 삶의 균형 영역에는 장시간 근로자와 여가와 개인적 돌봄에 쓴 시간이 있다. 2013년 측정이 시작된 이래 한국의 장시간 근로자 비율은 2013년 27.7%로, 2014년 27.1%, 2015년 18.7%, 2016년 23.1%로 줄곧 OECD 국가들보다 상대적으로 더 높은 편이다. 이는 한국인의 일과 삶의 균형이 나쁜 상태에 있음을 시사한다. 한국의 장기간 근로자 비율은 2011년

그림 2-28 한국의 '장시간 근로자' 순위변화

	2011	2012	2013	2014	2015	2016
순위	–	–	4	3	4	3
값(단위: %)	–	–	27.7	27.1	18.7	23.1
OECD평균	8.5	9.5	8.8	8.8	12.5	13.0

부터 2016년까지 언제나 OECD 내 평균 장기간 근로자 비율을 초과하고 있다.

여가와 개인적 돌봄에 쓴 시간 지표에서 2011년 한국은 평균 15.46시간을 기록해, 12위를 차지했다. 2012년에는 15.46시간으로 12위를 유지했으나 2013년에는 22위, 2014년부터 2015년에는 25위, 2016년에는 27위를 기록했다. 한편 한국의 여가, 개인적 돌봄에 쓴 시간은 2011년 이래 2016년까지 단 한 차례도 OECD 내 평균 여가, 개인적 돌봄에 쓴 시간을 초과하지 못하고 있다.

그림 2-29 한국의 '여가, 개인적 돌봄에 쓴 시간' 순위변화

	2011	2012	2013	2014	2015	2016
순위	12	12	22	25	25	27
값(단위: 시간)	15.46	14.63	14.63	14.63	14.63	14.7
OECD평균	15.46	14.76	14.87	14.97	14.97	14.91

2) UN 세계행복보고서

세계행복보고서는 전 세계 140여 개 나라의 전반적 행복도를 제시하고, 이를 설명하는 요인으로 1인당 GDP(log), 사회적지지, 출생 시 건강기대수명, 자유로운 삶의 선택, 관대성, 부패인식 등 6개의 지표를 담고 있다. 전반적인 한국의 행복도 순위 변화 추이는 다음과 같다. 이 보고서에서는 발행 직전까지 각 연도별로 응답자수를 고려한 3년 가중평균값을 보고하고 있다. 예를 들어, 2017년에 발표된 세계 행복 보고서는 2014, 2015, 2016년도의 국가별 6가지 요인들을 바탕으로 측정한 행복도의 원

그림 2-30 한국의 행복도 순위변화

	2012	2013	2015	2016	2017
순위	43	41	47	58	56
값	6.00	6.27	5.98	5.84	5.84
전세계 평균	5.44	5.16	5.40	5.38	5.35

자료에, 응답자 수를 곱한 가중 평균값을 이용해 국가별 순위를 산정한다. 2014년에는 세계행복보고서가 발표되지 않았다.

행복감은 10점 만점으로 측정되었으며 10점에 가까울수록 행복감이 큰 것이다. 한국의 행복도 값과 그 순위는 2013년 정점을 기록한 뒤 조금씩 낮아지고 있는 추세다. 행복도의 요인별 한국의 추이는 다음과 같다.

① 1인당 GDP(log)

첫 번째 요인으로, 한국의 연도별 1인당 GDP의 추이는 다음과 같다. 2009년 한국의 1인당 GDP(log)는 10.27로, 전 세계 국가 중 23위를 기록했다. 이후 2010년에는 10.32로 28위, 2011년에는 10.35로 28위, 2012년에는 10.37로 27위, 2013년에는 10.39로 24위, 2014년에는 10.42로 25위, 2015년에는 10.45로 26위, 2016에는 10.47로 25위를 기록했다. 즉 한국의 1인당 GDP는 꾸준히 증가한 반면, 순위는 변동이 없었다.

그림 2-31 한국의 1인당 GDP 순위변화

	2009	2010	2011	2012	2013	2014	2015	2016
순위	23	28	28	27	24	25	26	25
값	10.27	10.32	10.35	10.37	10.39	10.42	10.45	10.47
전세계 평균	9.15	9.27	9.17	9.28	9.26	9.23	9.26	9.28

② 사회적 지지

두 번째 요인으로, 한국의 연도별 사회적 지지의 추이는 다음과 같다. 2009년 한국의 사회적 지지 정도는 0.81로, 전 세계 국가 중 72위를 기록했다. 이후 2010년에는 0.82로 77위, 2011년에는 0.81로 87위, 2012년에는 0.78로 95위, 2013년에는 0.80으로 83위, 2014년에는 0.74로 112위, 2015년에는 0.77로 93위, 2016년에는 0.81로 83위를 기록했다. 한국의 사회적 지지 순위는 그 변동폭이 컸다.

그림 2-32 한국의 사회적지지 순위변화

	2009	2010	2011	2012	2013	2014	2015	2016
순위	72	77	87	95	83	112	93	83
값	0.81	0.82	0.81	0.78	0.80	0.74	0.77	0.81
전세계 평균	0.82	0.83	0.80	0.81	0.81	0.81	0.80	0.81

③ 출생 시 건강기대 수명

세 번째 요인으로, 한국의 연도별 출생 시 건강기대 수명의 추이는 다음과 같다. 2009년 한국의 출생 시 기대 수명은 72.37(세)로, 전 세계 국가 중 5위를 기록했다. 이후 2010년에는 72.60(세)로 5위, 2011년에는 72.97(세)로 5위, 2012년에는 73.12(세)로, 4위, 2013년에는 73.65(세)로 4위, 2014년에는 74.04(세)로 4위, 2015년에는 74.45(세)로 3위, 2016년에는 74.85(세)로 4위를 기록했다. 한국의 출생 시 건강기대수명은 줄곧 상위권이었으며 점차 그 순위가 상승하는 추세다.

그림 2-33 한국의 출생 시 건강기대 수명 순위변화

2009 2010 2011 2012 2013 2014 2015 2016

0 30 60 90 120 150

5 5 5 4 4 4 3 3

	2009	2010	2011	2012	2013	2014	2015	2016
순위	5	5	5	4	4	4	3	3
값	72.37	72.60	72.97	73.12	73.65	74.04	74.45	74.85
전세계 평균	61.59	62.45	61.51	62.51	62.52	62.46	62.76	62.88

④ 자유로운 삶의 선택

네 번째 요인으로, 한국의 연도별 자유로운 삶의 선택 정도 추이는 다음과 같다. 2009년 한국의 자유로운 삶의 선택 정도는 0.60로, 전 세계 국가 중 83위를 기록했다. 이후 2010년에는 0.68로 75위, 2011년에는 0.68로 92위, 2012년에는 0.62로 101위, 2013년에는 0.64로 102위, 2014년에는 0.62로 109위, 2015년에는 0.62로 114위, 2016년에는 0.59로 125위를 기록했다. 한국은 자유로운 삶의 선택 정도에서 2010년을 제외하고 그 순위가 줄곧 낮아지고 있다.

그림 2-34 한국의 자유로운 삶의 선택 순위변화

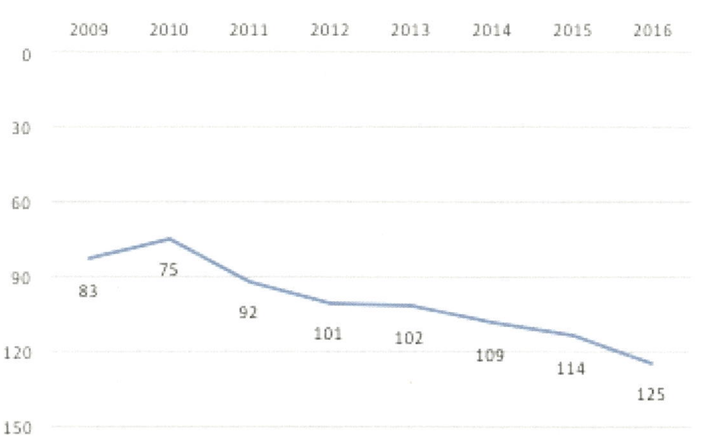

	2009	2010	2011	2012	2013	2014	2015	2016
순위	83	75	92	101	102	109	114	125
값	0.60	0.68	0.68	0.62	0.64	0.62	0.62	0.59
전세계 평균	0.69	0.71	0.73	0.71	0.73	0.73	0.75	0.76

⑤ 관대성

다섯 번째 요인으로, 한국의 연도별 관대성 추이는 다음과 같다. 2009년 한국의 연도별 관대성 추이는 -0.106으로 전 세계 국가 중 80위를 기록했다. 이후 2010년에는 -0.044로 69위, 2011년에는 -0.060으로 82위를 기록했으며, 2012년에는 한국의 관대성 정도는 조사된 바 없어 수치가 나오지 않았다. 또한 2013년에는 -0.061로 76위, 2014년에는 -0.054로 87위, 2015년에는 -0.047로 78위, 2016년에는 0.015로 55위를 기록했다. 한국의 관대성 추이는 2016년 들어 그 순위가 크게 상승했다.

그림 2-35 한국의 관대성 순위변화

	2009	2010	2011	2012	2013	2014	2015	2016
순위	80	69	82	.	76	87	78	55
값	-0.106	-0.044	-0.060	.	-0.061	-0.054	-0.047	0.015
전세계 평균	-0.008	0.000	-0.018	-0.009	-0.009	0.01	0.01	-0.007

⑥ 부패인식

마지막 요인으로, 한국의 연도별 부패인식 정도는 다음과 같다. 2009년 한국의 부패인식 정도는 0.79로, 전 세계 국가 중 52위를 기록했다. 이후 2010년에는 0.2013년에는 075로 78위, 2011년에는 0.83으로 64위, 2012년에는 0.84로 52위, 2013년에는 0.83으로 57위, 2014년에는 0.83으로 50위, 2015년에는 0.84로 51위, 2016년에는 0.86으로 37위를 기록했다. 특히 한국의 부패인식 정도는 2016년 그 순위가 크게 상승했다.

그림 2-36 한국의 부패인식 순위변화

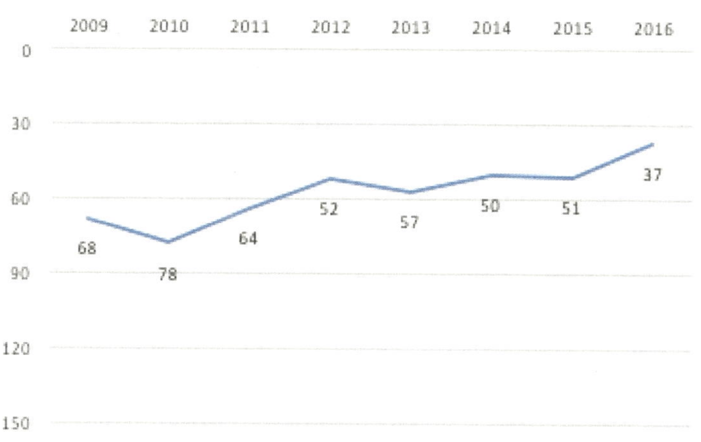

	2009	2010	2011	2012	2013	2014	2015	2016
순위	68	78	64	52	57	50	51	37
값	0.79	0.75	0.83	0.84	0.83	0.83	0.84	0.86
전세계 평균	0.76	0.76	0.76	0.76	0.76	0.74	0.74	0.75

III. 학술 연구에서는 행복과 삶의 질을 어떻게 보는가?:

국내 학술논문 연결망 분석(2010~2016)

III. 학술 연구에서는 행복과 삶의 질을 어떻게 보는가?: 국내 학술논문 연결망 분석(2010~2016)

1. 논의 배경

삶의 질, 행복 그리고 웰빙에 대한 국내 사회 전반의 관심은 1990년대에 들어서면서 확대되었다. 이러한 현상은 정부가 삶의 질 향상을 국가정책으로 제시함과 동시에 민주화 이후 사회 · 경제적 안정을 어느 정도 이루게 됨에 따라 국민들 대다수가 좀 더 나은 삶을 누리는 것에 대해 높은 관심을 나타냈기 때문이다(백혜정, 주영아, 2007). 한동안 불어 닥친 '웰빙' 산업 열풍도 이러한 양질의 삶과 행복에 대한 상업적 이용으로도 볼 수 있다.

따라서 국내에서 삶의 질과 관련한 연구는 비교적 최근의 일이라고 할 수 있다. 삶의 질에 대한 개념정의도 국내외 학자들마다 다양하다. 일부 학자들은 경제력, 인구, 환경, 제도 여건 등 외부의 객관적인 조건들을 삶의 질이라고 지칭하는 반면, 또 다른 학자들은 사회구성원들이 느끼는 주관적 혹은 심리적 안정감(subjective well-being or psychological well-being), 또는 행복감을 삶의 질이라고 보기도 한다(전신현, 1996).

행복과 관련된 연구들은 대부분 '삶의 질' 또는 '주관적 안녕'이라는 용어로 연구가 진행되어 왔으며, 우리나라 실정에 맞는 측정도구의 개발도

시도되었다(김명소, 김혜원, 차경호, 2001; 김명소, 김혜원, 차경호, 임지영, 한영석, 2003). 이러한 초기의 연구들은 미국 등 서구사회(예: Diener, 1984, Ryff, 1989)를 중심으로 개발된 이론 뿐 아니라 연구 방법 및 측정 도구를 우리나라 사람들에게 사용하는 것이 적합한지 알아보는 것에 중점을 두었다. 따라서 2000년대까지 국내에서의 삶의 질, 행복 그리고 '웰빙'에 대한 연구가 충분히 이루어졌다고 보기는 어렵다. 따라서 본 연구는 관련연구가 본격적으로 이루어졌다고 판단되는 2010년대 이후 국내에서 삶의 질, 행복 그리고 웰빙관련 연구가 어떤 형태를 띠고 있는지 살펴보고자 했다.

따라서 이 연구는 2010년대 이후 학술연구 분야에서 삶의 질, 행복, 그리고 웰빙이라는 주제어로 어떠한 연구가 이루어졌는지 살펴보는 것을 목적으로 한다. 이러한 목적을 이루기 위해 국내 학술정보 데이터베이스에 수록된 연구들에 대한 연결망 분석을 실시했다. 이를 통해 첫째, 국내 삶의 질, 행복 그리고 웰빙 연구의 전체적인 흐름을 파악하고자 했다. 둘째, 관련연구의 주요 연구자 및 연구주제를 살펴보고자 하였다. 삶의 질, 행복 그리고 웰빙이라는 검색어를 설정한 이유는 일반인들 사이에 이러한 용어가 명확한 구분 없이 사용되고 있다는 문제제기와 함께 학술연구에서는 어떻게 적용되고 있는지 살펴보고자 함이었다.

2. 연구 방법

1) 연결망 분석

연결망은 결점(node)과 연결(edge)로 정의된다. 사회연결망(social network)은 행위자(agency)를 결점으로, 행위자 간 상호작용(interaction)을 연결 정보로 하는 연결망이다. 반면 의미연결망(semantic network)은 단어, 문장, 문서 등 의미소(semanteme)를 결점으로, 유사도나 문서 공동출현과 같은 의미론적 관련성을 연결 정보로 하는 연결망이다. 이 연구는 지식연결망(knowledge network)을 다룬다. 지식연결망에는 공저자 연결망과 같은 사회연결망이나 키워드 연결망과 같은 의미연결망이 있을 수 있다. 이 분석에서 다루는 연결망은 '표 3-1'과 같다.

주요 저자, 저널, 키워드는 각 연결망의 연결정도 중앙성 순위에 따라 구할 수 있다. 논문 기준 키워드 연결망은 논문을 기준으로 키워드들이 어떻게 연결되어 있는지를 보여준다. 연관키워드가 많은 키워드는 그만큼 다각도로 논의된 심화 주제다. 또 많은 연구자가 다룬 키워드는 인기

표 3-1 본 연구에서 분석한 지식 연결망 유형

유형	결점	연결 정보	해석
논문 기준 키워드 연결망	키워드	논문	심화 연구 주제
저자 기준 키워드 연결망	키워드	저자	인기 연구 주제
공저자 연결망	저자	논문	공동연구 중심
저자 기준 저널 연결망	저널	저자	인물 중심 학계
키워드 기준 저널 연결망	저널	키워드	연구주제 중심 학계 지형도

연구 주제다. 공저자 연결망의 경우 논문을 기준으로 공저자들 간의 연결을 찾는다. 이 연결망에서 공저자가 많은 이는 공동연구의 중심이라고 볼 수 있다. 저자 기준 저널 연결망은 저자들이 어떤 저널을 중심으로 모이고 있는지를 보여 준다. 예를 들어 많은 저자가 몰린 저널은 해당 분야의 권위지라고 볼 수 있다. 키워드 기준 저널 연결망의 군집은 학계의 지형도를 보여줄 수도 있다. 많은 주제를 다룬 저널은 해당 분야의 중심 저널이다.

일반적으로 충분히 성장한 의미연결망은 멱함수 분포(power law distribution)를 갖는다. 즉 극도로 많이 연결된 극소수의 중심과 연결이 거의 없는 압도적 다수의 두터운 꼬리(fat tail)로 구성된다. 만일 지식연결망이 성긴 연결망(sparse network) 형태라면 데이터가 충분하지 않은 상태로 이해할 수 있다(Park et al. 2016). 즉, 연구자나 저널이 충분히 유기적으로 연구되지 않거나 연구 주제가 충분히 많이 다뤄지지 않았음을 시사한다.

2) 분석대상

이 연구에서는 검색어로 '삶의 질', '행복', '웰빙'을 설정하였다. 본문의 검색 기간은 2010부터 2016년까지로, 이 시기에 출간된 학술 논문의 제목, 초록, 키워드를 검색대상으로 했다. 국내 최대의 논문 데이터베이스인 DBpia[1)]에서 전자저널 논문, 참고자료 · 사전 항목, 전자책 논문, 전자

---

1) DBpia는 국내 학술저널, Conference Proceedings, 전문잡지, 전자책, 웹DB 등을 제공하는 온라인 서비스로 원문의 full-text 및 상세한 서지정보를 검색, 열람할 수 있는 서비스를 제공하고 있다(2017년 기준으로 2백만 개 이상의 논문을 제공).

책 등의 자료 항목을 수집하였다. 수집 유목은 ①제목, ②저자명, ③발행기관명, ④목차, ⑤초록, ⑥키워드, ⑦부제목 등이었다. 키워드별로 중복 제거한 저자, 저널, 키워드 수는 '표 3-2'와 같다. 즉 2010년에서 2016년 사이에 국내에서 '삶의 질'과 관련한 논문을 단독 또는 공동으로 저술한 학자는 총 315명, '행복'과 관련한 논문을 저술한 학자는 총 346명, 그리고 웰빙과 관련한 논문을 저술을 학자는 총 459명으로 나타났다. 또 삶의 질을 주제로 하는 논문을 실은 저널은 123개, 행복을 주제로 하는 논문을 실은 저널은 107개, 그리고 웰빙을 주제로 하는 논문을 실은 저널은 102개였다. 한편 삶의 질, 행복 그리고 웰빙이라는 키워드를 가진 논문에서 함께 제시된 키워드를 중복을 제거하고 살펴보니, 삶의 질 논문에는 514개, 행복 논문에는 514개, 그리고 웰빙 논문에는 797개의 키워드가 나타났다. 이 결과는 삶의 질이나 행복보다 웰빙이 상대적으로 다양한 키워드와 함께 쓰이고 있다는 것을 보여준다고 하겠다.

표 3-2 분석 대상 저자, 저널, 키워드 수

	삶의 질	행복	웰빙
저자	315	346	459
저널	123	107	102
키워드	514	514	797

3) 의미연결망 분석

(1) 키워드 연결망 분석(논문 기준)

같은 논문에 쓰인 두 키워드 간에 관계가 있다고 보고 키워드 연결망을 구성한 뒤 연관키워드 수로 순위화한 결과는 '표 3-3'과 같다. 이 표에서 연관키워드의 수가 많다는 것은 이 키워드가 그만큼 다각도로 논의되었다는 의미이다. 따라서 이러한 키워드가 심화 주제가 된다고 하겠다. 검색어를 제외하면 '삶의 질' 관련 논문에서는 '삶의 만족도'의 논문 공동출현 연관키워드 수가 22개로 가장 많다. 그 다음으로 '주관적 안녕감' 사회적 지지, 문화적응 등이 많이 나타났다. 이러한 주제들이 그만큼 다각도로 심화돼 논의됐음을 알 수 있다. 구체적으로 '삶의 만족도'는 삶의 질과 매우 유사한 개념으로 혼용되어 쓰이고 있는데, 삶의 질을 측정하는 개념으로 쓰이기도 한다. 예를 들어 이민아, 김지범, 강정한(2011)은 노인의 삶의 질을 노인 삶의 만족도를 측정함으로써 보여 주었다. '사회적 지지'는 주로 삶의 질에 영향일 미치는 매개 변인 또는 조절 변인으로 주로 다루어지고 있었다. 예를 들어 소방공무원의 직무 스트레스와 삶의 질에 미치는 사회적 지지의 매개 효과를 살펴본 연구(윤명숙, 김성혜, 2014)에서는 사회적 지지가 자신의 삶의 질을 높이는 중요한 요인이라는 것이 밝혀졌다.

'행복' 관련 논문에서는 '행복감'이 가장 많았고 '청소년', '긍정심리학'과 같은 키워드들이 그 뒤를 이었다. 따라서 행복과 관련한 국내 연구들에서는 주로 청소년의 심리와 행복감이라는 주제가 많이 등장하고 있음을 알 수 있다.

표 3-3 논문 기준 키워드 연결망의 키워드 순위(연관키워드 수 기준)

순위	삶의 질		행복		웰빙	
1	삶의질	63	행복	119	웰빙	64
2	삶의만족도	22	행복감	28	주관적웰빙	39
3	질적연구	18	청소년	27	웰빙	35
4	주관적안녕감	17	긍정심리학	20	웰빙	34
5	사회적 지지	16	웰빙	17	웰빙	33
6	문화적응	11	선택	16	행복	30
7	민주주의	10	정서적지원	15	스트레스	26
8	정서표현	10	사랑	14	심리적웰빙	22
9	문화, 일가정양립, 편안함, 편리성, 안전성, 인문학적관점, 젠더적접근, 도시발달과정, 생활복지공간, 공간의정치, 여성친화도시	9	삶의만족도, 학업성취, 긍정정서, 친구	13	청소년, 삶의만족	17
10						
11					정서적웰빙, 스트레스	16
12						
13			행복수준	12	행복, 청소년, 삶의만족도, 정서적웰빙	14
14			감사, 심리적안녕감, 삶의질, 행복지수, 삶의만족	11		
15						
16						
17					직무소진, 직무열의, 심리적웰빙, 코칭, 삶의만족	13
18						
19			우울, 공리주의, 아리스토텔레스	10		
20	모자보건법, 입양, 모자보호, 낙태허용방식, 낙태사유, 출산정책, 사회변화, 낙태결정권, 생명권	8				

'웰빙'은 '주관적 웰빙'이 주요 키워드로 제시되었다. 주관적 안녕감(subjective well-bing)은 삶의 질 연구뿐만 아니라 행복 연구에서도 자주 언급되었다. 주관적 안녕감은 사회 속 개인의 삶의 질(quality of life)에 대한 주관적 평가의 총합이라는 의미에서 보다 광범위한 의미를 갖고 있기 때문인 것으로 보인다.

삶의 질, 행복, 주관적 안녕감과의 관계를 살펴보면, 먼저, 주관적 안녕감이나 주관적 삶의 질을 측정하고자 하는 학자들은 그 하위요소로 행복감을 포함시키고 있기 때문에 행복(행복감)을 삶의 질이나 주관적 안녕감의 하위 개념으로 보는 연구들이 많다. 주관적 삶의 지표에는 주관적 안녕감과 같은 심리적 요소를 포함하는 경우가 많으므로 상대적으로 광의의 의미로 쓰이고 있는 것으로 나타났다. Cummins(1997)도 삶의 질, 삶의 만족도 그리고 행복감 등의 연구를 비교한 후, 개인의 삶의 질과 행복감을 구성하는 영역들은 대부분의 연구들 간에 서로 유사하다고 주장하였다. 다만 이 연구를 통해 드러난 점은 이론적으로는 비슷한 연구라고 하더라도 구체적 대상은 서로 다를 수 있다는 것이다. 즉 삶의 질 연구는 사회적 문제를 다루는 연구에서 많이 언급되었으며, 행복은 개인의 심리적 요인으로 보면서 학업성취와 친구관계 등 청소년과 관련한 연구에서 많이 언급되고 있었다. 마지막으로 웰빙은 직장에서의 직무와 관련한 스트레스 등 경제적인 요소와 주로 연관이 높은 것으로 나타났다.

이러한 결과를 시각화하여 '그림 3-1'을 도출하였다. 키워드는 점과 선으로 표시되며 점의 크기는 중심어연결망 내에서 많은 주제와 연결될수록 크며, 선 굵기는 공동출현빈도가 많을수록 굵다. 시각화된 그림에서 특정한 단어를 중심으로 군집을 이루고 있으면 단어들 연관성이 유기적으로 확산되어 있다는 것을 의미하고, 군집을 이루지 못하고 따로 독립되어 있는 단어들은 서로 유기적 연관성이 낮다는 것을 의미한다. '그림 3-1'에서 보듯이 삶의 질, 행복, 웰빙과 관련한 논문 기준 키워드들은 어

그림 3-1 논문 기준 키워드 연결망그림

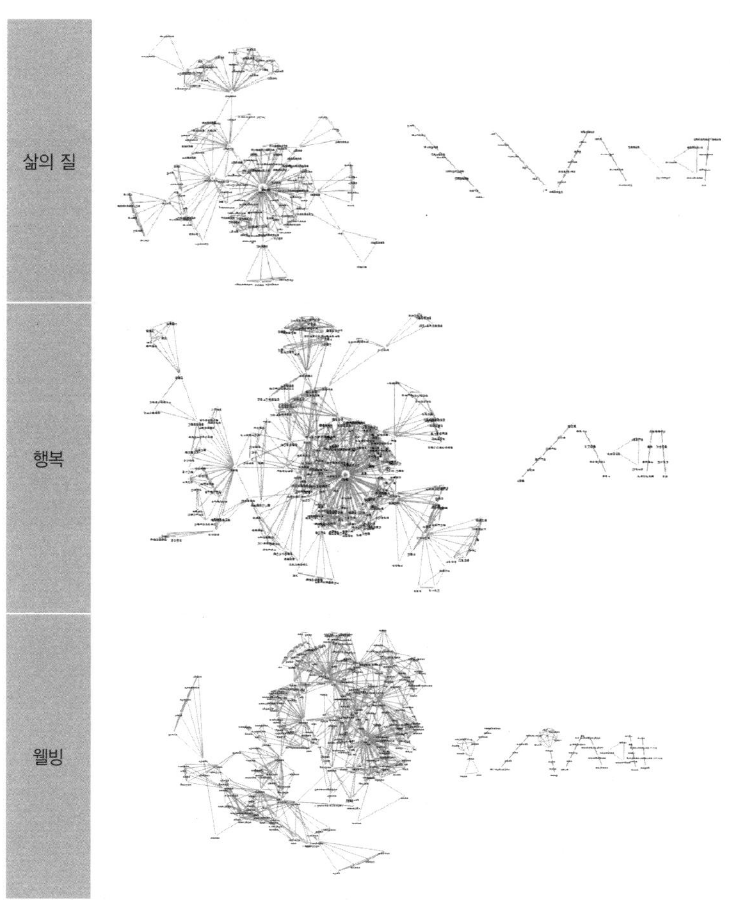

느 정도 유기적으로 확산돼 군집을 이루고 있음을 확인할 수 있다.

검색어가 키워드로 사용됐을 때 같은 논문에 등장한 연관키워드는 '표 3-4'와 같다. 예를 들어 웰빙 관련 논문에서 '웰빙'이라는 키워드와 '스트레스'라는 키워드는 10개(연결강도)의 논문에 같이 등장했다. '표 3-4'를 보면 삶의 질의 경우는 연결강도가 높은 키워드가 많지 않음을 알 수 있는데, 이는 자주 등장하는 연관 키워드가 다양함을 알 수 있다. 행복의 경우는 위에서도 살펴본 바와 같이 청소년이나 웰빙, 그리고 삶의 만족이라는 키워드와의 관련성이 높았다. 연관 키워드의 특징이 가장 잘 나타나는 검색어는 웰빙이었는데 주로 스트레스와 함께 등장하였다.

한편, 검색어가 포함된 키워드를 살펴보면 검색어가 어떤 용어들과 결합하고 있는지를 살펴볼 수 있다. '표 3-5'에서 보면 삶의 질은 주로 건강, 구성요소 또는 주관성과 결합한 합성어를 구성하는 것을 알 수 있다. 행복은 주로 아동 행복, 청소년 행복, 노인 행복 등과 같은 합성어를 이루는 것으로 보아 생애 주기별로 행복과 관련한 연구가 많이 이루어짐을 알 수 있다. 이러한 연구들이 행복한 마을, 행복한 학교 등의 지역사회에 관련된 연구로 확장되는 것도 함께 볼 수 있다. 검색어를 포함하는 키워드가 가장 다양한 검색어는 웰빙이다. 즉 웰빙이 가장 다양한 용도로 다른 용어들과 결합한다고 할 수 있다. 검색어 웰빙은 개인 웰빙, 소비자웰빙, 조직웰빙 등 사회적 수준과 관련한 용어들과 자주 결합함을 알 수 있다. 뿐만 아니라 웰빙 메뉴, 웰빙 라이프 스타일, 웰빙 가치 등 사회의 트렌드를 반영하는 용어로도 쓰이고 있음을 알 수 있다.

표 3-4 검색어별 연관 키워드(연결강도 순)

연결강도	삶의 질	행복	웰빙
10			스트레스
9			행복
6			삶의 만족, 청소년
4		웰빙, 청소년	자아탄력성
3		삶의 만족	노년기, 동기, 원한, 긍정심리학
2		사랑, 선택	대학생, 웰빙인지, 정신건강, 주관적 안녕, 사회비교, 영성, 후회, 종교지향, 회복탄력성, 감사, 용서, 자기노출, 웰빙 태도, 기대, 종교적 원리주의
1	기초체력, 구조적 사회적 자본, 건강의보호식품, 그린커뮤니티, 의약품, 조직문화, 정신적건강, 인지적사회적자본, 경기도, 자기효능감, 장애아가족지원, 계층별행복, 주관적안녕감, 신경논리적차원, 정신장애인, 생태환경, 행복, 글로벌행정법, 행복의결정요인, 사회발전, 결혼이민자, 운동프로그램, 탈시설화, 주관적행복감, 중소도시, 장애아돌보미지원, 지속가능성, 정신건강, 사회지표, 국가의위험방지의무, 다문화가정, 여가만족, 트럭처, 대도시, 사회문화, 업무스트레스, 수변그린웨이, 환경변화, 세대갈등, 재택근무, 삶의질의구성요소, 사회적 지지, 그린인프라스, 가족해체, 베트남, 고독감, 문화적응, 노동문화, NLP집단상담프로그램, 다문화주의, 세대차지각, 온라인오락여가활동, 장애인생활시설, 장애인활동보조지원제도, 육체적건강, 생물심리사회영성모형, 주민통합, 주거환경지원, 여성결혼이민자, 긴장형두통, 건강심리학적평가, 자립권, 사회적편견	공리주의, 중재모형, 동성애자, 성찰, 행복지수, 법인조직체, 우울, 감사성향, 정, 아리스토텔레스, 중용사상, 문화적자기관, 이성, 흥미, 3차원과4차원의삶, 주관적안녕, 심리적행복, 만족, 자아탄력성, 게임중독, 가정생활만족도, 자살, 긍정성비율, 사회비교, 악, 지혜, 영성, 삶의질, 실존주의, 자기애, 자존감, 동성애, 노년기, 참여몰입, 종교지향, 내적동기, 상관관계, 직무스트레스, 기부문화, 동기, 사회적바람직성, 긍정정서, 주체성자기, 목적, 관심병사, 자족성, 위계적선형모형, 심리적안녕감, 1차원과2차원의삶, 통일성, 감사, 친구, 삶의활력, 용서, 돈태도, 심리적특질, 자기효능감, 주관적안녕감, 다층모형, 원한, 가치론, 관찰기술, 스트레스, 결혼, 학업성취, 인민, 행복의메신저, 인문학, 정서적지원, 정신전력, 욥, 성별, 사회비교편향, 시중, 이야기, 논어, 권리, 수업, 부유, 열정, 시계열자료, 운동, 관찰몰입, 몰입, 동일시, 기대, 종교적원리주의, 사회적 지지, 돈, 군생활적응, 대상성자기, 사회적문제해결능력, 연령별차이, 말, 자연성, 철학적근거, 개별정서, 일본사회, 일본사람, 다차원적완벽주의, 행복의메시지, 마음공부, 모금활동, 좀비, 자기경영, 초기청소년기, 국민소득, 부모화, 잠재성장모형, 인생은아름다워, 자부심, 성공, 유아교사, 인문학적접근, 정치공동체의규모	관여하기(mattering), 거부, 내재적 · 외재적사회인지적변수들, 로하스소비의식, 행동억제체계, 문화, 학업스트레스, 행동의도, 고객만족, 사회비교동기, 정, 경계선성격, 긍정심리중재법, 운전분노, 취약성, 생태관광, 부모양육, 음악사용, 주관성, 삶의기대, 웰니스(wellness), 기, 선택속성, 건강, 감기, 신체증상, 게임중독, 소비자행동, 사회인지적이론, 환경친화적태도, 중년여성, 소속감, 정서인식의명확성, 부모양육태도,부모화, 유능성, 정신과환자, 안녕감, 대인불안, 대인관계, 신체건강, 직무스트레스, 로하스상품소비, 집착, 수양, 덕성, 번영, 여가인식, 버스운전기사, 양생, 마음챙김명상, 과시, 이타주의, 정서마음챙김, 회복행동, 소비자유형화, 수용, 커뮤니티, 대처, 인터넷게임, 세속성, 윤리적행동, Q방법론, 참여, 친환경소비, 명품, 소비자, 정서적안정성, 상향비교대처, 체육활동, 윤리적가치, 방문동기, 문제중심대처, 제주올레, 주관적웰빙, 휴양형리조트, 취업, 신뢰, 인지적정서조절전략, 휴양리조트, 정신적번영, 웰빙가치, 행동활성체계, 긍정인지, 스트레스관리, 하향비교대처, 자아개념, 독거노인, 신, 웰빙트렌드, 정서표현, 자기결정이론,조직윤리풍토, 정신장애, 포스트모더니즘, 상황인식, 마음챙김, 부모화, 동기상태이론, 성취감, 포커싱태도

표 3-5 검색어 포함 키워드

삶의 질	건강관련 삶의 질, 건강관련 삶의 질(EQ-5D), 삶의질, 삶의 질의 구성요소, 주관적 삶의 질
행복	노인행복, 선호주의 행복관, 심리적 행복, 아동의주관적행복감, 인간의 존엄과 행복추구권, 주관적 행복감, 주관적 행복관, 직장에서의 행복, 청소년의 행복, 청소년 행복감, 학령기 아동의 행복감, 행복, 행복감, 행복감 증진, 행복개입, 행복경제학, 행복교육, 행복도, 행복수준, 행복요인, 행복론, 행복의 메시지, 행복의 메신저, 행복의 조건, 행복증진, 행복지수, 행복추구권, 행복한 마을만들기, 행복한 학교
웰빙	웰빙, 심리적 웰빙, 웰빙인지, 주관적 웰빙, 웰빙태도, 정서적 웰빙, Well-Being Perception(웰빙인지도), 개인의 웰빙, 긍정적 웰빙, 부정적 웰빙, 사회적 웰빙, 소비자 웰빙, 심리적 웰빙(Psychologicalwell-being), 심리적 웰빙라이프케어, 아동 웰빙, 영적 웰빙, 웰빙(Wellbeing), 웰빙(Well-being), 웰빙가치, 웰빙가치(WellbeingValue), 웰빙관광, 웰빙 라이프스타일, 웰빙라이프스타일(WellbeingLifestyle), 웰빙 마케팅, 웰빙 만족(Wellbeing Satisfaction), 웰빙 만족도, 웰빙 메뉴, 웰빙메뉴(Well-being menu), 웰빙메뉴 선택 속성, 웰빙메뉴 위험지각, 웰빙의 상대성, 웰빙인식, 웰빙 인지도, 웰빙 인지도(Well-being perception), 웰빙지각, 웰빙트렌드, 웰빙 활용도 평가, 정신적 웰빙, 조직웰빙, 직업적 웰빙, 직원웰빙 인지도, 커뮤니티웰빙, 커뮤니티웰빙 구성요소, 커뮤니티웰빙의 구성요소, 커뮤니티웰빙의 독립변인, 커뮤니티웰빙지표

(2) 키워드 연결망(저자 기준)

같은 저자가 다른 주제끼리 연관된다고 보고 연결망을 구성한 저자 기준 키워드 연결망 결과도 논문 기준 키워드 연결망의 결과를 재확인하고 있다. 이 연결망에서는 만약 한 연구자가 연구한 주제라면 완전연결망 형태를 띤다. 각 연구자가 서로 공통된 키워드 없이 각자 주제만 연구했다면 성긴 연결망 형태를 보여줄 것이다. 시각화 결과를 보면 여러 연구자들이 일부 주제를 공유하면서 전체적으로 연구 주제를 확장해왔음을 보여준다. 구체적으로, 삶의 질 연구에서는 삶의 만족도, 질적연구, 주관적

표 3-6 저자 기준 키워드 연결망의 키워드 순위(연관키워드 수 기준)

순위	삶의 질		행복		웰빙	
1	삶의 질	71	행복	160	웰빙	179
2	삶의 만족도	27	청소년	69	웰빙	148
3	질적연구	26	행복감	46	주관적웰빙	147
4	주관적 안녕감	17	긍정심리학	39	스트레스	144
5	사회적 지지	16	학업성취	34	웰빙	140
6	타인의	11	우울	32	행복	136
7	시선인식, 신체활동제약,		심리적	31	스트레스	136
8	신체의취약성, 몸에대한관심,		안녕감, 행복수준		청소년	129
9	팔의장애, 신체의		삶의질	30	삶의만족, 우울	127
10	불완전성, 유방전절제술,		행복요인,	28	웰빙	104
11	신체이미지, 문화적응,		학교생활, 정서적 지원,		심리적웰빙	97
12	장애와 가족, 문제행동,		원만한친구 관계,		행복	91
13	가족대처방식		여가생활,		청소년, 자기노출	86
14			가정의화목, 가정생활			
15					대처,	84
16					사회비교, 노년기,	
17			만족도	27	삶의만족, 행복,	
18	정서표현,	10	행복지수,	26	종교지향	
19	노인, 민주주의, 삶의의미		삶의만족	26		
20			감사	25		

그림 3-2 저자 기준 키워드 연결망그림

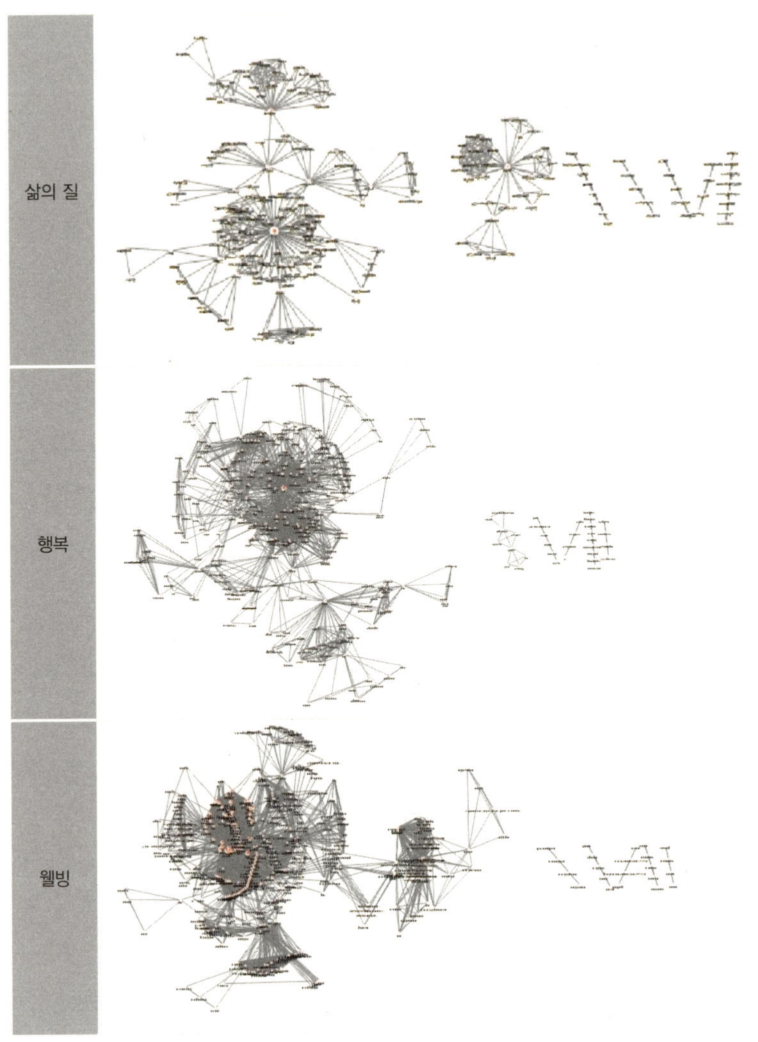

안녕감, 사회적 지지 등이 인기가 있는 주제였다. 행복 연구에서는 청소년, 긍정심리학, 학업성취, 우울, 여가생활 등이 인기가 있는 주제이며, 웰빙 연구에서는 행복, 스트레스, 사회비교, 청소년 등이 인기가 있는 주제라는 것을 보여 준다.

자료를 시각화한 '그림 3-2'는 다양한 저자들이 인기가 있는 특정한 키워드를 중심으로 모이고 있다는 것을 보여주고 있다.

(3) 공저자 연결망

공저자 수 기준으로 순위화한 결과는 '표 3-7'과 같다. '삶의 질'은 박미정이 가장 많은 6명의 저자와 공저했다. '행복'은 김희연(16명), '웰빙'은 김정호(27명)로 가장 많았다. 삶의 질과 관련하여 공저자가 많은 박미정의 경우 사회복지학을, 권인혜의 경우는 농촌경제학을 전공하면서 상대적으로 많은 공저자와 함께 연구하고 있는 것으로 파악되었다. 특수교육이나 지역경제학에서 삶의 질과 관련한 공저가 활발히 이루어지는 것을 알 수 있다.

행복과 관련한 연구에서는 경기개발연구원의 김희원이 많은 연구자들과 공저한 것으로 나타났다. 지역사회의 행복에 관한 연구를 지속적으로 수행하는 과정에서 다양한 연구자들과 협업을 해 온 것으로 판단된다. 웰빙과 관련한 연구는 스트레스 상담 및 임상 연구를 주로 해온 김정호, 김미리혜 등이 여러 연구자들과 공동연구를 진행해 온 것으로 나타났다.

'그림 3-3'의 시각화 결과를 보면 세 주제 모두 군집화가 덜된 성긴 연결망 형태로 나타나 공동연구가 미흡하다는 것을 알려 준다. 그중에서도 공동연구가 가장 안 되는 주제는 '삶의 질'이었다.

표 3-7 공저자 연결망의 저자 순위(공저자 수 기준)

순위	삶의 질		행복		웰빙	
1	박미정	6	김희연	16	김정호	27
2	권인혜	5	한수정, 이강경, 남효연, 김지영, 김윤수, 김송아, 최보윤, 이승은, 장경주, 이경은, 한지민, 정수화, 김슬기, 최은정, 임수빈, 박재홍, 최용환, 박은진, 김동영, 지우석, 류시균, 김을식, 이수행, 김군수, 이현우, 봉인식, 이상대, 이정훈, 홍순영	14	김미리혜	25
3	류정탁, 곽수원, 김창걸, 황준길, 송병섭, 류정진, 장영석, 김언아, 전상철, 김호진, 김규원, 황헌, 한준, 오세훈, 한명숙, 이동한, 김미숙, 조용근, 이재희, 강장석, 송원호, 이갑용, 이은별, 정경미, 김덕희, 최부열, 전진형, 김은영, 유미나, 김재정, 이정아, 박영균, 이재열	4			정보람, 이선호, 신소영, 박유진, 도현정, 김헌영, 황보인, 안소현, 이경란, 박은빈, 강민정, 조채윤, 고은미	14
4						
5						
6						
7						
8						
9						
10						
11						
12						
13						
14						
15						
16					서경현	12
17					조미솔, 이재은, 이용해, 노승현, 김균희, 홍승애, 이용교, 성은모, 배상률, 이혜연, 장근영	10
18						
19						
20						

그림 3-3 공저자 연결망

(4) 저널 연결망(저자 기준)

한 저자가 두 저널에 투고했을 경우 두 저널 간 연결된 것으로 보는 저널 연결망 분석을 실행하였다. 이 분석을 통해 많은 저자가 투고하는 저널로 드러나면 이 저널이 해당 분야의 권위지라고 볼 수 있다. 분석 결과를 전체적으로 보았을 때 '삶의 질', '행복' 그리고 '웰빙' 연구에서 저자가 겹치는 저널은 많지 않은 것으로 나타났다. 구체적으로, '표 3-8'에서 볼 수 있듯 '삶의 질' 주제에서 저널 '정서 · 행동장애연구'와 저자가 겹치는 저널은 4개에 불과했다. '행복' 주제에서는 한국심리학회지, 청소년학연구 등이 4개의 저널에서 저자가 겹치는 것으로 나타났다. '웰빙'은 한국행정학보, 관광 및 레저관련연구, 청소년 연구뿐만 아니라 호텔 경영과 같은 경영관련 논문에서도 저자가 겹치는 것으로 나타났다.

시각화된 그림에서 보면 특정한 저널을 중심으로 군집을 이루고 있지 않은 것으로 나타났다. 이와 같은 결과는 관련 연구자들이 다양한 저널에 연구결과를 발표하지 않고 각자 자신들이 주로 투고하는 저널을 가지고 있다는 의미로 해석된다. 결국 관련 연구가 학제간에 다양한 교류가 이루어지고 있다기보다는 서로 독립적으로 이루어지고 있다는 것을 보여 준다고 하겠다.

표 3-8 저자 기준 저널 연결망의 저널 순위(연관 저널 수)

순위	삶의 질		행복		웰빙	
1	정서·행동장애연구	4	행복, 브레인, 한국심리학회지: 문화및사회문제, 아시아여성연구, 국방과기술, 청소년학연구	4	한국행정학회학술발표논문집, 한국행정학보	5
2	사회사상과문화	2				
3	한국사회학회사회학대회논문집	2			한국행정연구, 한국사회와행정연구, 관광학연구, 한국지방자치학회보, 호텔경영학연구, 관광레저연구, 관광연구, 한국심리학회지: 건강	4
4	한국사회복지학, 소비자학연구, 한국소비자학회학술대회, 사회적기업매거진, 중등우리교육, 초등우리교육, 한국정신보건사회복지학회학술발표논문집, 사회과학논총, 한국농촌경제연구원기본연구보고서, 국제지역연구, 한독사회과학논총, 기업경영리뷰, 한국심리학회지: 여성, 한국심리학회지: 사회및성격, 정신보건과사회사업, 보건과사회과학, 한국행정학회학술발표논문집, 월간복지동향, 한국농촌경제연구원기타연구보고서, 한국청소년정책연구원연구보고서, 한국행정논집, CulinaryScience&HospitalityResearch, 대한경영학회지, 한국심리학회지: 일반	1				
5						
6						
7						
8			한국심리학회학술대회자료집, 보건사회연구, 한국심리학회지: 상담및심리치료, 한국심리학회지: 사회및성격, 한국사회학회사회학대회논문집	2		
9						
10						
11					한국프랜차이즈경영학회학술발표논문집, 한국심리학회지: 일반, 레프트대구, 한국심리학회학술대회자료집, 청소년학연구, 브레인, 시험결과보고서, 보건복지포럼	3
12						
13			한국심리학회지: 산업및조직, 한국사회복지행정학, 한국사회복지학, ASIAMARKETINGJOURNAL, 한국가정과교육학회학술대회, 한국심리학회지: 소비자·광고, 한국심리학회지: 학교, 한국조직학회보, 이슈&진단, 서울시여성가족재단연구사업보고서, 한국심리학회지: 건강, 정책연구, 보건과사회과학, 재활심리연구, 한국가정과교육학회지, 한국인구학	1		
14						
15						
16						
17						
18						
19					도시행정학보, 국토정책Brief, 국토, 한국관광학회학술대회발표논문집, 관광연구저널, 한국심리학회지: 문화및사회문제	2
20						

그림 3-4 저자 기준 저널 연결망

삶의 질

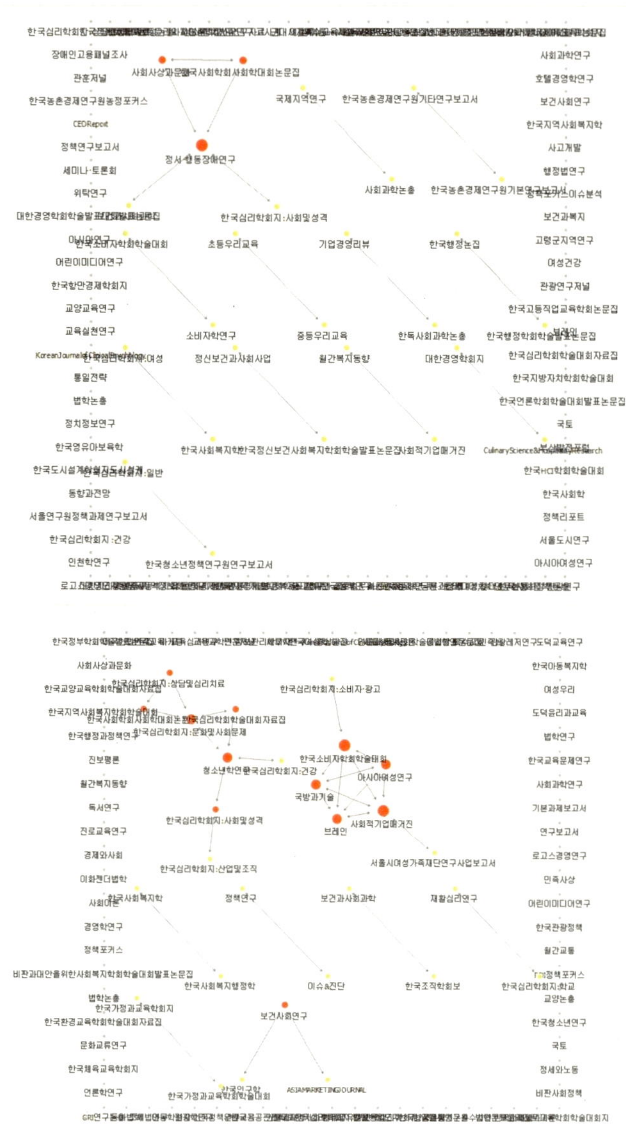

행복

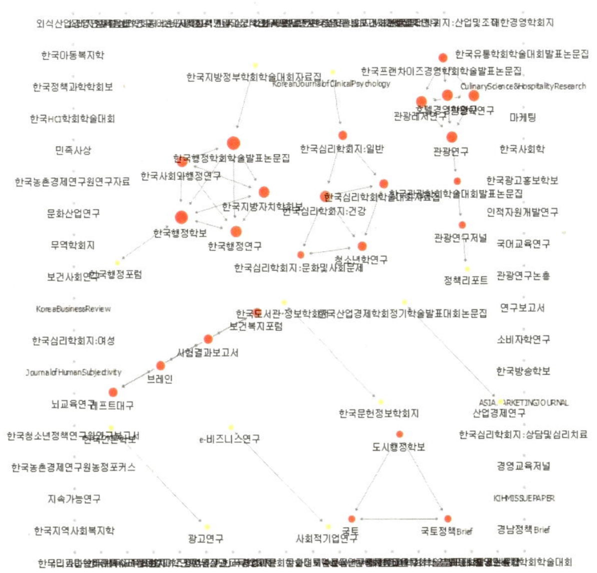

(5) 저널 연결망(키워드 기준)

키워드(공동 주제)를 기준으로 저널 연결망의 군집은 학계의 지형도를 보여줄 수 있는데, 삶의 질, 행복 그리고 웰빙연구에서 공통 주제를 다룬 저널끼리 연결한 저널 연결망을 살펴보면 다음과 같다. 먼저 삶의 질과 관련한 연구에서는 Korean Journal of Clinical Psychology와 사회과학연구, 그리고 특수교육저널 등이 다른 저널들과 공통된 주제를 많이 가지고 있는 것으로 나타났다. 행복과 관련한 연구에서는 청소년학 연구, 로고스경영연구, 한국심리학회 논문집 등을 중심으로 학술 연구가 발표되고 있고, 웰빙 연구들은 청소년학 연구, 한국심리학회지, 관광연구, 벤처창업연구 등을 중심으로 학계의 지형이 형성되고 있음을 볼 수 있다.

표 3-9 키워드 기준 저널 연결망의 저널 순위(연관 저널 수)

순위	삶의 질		행복		웰빙	
1	KoreanJournalofClinical Psychology	23	청소년학연구	24	청소년학연구	20
2	사회과학연구	22	로고스경영연구	18	한국심리학회지: 건강	18
3	특수교육저널: 이론과실천	20	한국심리학회학술대회 자료집, 한국심리학회지: 사회및 성격, 교양논총, 한국심리학회지: 건강	16	한국심리학회학술대회 자료집	17
4	뇌교육연구,한국심리학회지: 일반	18			관광연구	15
5					대한경영학회지	12
6	한국사회, 한국심리학회지: 건강, 한국행정논집, 호텔경영학연구	17			한국심리학회지: 문화 및사회문제	11
7			동서언론, 사회과학연구	15	호텔경영학연구	10
8					벤처창업연구	8
9			한국심리학회지: 산업및 조직, 한국여성학, 교육심리연구, 사회사상과문화, 한국심리학회지: 학교, 아동학회지, 한국심리학회지: 문화및 사회문제	14	한국체육교육학회지, 한국지역사회복지학, 한국정책과학학회보, 소비자학연구, 소비자문제연구, 사회이론, 보건사회연구	7
10	관광학연구, 아시아연구, 기업경영리뷰, 서울도시연구, 행정법연구, 사고개발, 보건사회연구, 한국체육교육학회지	16				
11						
12						
13						
14						
15						
16			한국청소년연구	10	한국심리학회지: 여성, 한국사회학	6
17			한국심리학회지: 발달	8		
18	정신보건과사회사업	11	보건사회연구, 한국사회학, 한국심리학회지: 상담및 심리치료, 도덕윤리과교육	7	한국청소년정책연구원 연구보고서,산업경제연구,뇌교육연구	5
19	정서 · 행동장애연구	10				
20	복지행정논총,한국지역사회복지학	8				

만일 검색어를 본문이 아닌 키워드만 대상으로 검색하는 조건이었다면, 모든 저널은 연결될 것이다. 그러나 이 연구에서는 검색 조건이 본문을 검색 대상에 포함하므로, 검색어가 본문에만 포함되고 키워드에는 포함되지 않은 경우가 존재한다. 이 경우 저널 간 연결이 없을 수 있다. '삶의 질'과 '행복'은 그런 상황에서 저널연결망의 군집화가 이루어졌다. 다만 주요 군집 내 검색어를 키워드로 포함하는 완전연결망 형태의 큰 모듈이 존재한다. 시각화된 그림을 살펴보면 주제어 중심 저널 연결망은 저자기반 저널연결망에 비해 군집화가 다소 진행된 형태임을 알 수 있다. 즉 주제 기준으로는 저널 간의 연관성이 높다는 의미다.

그림 3-5 키워드 기준 저널 연결망(삶의 질)

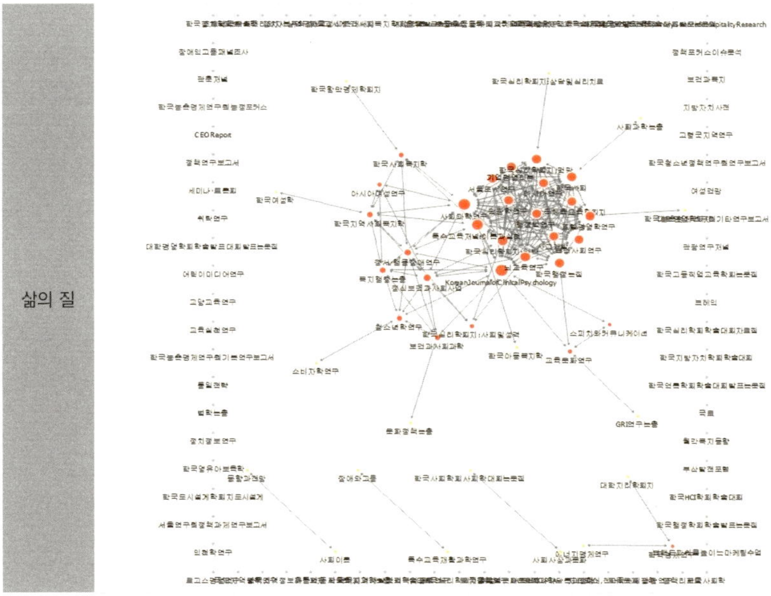

삶의 질

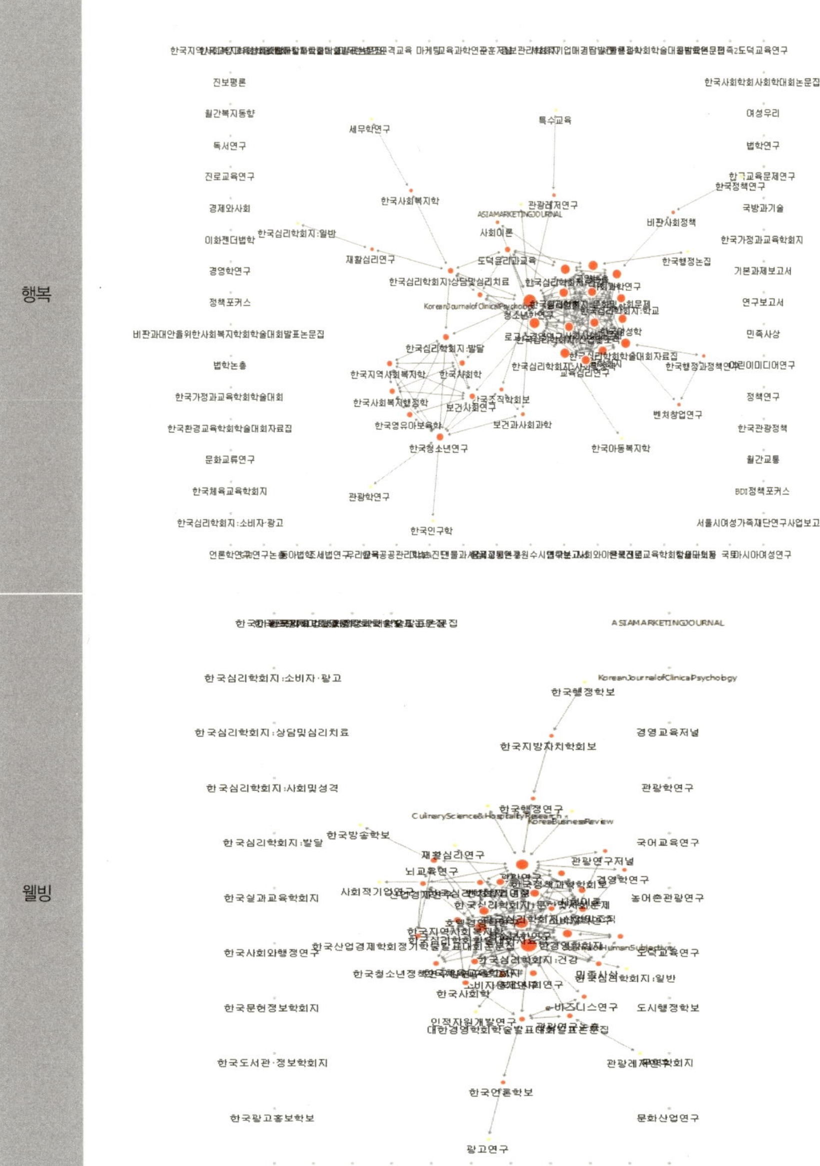
행복
진보평론
월간복지동향
독서연구
진로교육연구
경제와사회
이화젠더법학
경영학연구
정책포커스
비판과대안을위한사회복지학회학술대회발표논문집
법학논총
한국가정과교육학회학술대회
한국환경교육학회학술대회자료집
문화교류연구
한국체육교육학회지
한국심리학회지:소비자·광고
한국사회학회사회학대회논문집
여성우리
법학연구
한국교육문제연구
한국정책연구
국방과기술
한국가정과교육학회지
기본과제보고서
연구보고서
민족사상
어린이미디어연구
정책연구
한국관광정책
월간교통
BDI정책포커스
서울시여성가족재단연구사업보고서
세무학연구
특수교육
한국사회복지학
관광레저연구
ASIAMARKETINGJOURNAL
비판사회정책
사회이론
한국심리학회지:일반
재활심리연구
도덕윤리과교육
한국행정논집
한국심리학회지:상담및심리치료
한국심리학회지:발달
한국지역사회복지학
한국사회학
한국사회복지행정학
한국조직학회보
보건사회연구
보건과사회과학
한국영유아보육학
한국청소년연구
한국행정과정책연구
벤처창업연구
한국아동복지학
관광학연구
한국인구학
웰빙
ASIAMARKETINGJOURNAL
한국심리학회지:소비자·광고
한국심리학회지:상담및심리치료
한국심리학회지:사회및성격
한국심리학회지:발달
한국실과교육학회지
한국사회와행정연구
한국문헌정보학회지
한국도서관·정보학회지
한국광고홍보학보
KoreanJournalofClinicalPsychology
한국행정학보
경영교육저널
한국지방자치학회보
관광학연구
한국행정연구
CulinaryScience&HospitalityResearch
KoreaBusinessReview
한국방송학보
국어교육연구
재활심리연구
관광연구저널
뇌교육연구
경영학연구
사회적기업연구
농어촌관광연구
한국산업경제학회정기학술발표대회논문집
한국심리학회지:건강
한국심리학회지:일반
한국사회학
e-비즈니스연구
도시행정학보
인적자원개발연구
한국언론학보
관광레저연구
문화산업연구
광고연구

3. 결론

서구에서는 1960년대 이후 소득의 증가가 삶의 질을 직접적으로 개선시키지 못할 수도 있다는 우려와 함께, 당시의 성장위주정책이 환경오염, 도시의 과밀화, 개인의 우울 등의 현상을 초래하였다는 문제제기가 있어왔다. 따라서 인간 생활의 양적인 부분이 아니라 질적인 부분에 대한 문제가 국제사회의 이슈가 되었으며, 삶의 가치의식 문제와 함께 인간의 삶과 직접 관련이 있는 사회 및 환경의 변화와 개선을 도모하는 노력들이 있어 왔다. 다만 다른 학술적 용어들처럼 삶의 질도 다양한 학자와 국제기구, 정부기관 등에 따라 다양하게 정의되어 왔다. 마이어(Myers, 1984)는 "삶의 질이란 대체로 주민들이 자기가 살고 있는 곳에 대해 공통적으로 경험하는 특징과 이의 주관적 평가에 의해 구성되는 것으로 '살기 적합함'을 의미한다"고 주장하였다(이광국 외, 2004). OECD는 삶의 질을 행복한 삶과 관련된 사회적 척도로 보고 주관적인 측면과 객관적인 측면의 총합하는 것으로 정의하였다. 세계식량기구(WHO)는 살고 있는 문화권과 가치체계 안에서 자신의 목표, 기대, 규범, 관심과 관련하여 인생에서 자신이 차지하는 상태에 대한 개인적인 지각이라고 정의하였다. 국내의 경우 과학기술부(2007)는 일상에서 정신적, 신체적, 경제적, 사회적 상태로부터 느끼는 행복한 정도라고 정의하였다.

이렇듯 삶의 질은 바라보는 차원이나 관점에 따라 그 정의와 내용구성이 상이하다. 다만 삶의 질과 관련된 다양한 연구들은 일반적으로 '객관적 측면에서의 삶의 질'과 '주관적 측면의 삶의 질'로 구분하고 있다. 삶의 질의 객관적 차원은 특정한 사회의 객관적 삶의 조건과 환경을 의미하며 주관적 차원은 개인의 삶이 자신의 명시적 혹은 묵시적인 내면적 기대수준을 충족시킨다고 인지하는 정도라고 할 수 있다. 객관적 차원과 주관적 차원을 통합하여 보는 관점도 있는데, 객관적인 삶의 조건을 주관적으로 어떻게 인식하는가로 평가한다. 객관적 측면의 삶의 질은 경제적 상태, 인구학적 특성, 건강수준, 교육수준, 문화생활 등의 객관적 조건을 강조하며, 초기의 삶의 질 연구는 대부분 이러한 객관적 변인들을 분석하였다. 주관적 측면의 삶의 질은 일상적인 삶 속에서 개개인이 사회 심리적 측면에서 느끼고 경험하는 전반적인 만족감과 주관적 안녕(subjective well-being)을 중시하는데, 여기에서 주관적 안녕은 특정 개인이 자신의 삶에 대해서 느끼는 긍정적 사고를 의미한다(Myers and Diener, 1995).

그동안의 많은 삶의 질 연구들은 주관적 안녕이나 행복을 삶의 질과 동일시하는 경향이 있었다(조권중 외, 2009). 삶의 질이란 개념은 객관적 삶의 조건이 그 조건에 대한 주관적 평가와 일치하는 것은 아니라는 인식에서 출발한 것이므로, 이와 같이 주관적 행복 또는 만족감을 강조하는 용어로 사용되어 온 것이다(Myers and Diener, 1995).

이러한 논의를 바탕으로 이 연구는 2010년대 이후 국내 학술연구 저널에 발표된 삶의 질, 행복 그리고 웰빙과 관련한 연구들을 연결방 분석을 통해 살펴보았다.

먼저, 같은 논문에 쓰인 두 키워드 간에 관계가 있다고 보고 연결한 키워드 연결망을 구성한 뒤 연관키워드 수로 순위화한 결과는 심화 연구가 이루어진 주제를 보여 주는데, '삶의 질' 관련 논문에서는 '삶의 만족도'와, '행복' 관련 논문에서는 '행복감', '청소년', '긍정심리학'이, '웰빙'은 '주관적 웰빙', '스트레스', '삶의 만족' 등과 관련한 심화연구가 이루어졌음이 밝혀졌다. 주요 키워드 시각화 결과로도 키워드가 유기적으로 확산돼 어느 정도 군집을 이루고 있음을 확인할 수 있다.

둘째, 저자를 기준으로 같은 저자가 다룬 주제끼리는 서로 연관이 있다고 보고 연결망을 구성하면 주로 어떤 연구들이 인기가 있는지 살펴 볼 수 있다. 이러한 연결망에서 서로 다른 연구자가 서로 공통된 키워드 없이 각자 주제만 연구했다면 성긴 연결망 형태를 보여 준다. 삶의 질 연구에서는 삶의 만족도, 질적연구, 주관적 안녕감, 사회적 지지 등이 인기가 있는 주제로 나타났다. 행복 연구에서는 청소년, 긍정심리학, 학업성취, 우울, 여가생활 등이 인기가 있는 주제였으며, 웰빙 연구에서는 행복, 스트레스, 사회비교, 청소년 등이 인기가 있는 주제였다. 이러한 결과를 시각화해 보니 연구 중심성이 발견되는 것으로 보아 여러 연구자들이 일부 주제를 공유하면서 전체적으로 연구 주제를 확장해왔음을 알 수 있었다.

셋째, 논문을 기준으로 공저자가 얼마나 많은가를 살펴보면 공동연구의 중심을 이루는 연구자가 누구인지를 알 수 있다. 공저자 수를 기준으로 살펴본 결과, '삶의 질'은 사회복지학과 특수교육 분야의 학자와 지역경제를 연구하는 학자를 중심으로 한 연구가 많이 진행된 것을 알게 되었다. 행복과 관련한 연구에서는 지역연구기관이나 국책연구기관에서 근무하는 연구자들이 공동연구의 중심을 이루는 것으로 나타났다. 즉 정책연구를 담당하는 연구자들을 중심으로 행복연구가 진행된 것으로, 이것은 특정 정부의 정책목표가 국민 행복이었던 것과 무관하지 않은 것으로 판단된다. 웰빙과 관련한 연구는 스트레스 상담 및 임상 연구를 주로 해온

학자들을 중심으로 연구가 진행되어 왔다. 다만 공저자 연결망을 시각화해 본 결과 중심성이 잘 나타나지 않는 것으로 보아 공동연구가 그렇게 활발히 진행되고 있지는 않은 것으로 드러났다.

넷째, 연구자들을 기준으로 어떤 저널에 많이 투고하였는지 살펴보면 어떤 저널이 해당 분야의 권위지임을 알 수 있는 지침이 된다. 많은 저자가 몰린 저널이 해당 분야의 권위지일 가능성이 높기 때문이다. 분석결과 대부분의 연구자들이 자신들이 선호하는 몇몇 저널에만 투고하는 것으로 나타났다. 이러한 결과는 아직 국내에는 삶의 질, 행복, 웰빙과 관련하여 종합적인 권위지가 존재한다기보다는 서로 다른 저널들이 자생하고 있는 단계로 보인다.

다섯째, 많은 주제를 다룬 저널은 해당 분야의 중심 저널일 가능성이 높으므로 저자를 기준으로 저널 연결망을 그려보면 학계의 지형도를 일정 정도 살펴볼 수 있다. 키워드(공동 주제)를 기준으로 저널 연결망의 군집은 학계의 지형도를 그려본 결과, 삶의 질과 관련한 연구에서는 Korean Journal of Clinical Psychology와 사회과학연구, 그리고 특수교육저널 등이 다른 저널들과 공통된 주제를 많이 가지고 있는 것으로 나타났다. 행복과 관련한 연구에서는 청소년학 연구, 로고스 경영연구, 한국심리학회 논문지 등을 중심으로 학술 연구가 발표되고 있고, 웰빙 연구들은 청소년학 연구, 한국심리학회지, 관광연구, 벤처창업연구 등을 중심으로 학계의 지형이 형성되고 있음을 볼 수 있다. 결과를 시각화해본 결과 이러한 저널들의 중심성이 높은 것으로 나타났다.

기존 연구들에서 행복, 주관적 안녕감과의 관계를 살펴보면, 먼저, 주관적 안녕감이나 주관적 삶의 질을 측정하고자 하는 학자들은 그 하위요소로 행복감을 포함시키고 있기 때문에 행복(행복감)을 삶의 질이나 주관적 안녕감의 하위 개념으로 보는 연구들이 많았다. 주관적 삶의 지표에는 주관적 안녕감과 같은 심리적 요소를 포함하는 경우가 많으므로 상대적으로 광의의 의미로 쓰이고 있다는 것이다. Cummins(1997)도 삶의 질, 삶의 만족도 그리고 행복감 등의 연구를 비교한 후, 개인의 삶의 질과 행복감을 구성하는 영역들은 대부분의 연구들 간에 서로 유사하다고 주장하였다.

결론적으로 이 연구를 통해 드러난 점은 이론적으로는 비슷한 연구라고 하더라도 구체적인 대상은 서로 다를 수 있다는 것이다. 즉 삶의 질 연구는 사회적 문제를 다루는 연구에서 많이 언급되었으며, 행복은 개인의 심리적 요인으로 보면서 학업성취와 친구관계 등 청소년과 관련한 연구에서 많이 언급되고 있었다. 마지막으로 웰빙은 직장에서의 직무와 관련한 스트레스 등 경제적인 요소와 주로 연관이 높은 것으로 나타났다.

Ⅳ. 사람들은 행복에 대해 어떤 생각을 하는가?:

설문조사와 빅데이터를 통한 한국, 일본, 중국, 미국 비교

Ⅳ. 사람들은 행복에 대해 어떤 생각을 하는가?: 설문조사와 빅데이터를 통한 한국, 일본, 중국, 미국 비교

1. 논의의 배경

사람들에게 행복은 어떤 모습일까? 사람들은 무엇을 통해, 무엇과 함께 행복을 느끼고, 또 무엇을 행복이라 생각하고 있을까? 그리고, 저마다 추구하는 행복은 모두 다른 모습일까, 아니면 공유하는 목표 속에 하나의 지향과 가치가 지배적인 것일까?

이번 장에서는 추상적인 차원의 행복을 조금은 객관적이고 구체적으로 살펴보기 위해 마련되었다. 먼저 행복에 대한 설문조사를 통해 행복을 결정하는 주요 요인은 무엇이라고 생각하는지를 파악해 보았고, 다음으로는 행복과 SNS 데이터를 통해 행복이나 불행과 관련해서 함께 언급되는 단어들이 무엇인지를 통해 행복의 모습을 그려보고자 했다. 아울러 좀 더 효과적인 분석을 위해 우리와 같은 문화권에 속해 있다고 할 수 있는 일본과 중국, 그리고 이질적인 문화에 기반한 미국을 비교 대상으로 하여 살펴보았다.

2. 한국인과 일본인에게 행복의 필요조건은 무엇인가?[1)]

1) 왜 한국과 일본을 비교하는가?

한국과 일본은 지리적인 근접성 외에도 많은 유사성을 갖는다. 행복에 있어서도 우리와 마찬가지로 높은 경제 수준에 비해 행복 지수가 높지 않은 또 다른 사례로 꼽힌다. 2016년 기준으로 세계 4위 수준의 경제력을 보유한 일본의 행복 지수 역시 전체 157개국 중 53위에 불과했다. 그렇다면 다른 국가와 비교하여 상대적으로 높은 경제력을 가지고 있는 한국과 일본의 국민들이 상대적으로 불행하다고 느끼는 이유는 무엇일까?

첫째, 이스털린(Easterlin)의 역설에 따르면 소득 수준은 행복의 수준과 높은 상관관계를 갖지만, 일정 수준을 넘어서면 경제적 수준이 향상되어도 행복의 수준은 높아지지 않는다.[2)] 이에 따라 높은 경제수준에도 불구하고 한국인과 일본인이 행복하다고 느끼지 못하는 이유는 이미 충분한 경제성장을 했기 때문인 것으로 볼 수 있다. 그러나 이러한 설명은 한국과 일본보다 부유하지만 행복 지수가 높게 나타나는 국가들이 존재한다는 점에서 한계를 지닌다. 예를 들어 덴마크와 스위스 등은 한국에 비

---

1) 본 절은 '배영 · 김인수 (2017), 행복의 필요조건에 관한 한일 비교연구: 세대 및 주관적 계층에 따른 유사성을 중심으로. 한일군사문화연구, 제23권: 263-286.' 의 내용을 바탕으로 작성되었음.

2) Richard. A. Easterlin(1974), "Does Economic Growth Improve the Human Lot? Some Empirical Evidence," in P. A. David & M. W. Reder(eds), *Nations and Households in Economic Growth*, New York: Academic Press.

해 높은 1인당 국민소득을 갖지만 행복 지수에서는 한국을 앞선다.

둘째, 메자키 마사아키(目崎雅昭)의 연구의 따르면 유교의 영향을 받은 국가에서는 급속한 경제성장이 이루어져도 개인의 행복지수가 이에 비례하여 높아지지 않는다.[3] 유교 문화권에서는 집단이 개인에 비해 우선시되기 때문이다. 그러나 한국과 일본은 매우 다른 문화적 속성을 가진 국가로 파악된다. 예를 들어 후쿠야마(Francis Fukuyama)는 그의 저서 『신뢰(Trust)』에서 한국과 일본을 저신뢰 사회와 고신뢰 사회로 구분한다. 집단 중심의 문화를 갖고 있는 일본은 높은 수준의 일반화된 사회적 신뢰를 갖게 된 반면, 혈연 중심의 문화를 갖고 있는 한국은 낮은 수준의 일반화된 사회적 신뢰를 갖게 되었다는 것이다.[4]

이 글에서는 산업자본주의가 고도로 성장한 국가에서는 전통적 가치관과 생활양식이 파괴되고, 물질주의가 확산된다는 점에 주목한다. 물질주의가 지배하는 사회에서는 개인이 가장 중요시하는 행복의 필요조건이 세대 또는 경제적 계층에 따라 획일화될 수 있다. 첫째, 인간의 생애과정(life course)은 개인이 속한 사회의 문화와 물질적 환경에 영향을 받는다.[5] 산업자본주의 사회의 구성원들은 유사한 생애 과정을 형성하게 되고, 생애 과정의 특정 단계에서 사회구성원들에게 요구되는 자원의 유

---

3) 메자키 마사아키(目崎雅昭)(2013), 『국가는 부유한데 나는 왜 행복하지 않을까』, 신창훈(역) 서울: 페이퍼로드, pp. 68-69.

4) Francis Fukuyama(1995), *Trust: The Social Virtues and the Creation of Prosperity*, New York: Free Press, pp. 28-29.

5) 앤서니 기든스(2009), 김미숙 외 역, 『현대사회학』, 을유문화사, p. 158.

형은 비슷한 양상을 보이게 된다. 둘째, 부르디외(Pierre Bourdieu)는 경제적 자본에 따라 개인에게 체득되는 문화 또는 교양에는 차이가 발생한다고 설명한다.[6] 특히 산업자본주의 사회에서는 경제적 계급에 따라 개인에게 체득된 문화적 차별성이 심화될 수 있다. 만약 급속한 경제성장 과정에서 한국인과 일본인이 가장 중요하게 생각하는 행복의 필요조건이 유사한 방향으로 변화했다면 한국인과 일본인은 유사한 수준의 행복을 느끼게 될 수 있다.

앞으로 한국인과 일본인이 가장 중요하게 생각하는 행복의 필요조건을 세대 및 계층별로 비교하여 그 차이를 확인해보고, 한국과 일본의 행복 수준을 낮게 유지시키는 독특한 사회적 특성을 파악하고자 한다. 이를 위해 다음과 같은 전반적인 구성 속에 논의를 진행한다. 첫째, 한국과 일본의 문화적 차별성을 검토하고, 한국과 일본에서 추구되는 행복의 필요조건이 수렴할 가능성에 대해 논의하였다. 둘째, 본고의 분석 자료와 가설을 검증하기 위한 연구방법을 설명하였다. 셋째, 가설에 대한 통계적 검증결과를 설명하며 연구가 갖는 함의를 제시하겠다.

---

6) Pierre Bourdieu(1986), "The Forms of Capital," in John G. Richardson, *Handbook of Theory and Research for Sociology of Education*, New York: Greenwood, pp. 241–258.

2) 기존 연구 검토 및 가설 설정

① 한국과 일본의 문화적 차별성

기존 연구에 따르면 개인의 행복 수준은 신체적 요소, 경제적 요소, 사회관계적 요소, 환경적 요소, 제도적 요소, 사회 · 심리적 요소에 의해 결정된다.[7] 첫째, 신체적 요소는 연령, 성별, 건강상태 등 개인의 신체적 특성과 관련된 요소를 말한다. 둘째, 경제적 요소는 학력 및 직업에 따라 결정되는 소득 및 생활수준을 말한다. 셋째, 사회관계적 요소는 가족 및 친구, 동료들과 형성되는 사회관계를 말한다. 넷째, 환경적 요소는 치안 또는 재난으로부터의 안전 등 거주 조건을 말한다. 다섯째, 제도적 요소는 민주주의 정도 또는 복지 수준 등 개인의 삶에 영향을 미치는 정치 · 경제 제도를 말한다. 마지막으로 사회 · 심리적 요소는 개인이 속한 사회의 문화적 특성을 말한다. 여기서 사회 · 심리적 요소가 행복의 결정 요인이라는 점을 고려할 때, 한국인과 일본인이 느끼는 행복 수준은 양국의 문화적 차이에 영향을 받지 않을 수 없다.

일반적으로 한국과 일본은 가까운 지리적 위치에도 불구하고 문화적으로는 이질적인 집단으로 구분된다. 헌팅턴(Samuel P. Huntington)은 그의 저서 『문명의 충돌』에서 한국은 중화문명권으로 분류하고, 일본은 별도의 문명권으로 분류하였다.[8] 아시아 문명권을 유교라는 공통적 가

---

7) 김승권 · 장영식 · 조흥식 · 차명숙(2008). “한국인의 행복결정요인과 행복지수에 관한 연구”. 한국보건사회연구원 연구보고서, p. 49.

8) 사무엘 헌팅턴(1997). 이희재 역, 『문명의 충돌』, 김영사, pp. 52–53.

치를 중심으로 하는 단일한 문명으로 분석하면서도 한국과 일본을 독자적인 문명권으로 분류하는 이유는 중국의 영향에서 기인한 바가 크다. 한국과 달리 일본은 대륙의 영향으로부터 상대적으로 자유로울 수 있어서, 중국과는 차별적인 일본만의 고유한 사회 · 문화적 특성이 형성될 수 있었기 때문이다. 이러한 일본만의 특성은 일본이 다른 아시아권 국가들과 달리 선제적이고도 급속한 경제성장을 이룰 수 있게 한 요인으로 평가된다.[9]

앤더슨(Perry Anderson) 역시 이러한 시각에서 일본을 바라본다. 앤더슨은 봉건제에서 자본주의로의 이행이 이루어지는 과정에서 봉건귀족들의 정치적 이해를 보호하기 위한 수단으로 절대주의 국가가 등장했다고 설명한다. 그러나 일본에서는 절대주의 국가라는 정치적 중간단계를 거치지 않고 자본주의 체제가 확립되었다. 19세기 후반 서구 자본주의 세력의 경제 · 군사적 침입으로 일본 봉건질서의 위기가 심화되는 상황에서 메이지 유신에 의해 일본 특유의 자본주의 국가가 형성된 것이다.[10] 메이지 유신을 통해 봉건제를 타파하고 자본주의 경제 및 정치체제를 탄생시킨 이들은 근대화를 위한 개혁을 추진하면서 일본 전통문화의 본질적인 요소들은 파괴하지 않았다.[11] 이로 인해 일본은 아시아를 탈피하여 서구를 지향하는 정책을 추진하였음에도 불구하고 일본의 문화적 전통을 유지할 수 있었다.

---

9) 위의 책, p. 140.

10) 페리 앤더슨(1990), 『절대주의 국가의 계보』, 경남대학교출판부, pp. 502-503.

11) 헌팅턴, 앞의 책, p. 136.

일본의 문화적 전통은 중국 유교 문화의 영향을 받는 국가들과 크게 대비되는 사회적 특성을 만들어냈다. 후쿠야마는 한 국가의 경제적 성패를 결정짓는 요인으로 사회자본(social capital)에 주목한다. 사회자본이란 "서로 다른 이해관계를 갖고 있는 개인들이 공동의 목표를 위해 서로 협력할 수 있는 능력"을 말한다.12) 사회자본이 풍부한 사회에서는 타인에 대한 높은 신뢰를 갖게 되고, 집단 지향적 가치를 추구하게 된다. 그 결과 높은 수준의 경제성장이 가능하다. 반면 사회자본이 결핍된 사회에서는 타인에 대한 낮은 신뢰를 갖게 되고, 개인 지향적 가치를 추구하게 된다. 그 결과 불신과 경쟁으로 인해 경제성장이 어려워진다. 후쿠야마는 이러한 기준을 적용하여 한국을 중국과 함께 저신뢰사회로, 일본을 독일 및 미국 함께 고신뢰사회로 분류하였다.

이처럼 일본 문화의 차별성을 강조하는 논의는 주로 일본의 급속한 경제성장을 설명하려는 시도로부터 비롯되었다. 따라서 경제성장 이후에 나타나는 일본 사회의 변화에 대해서는 관심을 기울이지 않는다. 본서에서는 근대화를 통한 경제성장은 전통사회를 해체하고 세계화를 촉진한다는 사실에 주목한다. 예를 들어 노인을 공경하는 문화를 갖고 있는 사회에서도 산업화가 진행되면 노인들에 대해 부정적인 인식을 갖는 노인 차별주의(ageism)가 확산된다.13) 경제성장으로 인해 급격한 사회변화가 초래된다면 이러한 변화가 개인의 행복에 미칠 영향을 고려해야 한다.

---

12) Fukuyama, op.cit., p. 10.

13) Donald light, Suzanne Keller, and Craig Calhoun, *Sociology*(fifth edition), New York: Alfred A. Knopf, p. 156.

② 탈물질주의와 행복의 필요조건

경제적 조건은 인간의 행복을 구성하는 필수적인 요소이다. 우선 기본적으로는 생명의 유지 및 연장을 위해 필요한 자원의 절대적 확보가 중요하지만, 잉여(剩餘)의 발생은 교환을 통해 보다 다양한 만족을 가능하게 한다. 결국 물질적 풍요가 심리적 만족과 매우 밀접한 연관 속에 행복을 위한 메커니즘을 형성하게 된다.

잉글하트(Ronald Inglehart)는 어느 수준 이상의 경제적 안정이 이루어지면 개인들의 삶을 지배하는 가치가 경제적 여유와 신변의 안전을 중시하는 물질주의(materialism)에서 자아실현과 삶의 질을 중시하는 탈물질주의(postmaterialism)로 전환된다고 설명한다.[14] 경제적 궁핍 속에서 성장한 과거 세대와 달리 경제적 풍족함 속에서 성장한 새로운 세대는 물질적 성취와 사회적 안정 이상의 가치를 추구하게 된다는 것이다. 잉글하트에 의해 제시된 탈물질주의는 서구의 정치 변화를 설명하기 위한 논의와 맞물려 있다. 이로 인해 탈물질주의 수준에 따라 사회적 쟁점에 대한 개인의 평가가 어떻게 달라지는지에 대한 경험적 연구가 주로 이루어졌다.[15] 그러나 탈물질주의는 산업사회의 이념과 가치체계를 바꾸고, 새로운 가치를 추구하도록 한다는 점에서 개인의 행복과 밀접한 관련을 갖는다.[16]

---

14) Ronald Inglehart(1997), *Modernization and Postmdernization: Cultural, Economic, and Political Change in 43 Societies*, CA: Princeton University Press, p. 4.

15) 김명숙(2008), 「물질주의 및 탈물질주의의 영향요인과 정치적 효과에 관한 경험적 연구」, 『한국자치행정학보』 제22권 1호, pp. 65–82.

16) 성기중 · 박형(1999), 「탈물질주의: 진실인가, 허구인가?」, 『한국정치학회보』 제7집 2호, p. 146.

그림 4-1 탈물질주의와 행복의 상관관계

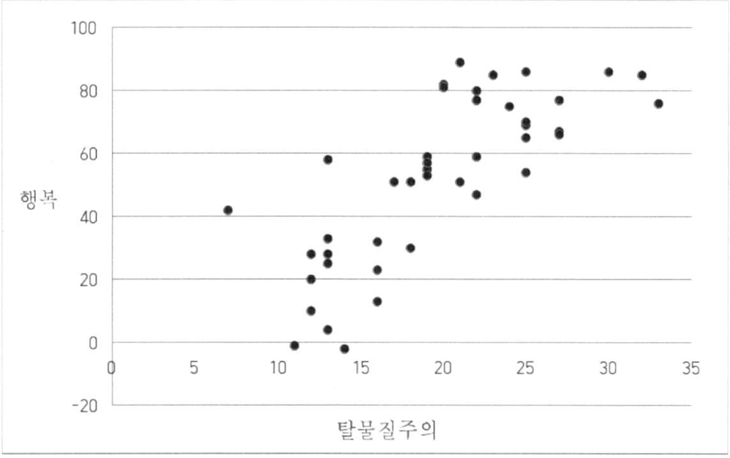

자료: Inglehart(1995), pp. 357-361.

잉글하트의 연구에 제시된 42개국의 탈물질주의 점수와 행복 수준의 관계를 분석해본 결과 탈물질주의와 행복 수준은 '그림 4-1'에 제시한 바와 같이 뚜렷한 정(+)의 상관관계를 갖고 있는 것으로 나타났다. 여기서 한 가지 흥미로운 사실은 일본이 한국에 비해 탈물질주의 성향이 강하게 나타남에도 불구하고 행복의 수준은 한국과 크게 다르지 않다는 점이다. 잉글하트의 연구에 따르면 표준편차를 기준으로 한국과 일본의 행복 수준은 0.1의 격차를 보인 반면, 탈물질주의 수준은 1.2의 격차를 보여 12배의 차이가 났다.[17] 그렇다면 탈물질주의 성향이 월등하게 높은 일본인의 행복 수준이 한국인과 다르지 않은 이유는 무엇일까?

---

17) Inglehart, op.cit., p. 357.

표 4-1 한국과 일본의 세대별 탈물질주의자의 비율(%)

구 분	15-24	25-34	35-44	45-54	55-64	65 이상
한 국	23.3	9.4	6.3	4.9	-	-
일 본	17.0	15.4	15.7	12.6	12.7	12.4

출처: 김욱 · 이이범(2006), pp. 105-106.

본고에서는 그 원인을 사회 전체의 평균과 세대 또는 계층별 평균은 다를 수 있다는 사실에서 찾는다. 첫째, 플래니건(Scott Flanagan)은 탈물질주의 성향은 청년층에서 높게 나타나다가 경제활동이 왕성한 중년층에서 낮아지고, 이후 노년층에서 다시 높아지는 U형 곡선을 그린다고 설명한다.[18] 그러나 이러한 예측과 달리 한국에서는 24세 이하의 청년층에서만 탈물질주의자의 비율이 높게 나타났다.[19] 일본의 경우도 세대별로 탈물질주의 성향에 통계적으로 유의미한 차이가 없는 것으로 나타났다.[20] 이러한 결과는 한국과 일본이 일반적인 탈물질주의 사회의 특성에서 벗어난다는 것을 의미한다. 따라서 한국인과 일본인들은 탈물질주의적 가치와 관계없이 생애 과정에서 각 세대에게 가장 중요하게 생각되는 요소들을 행복의 필요조건으로 인식할 가능성이 크다.

---

18) Flanagan, Scott(1987), "Changing Values in Advanced Industrial Societies: Inglehart's Silent Revolution from the Perspective of Japanese Findings," *Comparative Political Studies*, vol. 14, no. 4, pp. 427-428.

19) 마인섭 · 장훈 · 김재한(1997), 「한국에서의 탈물질주의적 가치관의 등장과 사회적 균열구조의 변화」, 『한국과 국제정치』 제13권 3호, pp. 38-40.

20) 김욱 · 이이범(2006), 「탈물질주의와 민주주의: 한국과 일본의 정치문화 변동」, 『한국정당학회보』 제5권 2호, pp. 103-109.

그러나 오늘날 한국 사회에 발생하고 있는 청년층의 가치관 변화에 주목할 필요가 있다. 최근 한국에는 취업난과 경제적 어려움으로 인해 연애, 결혼, 출산을 포기하는 청년들을 지칭하는 '삼포세대(三抛世代)'라는 용어가 등장하였다. 일본에서도 장기간 지속되는 경제적 불황 속에서 연애나 결혼을 포기하고 현실에 안주하면서 살아가는 청년들을 지칭하는 '사토리세대(さとり世代)'라는 용어가 사용되고 있다. 연애, 결혼, 출산을 통해 형성되는 가정이 문화를 재생산하는 핵심적인 기관이라는 사실을 고려하면 삼포세대와 사토리세대의 등장은 한국과 일본의 사회적 관계가 점차 개인을 중심으로 파편화될 가능성을 보여준다. 그러나 이러한 공통점이 존재하지만, 한국과 일본의 청년층은 두 가지 차이점 또한 나타내고 있다. 첫째, 한국과 일본의 청년층을 비교했을 때 한국의 청년 중에 탈물질주의자의 비율이 일본에 비해 상대적으로 상당히 높다는 것을 알 수 있다. 2015년에 실시된 최근의 설문조사에 따르면 한국 청년층은 탈물질주의 성향이 더욱 뚜렷해지고 있는 것으로 나타났다.[21] 둘째, 자신들이 처한 현실에 큰 불만을 갖고 있는 한국의 삼포세대와 달리 일본의 사토리세대는 경제적 어려움을 달관하는 자세로 받아들이는 것으로 알려져 있다.[22] 이에 따라 본서에서는 다음과 같은 가설을 제시한다.

■ H1: 한국인과 일본인이 가장 중요하게 생각하는 행복의 필요조건을 세

---

21) 〈한겨레신문〉 2015년 8월 30일.

22) 〈국민일보〉 2015년 2월 8일.

대별로 비교하면 차이가 없을 것이다. 그러나 한국과 일본의 청년층이 가장 중요시하는 행복의 필요조건은 서로 다르게 나타날 것이다.

둘째, 홍희숙 · 이수경(2007)은 탈물질적 가치와 물질적 가치의 수준에 따라 한국인을 4개의 집단으로 구분하여 웰빙 라이프 스타일에 차이가 있는지 살펴보았다. 이들의 분석결과에 따르면 높은 탈물질적 가치를 보유한 집단은 "건강지향 의생활, 개인적 건강 추구 식생활, 적극적 여가활동, 사회지향적 소비, 천연 뷰티제품의 사용, 긍정적/독립적 사고, 국가의 건강/환경 정책에 대한 관심, 재활용 의식의 실천, 자연친화적 주생활, 노인복지에 대한 관심, 가족지향 여가활동, 건강관리 의식, 대체요법에 대한 관심, 친환경 조성 지역 봉사활동" 등의 측면에서 물질주의 가치가 높은 집단에 비해 적극적인 것으로 나타났다.[23)]

탈물질주의 성향은 경제적 상위계층에서 상대적으로 높게 나타난다.[24)] 그러나 플래니건은 탈물질주의 성향은 일관된 가치가 아니라 경제적 상황에 따라 수시로 변할 수 있는 태도라고 설명한다.[25)] 이처럼 탈물질주의와 밀접한 관련이 있는 것으로 보이는 웰빙 라이프 스타일이 사실은 개인

---

23) 홍희숙 · 이수경(2007), 「탈물질주의 및 물질주의 가치에 따른 웰빙 라이프스타일의 차이」, 『한국의류학회 학술발표논문집』, p. 134.

24) Van Dethe, Jan. W.(1983), "The Persistence of Materialist and Post-Materialist Value Orientations," *European Journal of Political Research*, vol. 11, p. 69.

25) Flanagan, Scott(1982), "Changing Values in Advanced Industrial Societies: Inglehart's Silent Revolution from the Perspective of Japanese Findings," *Comparative Political Studies*, vol. 14, no. 4, pp. 427–428.

이 속한 경제적 계층에 의해 결정된다면 개인별로 가장 중요시하는 행복의 필요조건 역시 경제적 계층에 따라 달라질 수 있다. 기존 연구에 따르면 상품을 선택하고 구매하는 방식에 있어서 한국과 일본 사이에 통계적으로 유의미한 차이가 없었다.[26] 따라서 같은 경제적 계층에 속한 한국인과 일본인이 유사한 삶의 방식을 추구할 가능성을 무시할 수 없다. 이에 따라 본고에서는 다음과 같은 가설을 검증한다.

■ H2: 한국인과 일본인이 가장 중요하게 생각하는 행복의 필요조건을 경제적 계층별로 비교하면 차이가 없을 것이다.

3) 분석자료 및 분석방법

본고에서 분석에 활용한 자료는 2015년 12월 10일부터 15일까지 한국과 일본을 대상으로, 조사업체 코리아리서치에 의뢰하여 생산된 설문조사자료이다. 조사는 전화면접방식으로 진행되어, 한국에서는 19세 이상 65세 미만의 성인 남녀 1,000명을 대상으로, 일본에서는 동일한 조건의 500명을 대상으로 설문을 실시하였다. 본고에서는 분석의 편의를 위해 20세 이하의 응답자는 20대에 포함시켜 분석하였다. 설문에 참여한 응답자의 인구 · 사회학적 특성은 '표 4-2'에 제시하였다.

설문결과에 대한 분석은 다음과 같이 2단계로 진행되었다. 첫째, 1단계

26) 전종우 · 최용훈(2013), 「한국인과 일본인이 인식하는 문화 차원의 유형과 소비자 문화의 차이」, 『광고학연구』 제24권 1호, p. 264.

표 4-2 응답자의 인구 · 사회학적 특성

구분		한국		일본	
표본 수		1,000		500	
성별	남	502		248	
	여	498		252	
연령	20대	222	(22.2%)	87	(17.4%)
	30대	196	(19.6%)	98	(19.6%)
	40대	229	(22.9%)	113	(22.6%)
	50대	222	(22.2%)	113	(22.6%)
	60대	131	(13.1%)	89	(17.8%)
학력	중졸	114	(11.4%)	8	(1.6%)
	고졸	268	(26.8%)	165	(33%)
	대재 이상	606	(60.6%)	317	(63.4%)
주관적 계층의식	하층	163	(16.3%)	70	(14.0%)
	중하층	244	(24.4%)	148	(29.6%)
	중층	402	(40.2%)	171	(34.2%)
	중상층	153	(15.3%)	55	(11.0%)
	상층	19	(1.9%)	5	(1.0%)

로 응답자들이 가장 중요시하는 행복의 필수조건이 국가별로 다른지 확인해보았다. 이를 위해 "귀하께서는 행복의 가장 중요한 필요조건은 무엇이라고 생각하십니까?"라는 질문을 제시하고, ①건강, ②화목한 가정, ③경제적 여유, ④시간적 여유, ⑤좋은 친구, ⑥종교, ⑦직업적 성취, ⑧기타 등 8가지 항목 중 하나를 선택하도록 하였다. 설문에는 기존의 한 · 일

비교연구에서 사용된 항목들을 선정하였고,[27] 물질주의 성향을 평가하기 위한 항목으로 직업적 성취를 포함시켰다. 이를 토대로 한국과 일본의 응답자를 각각 별도의 집단을 묶어 개인별로 가장 중요하다고 생각하는 행복의 조건이 세대와 계급에 따라 서로 다른 지 확인하고, 이어서 세대와 계층이 동일한 한국과 일본의 응답자들을 각각 하나의 집단으로 묶어 이들이 가장 중요시하는 행복의 조건에 국가별 차이가 존재하는지 확인해보았다.

둘째, 2단계에서는 1단계에서 분석한 행복의 필요조건이 개인별 행복수준에 미치는 영향이 국가별로 다르게 나타나는지 확인해보았다. 이를 위해 응답자에게 "귀하는 최근 1년 동안 스스로 어느 정도 행복하다고 느끼십니까?"라는 질문을 제시하였고, 10점 척도로 행복의 정도를 측정하였다(0점=매우 불만족, 10점=매우 만족). 독립변수로는 1단계에서 행복의 조건으로 제시한 요인 중 상대적으로 선택 빈도가 높은 요인을 중심으로 ①건강에 대한 만족도, ②가족에 대한 만족도, ③나와 가족의 경제적 상태에 대한 만족도, ④주변 친구 및 동료에 대한 만족도를 선정하였다. 각 변수는 10점 척도로 측정되었다(0점=매우 불만족, 10점=매우 만족). 마지막으로 통제변수로 기존 연구를 검토하여 성별, 연령, 주관적 계층(1점=하층, 5점=상층), 국적을 고려하였다.[28]

---

27) 신승배 · 박병준(2016), 「동아시아 4개국의 행복감 비교: 한국, 중국, 일본, 대만을 중심으로」, 『한중사회과학연구』 39, pp. 229–257.

28) 위의 글.

표 4-3 기술적 통계량

구 분		평균(표준편차)	빈도
종속변수	행복수준	6.04(4.10)	
독립변수	건강 만족도	6.15(2.35)	
	가족 만족도	7.04(5.33)	
	경제 만족도	5.58(4.15)	
	친구 만족도	7.18(8.52)	
통제변수	성별(남=1/여=0)		750/750
	연령	44.33(13.66)	
	주관적 계층	2.57(.98)	
	국적(한국=1/일본=0)		1,000/500

4) 분석결과

① 세대 및 계층에 따른 행복의 조건 비교

본고에서는 먼저 한국과 일본의 응답자를 별도의 집단으로 분류한 후 세대와 계층에 따라 가장 중요하게 생각하는 행복의 필요조건이 서로 다른지 확인해보았다. 첫째, 한국의 행복 요인을 분석해보면 세대 및 계급에 따라 통계적으로 유의미한 차이가 있었다. 60대는 건강을 가장 중요하게 생각한 반면, 20대는 화목한 가정을 가장 중요하게 생각했다. 또한 한국의 상층은 화목한 가정을 가장 중요하게 생각한 반면, 한국의 하층은 경제적 여유를 가장 중요하게 생각했다. 둘째, 일본의 행복 요인에 대한 분석에서도 세대 및 계급에 따라 통계적으로 유의미한 차이를 발견할 수

표 4-4 한국과 일본의 세대/계층별 행복 요인의 교차표(%)

구분		건강	경제	친구	종교	직업	가족	시간	기타	비고
한국	20대	21.2	22.1	9.0	0.9	5.4	29.3	12.2	0.0	Pearson chi2(28) = 94.8**
	30대	30.1	24.5	1.0	3.6	1.5	29.6	9.2	0.5	
	40대	34.8	20.7	2.2	3.1	4.4	26.9	6.2	1.8	
	50대	38.8	19.2	5.0	5.0	1.8	28.3	1.4	0.5	
	60대	47.3	16.3	3.1	4.7	0.0	26.4	1.6	0.8	
	하층	31.1	36.0	1.9	4.3	1.9	18.0	6.2	0.6	Pearson chi2(28) = 61.3**
	중하층	34.4	25.4	3.3	2.9	3.7	23.4	6.6	0.4	
	중층	33.8	15.0	5.3	3.5	3.0	32.3	6.5	0.8	
	중상층	31.1	13.9	5.3	2.6	3.3	35.8	7.3	0.7	
	상층	31.6	10.5	10.5	5.3	0.0	36.8	0.0	5.3	
일본	20대	19.2	39.7	12.8	0.0	2.6	17.9	6.4	1.3	Pearson chi2(28) = 67.0**
	30대	28.3	28.3	2.2	1.1	2.2	34.8	2.2	1.1	
	40대	26.7	33.3	2.9	0.0	3.8	30.5	1.9	1.0	
	50대	41.3	22.0	3.7	0.0	2.8	27.5	1.8	0.9	
	60대	52.3	18.2	0.0	1.1	0.0	23.9	1.1	3.4	
	하층	27.3	43.9	4.5	1.5	1.5	12.1	6.1	3.0	Pearson chi2(28) = 48.0**
	중하층	30.8	34.9	2.7	0.7	2.1	26.0	2.1	0.7	
	중층	30.5	22.6	4.3	0.0	2.4	36.6	1.8	1.8	
	중상층	56.4	10.9	3.6	0.0	3.6	20.0	3.6	1.8	
	상층	25.0	25.0	0.0	0.0	0.0	50.0	0.0	0.0	

참고: ** p〈.01, * p〈.05

있었다. 일본의 경우 60대는 한국과 같이 건강을 가장 중요하게 생각했지만, 20대는 경제적 여유를 가장 중요하게 생각했다. 주관적 계층에 따른 특성을 살펴보면 일본의 상층은 한국과 마찬가지로 화목한 가정을 가장 중요하게 생각하고, 일본의 하층 역시 한국과 마찬가지로 경제적 여유를 가장 중요하게 생각하는 것으로 나타났다.

다음으로 전체 응답자를 세대 및 계층별로 구분하여 한국과 일본의 응답자들이 가장 중요하게 생각하는 행복의 필요조건이 서로 다른지 확인하였다. '표 4-5'의 제시된 수치는 한국과 일본의 각 세대 및 계층을 대상으로 가장 중요하게 생각하는 행복의 필요조건을 선택하라고 했을 때, 국가별 차이가 존재하는지를 검증하기 위한 pearson chi2 값을 보여준다. 주요 분석결과는 다음과 같다. 첫째, 세대에 따라 구분하여 살펴본 결과 가설 1에서 제시한대로 한국과 일본의 청년층이 가장 중요하게 생각하는 행복의 필요조건은 통계적으로 유의미한 차이가 있는 것으로 나타났다. 그러나 다른 세대에서는 행복의 필요조건에 통계적으로 유의미한 차이가 없었다. 둘째, 주관적 계층에 따라 구분하여 살펴본 결과 가설 2와 달리 중층에 속하는 개인이 가장 중요시하는 행복의 필요조건에 통계적으

표 4-5 한 · 일의 행복 요인에 대한 교차분석 결과

구분	20대	30대	40대	50대	60대
chi2	16.8*	7.8	12.8	6.8	7.2
구분	하층	중하층	중층	중상층	상층
chi2	6.4	10.4	17.1*	13.3	1.5

참고: ** p<.01, * p<.05

로 유의미한 차이가 있는 것으로 나타났다. 이러한 결과가 나타난 이유는 다양한 집단으로 구성된 중간 계층은 공통의 사회적 배경이나 문화적 전망을 공유하기 어렵기 때문인 것으로 보인다.[29]

② 행복 수준의 결정요인

'표 4-6'은 응답자의 인구 · 사회학적 특성을 통제한 상태에서 행복의 요인으로 응답한 비율이 높은 건강 만족도, 경제 만족도, 가족 만족도, 친구 만족도가 개인의 행복에 미치는 영향에 대한 회귀분석 결과를 보여준다. 여기에서는 한국과 일본에서 중요시되는 행복의 필요조건이 개인의 행복에 미치는 효과가 국가별로 다르게 나타나는지 확인해보았다.

이를 위해 본고에서는 행복의 필요조건과 국가 사이의 상호작용 효과를 검토하였다. 상호작용 효과란 독립변수가 종속변수에 미치는 효과가 다른 변수에 의해 달라지는 효과를 말한다. 예를 들어 건강 만족도가 개인의 행복에 미치는 영향이 한국과 일본에서 서로 다르게 나타난다면 건강 만족도와 국적의 상호작용을 고려한 변수는 통계적으로 유의미한 값을 갖게 된다. 또한 상호작용 효과를 고려한 모형은 그렇지 않은 모형에 비해 높은 결정계수를 갖게 된다. 이에 따라 '표 4-6'에 독립변수와 통제변수를 포함한 모형 1과 상호작용 효과를 고려한 모형 2를 함께 제시하였다. 표에 제시된 회귀계수는 표준화 회귀계수이다.

주요 분석결과는 다음과 같다. 첫째, 모형 2를 고려하였을 때, 건강 만

29) 기든스, 앞의 책, p. 264.

표 4-6 개인의 행복 수준에 대한 다중회귀분석 결과

구분	변수	모형 1			모형 2		
		회귀계수		표준편차	회귀계수		표준편차
만족도	건강 만족도	.181	**	.047	.334	**	.150
	경제 만족도	−.060	*	.036	−.243	*	.119
	가족 만족도	.384	**	.021	.303	*	.118
	친구 만족도	−.082	**	.012	−.512	*	.107
상호작용	국가 · 건강 만족도				−.212	*	.115
	국가 · 경제 만족도				.207		.110
	국가 · 가족 만족도				.085		.112
	국가 · 친구 만족도				.438		.105
통제변수	국가	−.050	*	.226	.065		.763
	연령	.030		.007	.024		.007
	주관적 계층	.122	**	.113	.108	*	.107
	성별	−.059	*	.200	−.057	*	.198
상수		1.406	**	.731	.509		.752
사례 수		1,430			1,430		
F값		43.68			30.00		
조정된 결정계수		.192			.195		

참고: ** p<.01, * p<.05

족도와 국가의 상호작용 변수는 개인의 행복 수준에 통계적으로 유의미한 효과를 갖는다. 이는 한국과 일본 응답자의 건강 만족도가 동일하다면 한국의 응답자는 행복 수준이 .122(.334-.212=.122) 높아지는 반면, 일본

응답자는 행복 수준이 .334 높아진다는 것을 의미한다. 따라서 다른 조건이 동일하다면 건강 만족도가 개인의 행복에 미치는 영향은 한국과 일본이 서로 다르다는 사실을 알 수 있다. 그러나 경제 · 가족 · 친구 만족도 등 다른 독립변수와 국가의 상호작용 효과가 통계적으로 유의미하지 않았고, 모형 2의 조정된 결정계수 증가분이 모형 1의 조정된 결정계수에 비해 0.3%에 불과해 상호작용 효과는 통계적인 의미가 크지 않은 것으로 나타났다.

둘째, 모형 1에서 개인의 행복에 가장 큰 영향을 미치는 변수는 가족 만족도였다. 이는 가정생활 만족도가 한 · 중 · 일에서 공통적으로 개인의 행복 수준을 향상시킨다는 기존 연구결과와 일치한다.[30] 본고에서는 가족 만족도가 1점 상승할 때 개인의 행복 수준은 .384점 상승하였고, 건강 만족도가 1점 상승할 때 개인의 행복 수준은 .181점 상승하였다. 또한 한국 응답자는 일본 응답자에 비해 행복 수준이 평균 .050 낮았고, 남성은 여성에 비해 행복 수준이 평균 .059 낮았다. 주관적 계층은 1단위 상승할 때마다 행복 수준이 .122점 상승하는 것으로 나타나 상대적으로 높은 계층의 응답자들이 스스로 더 행복하다고 느끼는 것으로 나타났다. 이러한 특성은 한국인의 행복에 대한 기존 연구결과와 일치했다.[31]

그러나 경제 만족도와 친구 만족도는 개인의 행복 수준에 부정적인 영

30) 신승배 · 이정환(2015), 「동아시아의 가족가치관과 행복감 비교: 한국, 중국, 일본비교」, 『사회과학연구』 제39권 3호, pp. 296-301.

31) 김명소 · 김혜원 · 차경호 · 임지영 · 한영석(2003), 「한국인의 행복한 삶에 대한 인구통계학적 특성별 분석」, 『한국심리학회지』 제8권 22호, pp. 1-33.

향을 미치는 것으로 나타났다. 경제 만족도가 1점 상승할 때 개인의 행복 수준은 .060점 하락하였고, 건강 만족도가 1점 상승할 경우 개인의 행복 수준은 .082점 하락하였다. 일반적인 상식과 달리 경제 만족도가 높을수록 개인의 행복 수준이 낮아지는 것으로 나타난 이유는 경제 만족도가 행복에 미치는 영향은 개인이 속한 경제적 계층에 따라 달라질 수 있기 때문이다.[32] 다음으로 친구 만족도가 높을수록 개인의 행복 수준이 낮아지는 이유는 개인의 행복에 영향을 미치는 사람 중 친구의 중요성이 다르기 때문이다. 가족을 중시하는 사람에게는 친구 만족도를 높이기 위해 가족을 위해 사용해야 할 시간과 자원을 친구에게 사용해야 할 경우 전체적인 행복의 수준이 감소할 수 있다.

3. 빅데이터는 행복에 대해 무엇을 말해주는가? 한국, 중국, 일본, 미국 비교

사람들은 무엇을 통해, 또 어떻게 행복에 대해 얘기하고 있을까? 여기에서는 SNS상에 나타난 빅데이터를 통해 '행복'의 의미와 대상에 대해 살펴보았다. 행복에 대한 논의는 그동안에도 지속적으로 이루어져 왔다. 다만 행복이라는 주관적 가치가 지닌 추상성 때문에 실효성 있는 담론으

32) Easterlin, Richard. A.(1995). "Will Raising the Incomes of All Increase the Happiness of All?," *Journal of Economic Behavior & Organization*, vol. 27, no. 1, p. 35.

로 이어지기보다는 특수한 사례 중심의 당위적 차원에서 주로 논의되었다. 이러한 한계를 극복함과 더불어 지속적이고 비교가능한 논의를 위해 경제협력개발기구(OECD) 등에서 국가별 거시지표에 기반한 행복지수를 발표하고 있지만, 표준화를 위해 수치로 표현되는 행복의 정도가 개인들에게 체감되지 않기는 마찬가지였다.

1) 분석 방법 및 대상: 어떻게, 무엇을 분석했는가?

개인들이 일상에서 얘기하고 있는 '행복'을 보다 밀착하여 파악하고자 대표적인 사회관계망서비스(Social Networking Service)인 트위터(twitter)를 대상으로 빅데이터분석을 실시하였다. 즉, 2015년 1월부터 12월까지 1년간 생산된 트윗 속에서 '행복'과 '불행'을 대상으로 동시 출현한 단어들을 추출하여 연관 정도 및 빈도 등을 분석에 활용하였다. 이와 함께 행복에 대한 보다 심층적인 이해를 위해 두 가지 차원에서의 비교를 아울러 실시하였다.

첫 번째 비교는 사회문화적 환경이 다른 국가 간 비교를 통해 행복의 의미와 지형을 따져보는 작업이었다. 여기에는 우선 우리나라를 비롯해 같은 유교문화권이자 인접 국가라고 할 수 있는 일본과 중국을 포함하였고, 합리적 개인주의로 대표되는 미국을 포함시켜 행복에 대한 국가 간 공통의 요소와 차별적 특성을 파악하고자 했다. 두 번째 비교는 같은 기간 동안 보도된 뉴스기사 속에서 행복이 언급된 기사들을 내용 분석하여 개인들의 일상과 함께 공적 담론의 영역에서는 행복에 대한 논의가 어떤 모습을 나타내고 있는지 살펴보았다.

보다 효과적인 분석을 위해 연관 단어들을 내용적 기준을 설정하여 유형별로 분류하였다. OECD 등에서 개발한 행복지수를 구성하는 주요 요소, 즉 일, 건강, 경제, 관계, 공동체 등의 요소와 함께 국가 간 삶의 질에 대한 비교시 많이 활용되는 지표인 물질적 가치와 비물질적 가치에 대한 우선성 등을 종합적으로 고려하여 모두 다섯 개의 카테고리로 구분하였다.

2) 한국: 일상에서의 탈출, 가족중심의 행복

한국인들의 SNS에 나타난 행복은 지금 그리고 가족 중심의 관계로부터 나타나는 것으로 특징지어진다. 행복과 가장 빈번히 출현한 단어는 시간적 차원에서 '오늘', '지금'이었고, '감사'와 '사랑'같은 비물질적 가치에 대한 언급도 많이 이루어졌다. 또한 행복을 위한 관계적 측면에서는 '오빠'와 '가족', '엄마' 등이 나타나 일반화된 관계보다는 내집단적 관계로부터 행복을 찾는 경우가 많은 것을 알 수 있었다.

반면 불행의 경우에는 일반화된 타자와의 관계를 의미하는 '사람'이나 '당신'이 가장 빈번하게 나타났고, 시간적으로는 불확실한 미래에 대해 갖게 되는 불안심리를 반영하듯 '다가오다', '조짐', '징조'와 같은 단어가 동시출현하고 있었다. 이와 함께 '정치', '한국', '대한민국' 등 최근 젊은 층에서 언급되는 '헬조선'류의 사회분위기를 반영하는 단어도 불행과 함께 눈에 띄었다.

아울러 일상적인 차원에서 지속적으로 이뤄지는 '공부'나 '노동', '일'이 불행과 결합된 단어라면, 일회적 성격을 갖는 '이벤트', '콘서트', '여행' 등

그림 4-2 한국, SNS에서의 행복과 연관어

그림 4-3 한국, SNS에서의 불행과 연관어

은 행복과 연관된 단어로 나타났고, '바쁘다'가 행복과 연관된 단어로 나타나 현실에 대한 고단함을 의미하는 불행과 연관된 '괴롭다', '미루다',

‘두렵다’, ‘견디다’ 등의 단어와 대조적인 양상을 나타내고 있었다. 상황에 대한 자기주도적 조정능력의 여부가 전반적인 행복의 여부에 영향을 미치는 것으로 볼 수 있다.

3) 중국: 급속한 발전 그리고 안전에 대한 희구와 행복

SNS에 나타난 중국인들의 행복은 우리와 비교할 때, 유사점과 차이점을 동시에 내포하고 있었다. 시간적으로는 ‘오늘’에 대한 언급이, 비물질적 가치의 영역에서는 ‘건강’과 ‘감사’가 우리와 마찬가지로 행복과 연관되어 있었다면, 관계적 측면에서는 가족보다 ‘나’와 ‘우리’, 그리고 ‘친구’라는 자기중심적 관계의 특성이 행복과의 연관 속에 강조되어 나타났다.

또한 급속한 경제적 발전 양상을 드러내듯 행복과 ‘부유하다’나 ‘성공’

그림 4-4 중국, SNS에서의 행복과 연관어

그림 4-5 중국, SNS에서의 불행과 연관어

이라는 물질적 요소와 이를 위한 '노력'과 함께 '쾌락', '희망', '축복'과 같은 비물질적 영역의 단어가 동시에 연관되었고, 반면 불행과는 '주가폭락'이라는 단어가 매우 높은 빈도 속에 도출되었다. 또한 우리와 마찬가지로 '정부'와 '중국'이 불행과 연관된 단어로 나타나 국가에 대한 신뢰가 낮은 상황임을 유추할 수 있었다.

무엇보다 특이한 점은 다른 나라와 비교했을 때도 드러나는 중국만의 특성으로, 불행과 연관된 단어에 있어 가장 빈도가 높은 내용은 모두 자연적 재난과 관련된 '재해', '화재', '지진', '폭우', '홍수'와 같은 것으로 현재 중국이 처해 있는 현실적인 어려움을 그대로 나타내고 있다고 판단된다.

4) 일본: 정형화되고 목표 지향적인 행복

일본의 경우, 이미 경제적으로 성공한 나라임에도 여전히 '발전'과 '성공', '달성'과 같은 목표지향적 개념들이 개인들의 행복과 밀접한 연관을 가지고 있었다. 하지만 불행과 연관이 높은 것으로 나타난 '일'과 '피곤'의 경우처럼 그 과정에서 접하게 되는 상황은 개인들에게 피로감 또한 불가피한 것이라고 보여진다. 또, 다른 나라와 마찬가지로 '감사'나 '사랑' 등의 단어가 행복과 밀접한 연관을 나타내었지만, '법'과 '과학'과 같이 개인들의 일상적 행복과는 관계가 없을 것 같은, 규율과 예측가능성을 내포하고 있는 단어가 행복과 연관된 점은 특이한 사항이었다.

아울러 한국이나 중국과는 달리 '정치'와 '나라'에 대해서도 불행이 아

그림 4-6 일본, SNS에서의 행복과 연관어

그림 4-7 일본, SNS에서의 불행과 연관어

닌 행복과 연관된 특성이 나타나 국가에 대한 차별적 인식을 볼 수 있었다. 시간적인 차원에 있어서 '오늘'과 '지금'뿐만 아니라 '내일'과 '과거' 또한 함께 나타나고 있어 지난 시절에 대한 회고적 행복과 함께 다가올 미래에 대해서도 기대와 희망 또한 엿볼 수 있었다.

흥미로운 점은 관계적 측면에 있어 '아내'와 '여자친구'는 행복의 대상이지만, '결혼'은 불행과의 연관 속에 빈번히 나타나는 단어라는 점이다. 이와 함께 다른 나라에서 '엄마'가 행복의 대상이었다면 일본에서는 '아빠'가 불행과 관련된 단어로 나타난 점, 그리고 '자동차'나 '검은색'이 불행과 관련하여 가장 높은 비중을 나타내고 있었다는 점 또한 일본만의 특징적인 면으로 나타났다.

5) 미국: 소소한 일상 속에서의 행복

SNS에 나타난 미국인들의 행복과 불행은 다른 나라에 비해 일상적 요소가 강하게 나타나고 있다. 기본적으로 다른 나라와 마찬가지로 '사랑', '감사', '자유', '건강', '축복'과 같은 요소가 나타나고 있지만, '아름다움'이나 '놀라움', '즐거움' 등은 다른 국가에서는 나타나지 않았던 단어이다. 또 '피자'나 '초코렛', '사진', 그리고 '강아지' 등에서도 행복과 연관된 내용을 볼 수 있어서 소소한 일상에서의 찾을 수 있는 행복이 중요한 요소로 작용함을 알 수 있다.

불행과 연관된 요소들 또한 '가난'이나 '집'과 같은 현실적 문제들과 함께 다른 사람들과의 관계 속에서 유추해 볼 수 있는 '모욕하다', '패배하

그림 4-8 미국, SNS에서의 행복과 연관어

그림 4-9 미국, SNS에서의 불행과 연관어

다', '처벌받다', '위장하다' 등과 같은 단어들이 나타나고 있고, 행복과는 '껴안다', '웃다' 등이 비교적 빈번히 출현하고 있어 관계 속에서의 실질적 행위가 어떻게 이루어지는지가 행복에 직접적인 영향을 미치는 것으로 판단된다.

관계의 대상에 있어서는 '친구'가 가장 행복과 밀접한 것으로 나타났고, '부모'나 '가족'은 행복보다는 불행과 함께 언급되는 비중이 높은 것으로 파악되었다. 아울러 다른 나라와 차별적 특성을 보이는 요소로 문화적 콘텐츠라고 할 수 있는 '음악'이나 '드라마', '전자책(e-book)' 또한 행복과의 관련 속에 그 의미를 찾아볼 수 있었다.

6) 한국, 중국, 일본, 미국의 행복에 대한 종합적 비교

지금까지 SNS를 통해 살펴 본 4개국 국민들의 행복에 대한 생각은 지금까지의 주로 이뤄져 온 행복 논의 방식과는 달리 개인들의 실제 목소리를 통해 파악했다는 점에서 의의를 갖는다. '표 4-7'은 조사된 4개국의 행복 관련 연관어들을 5가지 분류 기준을 통해 유형화한 것이다.

앞선 2015년에 생산된 빅데이터를 중심으로 분석한 내용에서, 다른 나라와 비교했을 때 한국은 가족을 중심으로 한 내집단 지향적 행복의 추구가 두드러졌고, 일과 상황에 대해 얼마나 자신이 주도할 수 있는지가 행복의 정도를 결정하는 주요 요소로 나타났다. 그렇다면, 유난히도 다사다난했던 2016년의 한국 사회에서 행복은 어떻게 언급되고 있었을까? 2015년과의 비교를 위해 사회관계망서비스(SNS)인 트위터 데이터를 활용하여 같은 기준으로 분석해보았다.

먼저 트위터 상에서 행복에 대한 언급이 얼마나 이루어졌는지 살펴보았다. 분석 데이터는 닐슨코리안클릭의 버즈워드(Buzzword)시스템을 사용하여 2016년 1월 1일부터 12월 31일까지 생산된 트위터 데이터를 대상으로 추출되었다. '행복'에 대한 생각과 함께, 대립적인 의미를 갖는 '불행'에 대해서도 함께 살펴보았다.

표 4-7 SNS를 통해 나타난 4개국의 행복 연관어 정리

	한국	중국	일본	미국
물질적 가치	'선물' '상품권'	'부유하다' 富有 '성공' 成功	'발전' 発展 '성공' 成功	'풍족함' abundance '옷' clothes '피자' pizza '초콜릿' chocolate
비물질적 가치 + 주관적 인식	'관계' '건강' '감사' '사랑' '바쁘다'	'자유' 自由 '쾌락' 快乐 '희망' 希望 '축복' 祝福 '건강' 健康 '죽다' 死亡 '아끼다' 珍惜 '감사하다' 感谢 '미국' 美国 '노력' 努力	'웃는얼굴' 笑顔 '감사' 感謝 '희망' 希望 '사랑' 恋 '안심' 安心 '관계' 関係 '종교' 宗教 '법' 法 '과학' 科学 '나라' 国	'사랑' '축복' bless '건강' health '자유' freedom '영원함' eternity '아름다움' beautiful '감사하다' thanks '즐거움' joy '놀라움' amazing '하모니' harmony '꽃' flowers
실질적 행위	'이벤트' '콘서트' '먹다' '여행'	'생업' 生意	'달성' 達成 '침략' 侵略	'결혼' wedding '회사' company '경험' experience '웃다' laugh '여행' trip '껴안다' hug '축구' football '사진' photo '음악' music '드라마' drama 'e-book'
시간	'오늘' '지금' '어제' '영원하다'	'줄곧' 一直 '일생' 一生 '이미' 已经 '오늘' 今天	'오늘' 今日 '지금' 今 '내일' 明日 '과거' 過去	'시간' time '오늘' today '아침' morning '밤' night '크리스마스' christmas '어떤날' someday '매일' everyday '미래' future
관계	'오빠' '가족' '엄마' '엑소'	'친구' 朋友 '우리' 我们 '자기자신' 自我 '엄마' 妈妈	'정치' 政治 '모임' 会 '자신' 自身 '여자친구' 彼女 '아내' 妻	'아이' kid '커플' couple '친구' friends '강아지' puppy

그림 4-10 SNS에서의 행복과 불행 언급추이 비교(2015년과 2016년)

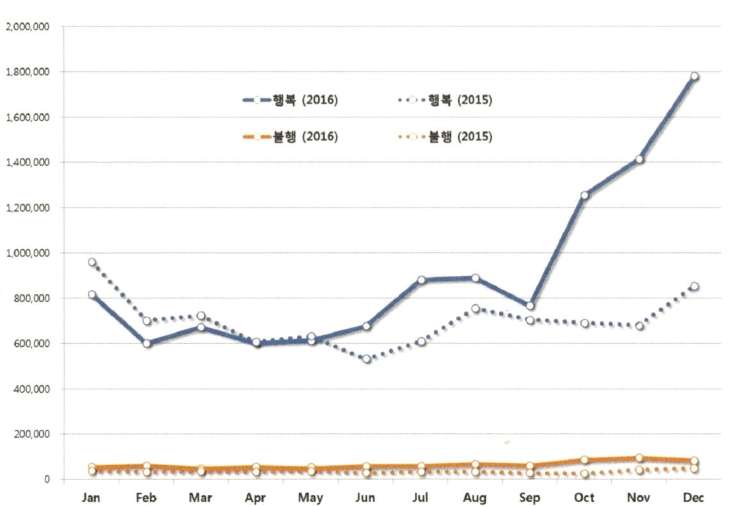

그림에도 잘 나타나듯이, 불행에 비해 행복이 월등히 많은 언급을 보이고 있었다. 구체적으로는 약 14배 많은 빈도로 행복이 언급되고 있었는데, 이러한 추세는 2015년과 큰 차이가 없었다. 아무래도 행복이 일상 속에 일반적으로 쓰이는 말이라면, 불행은 특수한 상황이나 사건이 나타날 때 표현되는 경향이 높은 것이 그 이유 중 하나일 것이다. 흥미로운 점은 2016년의 경우, 행복에 대한 언급이 10월 이후 급증하고 있다는 점이다. 아이러니한 모습이다. 모두 알고 있다시피, 10월을 기점으로 최순실 국정농단 사태에 대한 보도가 시작되었고, 12월에는 대통령의 부적절한 국정운영을 이유로 국회에서의 탄핵 소추안이 가결된 시기이기 때문이다. 일련의 사태 속에서 국민들의 허탈과 분노는 참을 수 없는 상황에 이르렀고, 이는 아직도 진행중이다.

그림 4-11 SNS에서의 행복 연관어(2016년)

그런데, 왜 행복에 대한 언급이 이 시기부터 급증한 것일까? SNS에 나타난 내용을 살펴보니, 현재의 상황에 대해 행복을 언급한 것이 아니라 앞으로의 달성해야 할 목표로서 행복은 제시되고 있었다. 즉, 지금은 행복하다고 할 수 없지만, 미래에 도달해야 할 궁극의 지점으로서 행복은 언급되고 있었던 것이다.

행복과 함께 언급된 주요 연관어들을 그 빈도에 따라 배열했을 때, 2015년과의 차이는 크게 나타나지 않았다. 가족에 대한 언급이 나타나지 않았지만, '우리', '사람', '함께' 등에서 볼 수 있듯이 행복에 미치는 관계의 영향은 매우 큰 것을 알 수 있다. 이와 함께 시간적으로는 '오늘'의 중요성이 매우 크고, 일상 속에서의 감사하고, 고맙고, 기쁜 일들이 행복과 직접적으로 연관되어 나타나고 있었다.

2015년과의 두드러진 차이는 '불행' 연관어에서 나타났다. 2015년의 경우, 다가오는 미래의 불확실성에 대한 막연한 불안이 불행과 관련하여 주로 언급되고 있었던 반면, 2016년에는 보다 직접적인 차원에서 불행과 관

그림 4-12 SNS에서의 불행 연관어(2016년)

련된 얘기들이 언급되고 있었다. 즉, '사람'은 행복에서도 나타난 단어이지만, 우리가 아닌 '나'와 '너'는 관계의 분명한 주체와 객체의 문제 속에서 불행이 언급되고 있음을 알 수 있다. 또한 채워지지 않은 욕구가 표현된 '못하다', '하고 싶다'와 같은 단어나 구체적인 이유의 제시와 함께 쓰여지는 '때문에'라는 말 속에서 보다 직접적인 불행과 불만의 근거가 표출되고 있음을 알 수 있다. 무엇보다 가장 특징적인 것은 '대통령', '박근혜', '한국', '국민', '국가', '나라'와 같은 단어들이다. 2016년 대한민국에서는 국민의 행복을 위해 노심초사해야 하는 지도자의 몰락을 경험했고, 이는 국격(國格)의 추락은 물론, 국민들을 불행하게 만드는 원인으로 작용했던 것이다.

4. 결론 및 함의

먼저 설문조사를 통해 한국과 일본의 행복 결정요인에 대해 살펴 본 부분에서는 다음과 같은 두 가지 사실을 확인할 수 있었다. 첫째, 한국인과 일본인이 가장 중요시하는 행복의 필요조건은 세대별로 유사한 것으로 나타났다. 그러나 20대의 경우 행복의 필요조건에 통계적으로 유의미한 차이가 있었다. 이러한 분석결과는 국가 전체의 평균적 특성을 토대로 행복의 수준을 예측하는 연구가 지니고 있는 방법론적 한계를 명확하게 보여준다. 예를 들어 두 국가의 탈물질주의 성향이 유사하더라도 각 개인이 지닌 탈물질주의 성향은 연령 및 계층 등 개인이 속한 집단의 속성에 따라 달라질 수 있다. 즉, 탈물질주의적 성향이라는 주관적 인식과 태도와 함께 개인의 속성과 관련된 요인을 결합하여 살펴보았을 때, 한국과 일본의 중간 계층이 가장 중요시하는 행복의 필요조건이 통계적으로 유의미하게 다르게 나타났다는 점 역시 주목할 만하다. 둘째, 한국인과 일본인이 중요하게 생각하는 건강 만족도, 경제 만족도, 가족 만족도, 친구 만족도 등 행복의 필요조건들이 개인의 행복 수준에 미치는 영향은 국가별 차이가 없는 것으로 나타났다.

분석 결과를 통해 한국과 일본의 사회적 경계와 문화적 차이를 넘어서 동일한 세대와 동일한 계층에 속한다면 이들의 삶을 지배하는 유사한 삶의 방식이 존재할 가능성을 살펴볼 수 있었다. 다시 말해 기존에 행복의 조건으로 제시되고 있는 이러한 유사성은 세계화 및 산업자본주의의 성장에 따라 한국과 일본을 넘어 다른 국가들로까지 확산될 수 있는 가능성

또한 엿볼 수 있었다. 이러한 문제 의식에 기반하여 생각해 볼 때, 현재 나타나고 있는 행복이나 삶의 질과 관련된 비교 연구는 다음과 같은 과제 및 관심 속에서 진행될 필요가 있다고 판단된다. 첫째, 이번 연구는 한국과 일본만을 대상으로 진행되었지만, 앞으로의 연구를 통해 한국과 일본을 제외한 다른 국가들 사이에서도 이와 유사한 경향이 나타나는지 확인이 필요하다. 그럼으로써 행복의 조건에 대한 차이의 지점을 보다 명확히 제시하고 일반화된 논의로 발전시킬 수 있는 유형화 작업이 가능해질 것이다. 다음으로, 행복의 필요조건 외에 개인의 삶에 불안을 느끼도록 하는 요인에 대한 연구가 필요하다. 미래의 불확실성을 줄여 삶에 있어서의 불안 요소를 제거하는 것은 행복의 형성에 직접적으로 미치는 영향이 매우 크다. 즉, 불안과 그로 인한 불행에 대한 심리는 행복과는 매우 밀접한 관계 속에서 파악할 수 있고, 보다 다각적인 차원에서 행복에 대한 논의의 지평을 넓혀 줄 수 있다고 보여진다. 금번 연구 결과를 통해 유추해볼 수 있는 사항은, 만약 개인이 속한 사회의 전통적인 문화 대신 세대와 경제적 계층에 따라 삶의 방식이 결정된다면 개인이 가장 중요시하는 행복요인은 물론 개인을 가장 불안하게 하는 요인에서도 높은 유사성이 나타날 것이라는 점이다. 과학의 발전으로 인해 인간 수명이 길어지고 있는 상황에서 어떻게 살 것인가 하는 삶의 질 관련 문제는 그 중요성이 더해지고 있다. 행복에 대한 연구와 관심이 향후 좀 더 심층적으로 진행되어 실질적인 차원에서 삶의 질 제고를 위한 노력이 어떻게 나타나야 할 것인지에 대한 모색이 보다 적극적으로 이루어져야 할 것이다.

빅데이터를 통해 본 행복에서는 개별 국가의 행복 및 불행 요소와 함께 전반적인 특성을 살펴 볼 수 있다는 점에서 의의를 갖는다. 지금까지의 행복관련 논의는 개인들의 일상에 직접적으로 영향을 미치는 일과 경제적 측면, 건강, 가족, 그리고 공동체를 포함한 조직에서의 관계성을 주요 요소로 하여 진행되어 왔다. 빅데이터를 통해 분석했을 때도 이러한 요소들 중 일부는 예상대로 행복의 요소로 작용하고 있었던 반면, 실제로는 그렇지 않은 특성을 보여주는 요소들도 존재했다는 것이다.

예를 들어 '경제적인 여유'나 '건강'은 대부분의 나라에서 행복과 함께 언급되는 빈도가 높게 나타나 행복을 구성하는 데 있어 그 중요성을 확인할 수 있었던 반면, '일'의 경우는 중국을 제외한 나머지 국가에서는 행복의 요소보다는 불행과의 연관 속에서 발견되는 경우가 많았다. '가족' 또한 한국을 제외하고는 행복과의 연관성이 나타나지 않거나, 미국의 경우 '부모'와 함께 '가족'이, 일본은 '아빠'가 불행과 함께 언급되는 일이 많은 것으로 나타났다. 관계에 있어서도 한국은 행복과 관련하여 가족 중심적인 관계의존성이 높았던 데 비해, 다른 나라의 경우에는 '자신'이나 '친구'들과의 관계 속에서 행복이 언급되는 빈도가 높게 나타났다. 1인가구의 증가 등을 고려해 볼 때, 가족에 대한 새로운 개념화의 필요성도 느껴지는 대목이다.

또 물질/비물질적 가치의 기준에서 보면, 조사된 4개국 모두 물질적 가치보다는 비물질적 가치나 심리적 인식과 관련된 언급이 훨씬 높은 비중으로 나타나고 있었다. 이를 통해 행복의 의미는 객관적 가치나 물리적 양보다는 자신의 처지와 상황에 대해 어떤 방식의 주관적 의미부여가 이루어지느냐가 훨씬 중요한 의미를 갖는 것으로 판단된다.

마지막으로 동양의 3국에 비해 미국의 행복 관련 연관어의 숫자가 훨씬 많은 것을 알 수 있다. 이는 일정 기준 이상 언급되는 추출방식의 적용을 고려한다면 미국이 동양 국가에 비해 훨씬 다양한 차원에서 행복을 느끼고 있는 것으로 해석할 수 있다. 특히 동양의 3국 중 한국은 도출 단어 숫자가 가장 적은 것으로 나타나, 행복에 대한 논의 및 기준이 각자의 개성과 주관에 기반하여 다양한 차원에서 이뤄지기보다는 상대적으로 소수의 기준이 여전히 위세를 갖는 구조적 특성을 보이고 있는 것으로 판단된다.

행복은 절대적 가치가 아니라, 주관적이고 상대적이다. 그렇기에 사회 속의 개인이 삶을 영위하기 위한 기본적인 조건들을 갖추는 것 만큼이나 추구하는 가치에 대한 의미부여가 중요하다. 현재의 행복이 주관적인 상태에 대한 판단과 만족의 정도라면, 미래의 행복은 추구하는 가치 속에 자리하고 있다. 그런 면에서 이번 분석을 통해 주목이 필요한 점은, 2016년 한국의 행복 관련 언급량과 언급 내용이었다. 국가 위기 상황 속에서 오히려 행복에 대해 많이 얘기하고 있는 우리 국민들의 성숙함이다. 어려울 때일수록 미래를 내다보며 희망과 의지를 함께 다져가는 모습의 한 자락을 볼 수 있었다는 점에서 큰 의미를 찾을 수 있다.

V. 한국인의 행복과 마음의 습관

V. 한국인의 행복과 마음의 습관

1. 마음의 습관은 무엇이며, 행복에 왜 중요한가?

지난 반세기에 걸쳐 한국은 눈부신 경제성장을 압축적으로 이루면서 전세계 1인당 GDP 면에서 큰 성취를 이루었다. 2017년 전세계 국가들 중에서의 한국의 1인당 GDP 순위는 30위였다. 1960년대 경제발전을 시작할 무렵 한국의 1인당 GDP 순위가 60위권 밖이었던 것에 비하면 분명 놀라운 성과가 아닐 수 없다. 그런데 이러한 경제적 성취의 순위에 비해 행복의 순위는 차이를 보인다.

2017년에 발간된 UN의 세계행복보고서(World Happiness Report)에 따르면 2014~16년 평균값으로 비교했을 때 한국의 행복 순위는 조사 국가들 중에서 56위였다. 1인당 GDP 순위가 24위로 한국보다 앞선 일본이 51위로 행복 순위에서도 앞섰지만, 1인당 GDP 순위가 36위로 우리보다 뒤처진 대만은 행복도 순위에서 오히려 앞서서 33위였다. 한국이 1인당 GDP로 볼 때 경제적 성취는 분명 높게 나타났지만 그에 비해 행복의 성취 면에서는 여전히 미흡한 점들이 많이 있다는 것을 인정하지 않을 수 없다.

물론 경제적 성취가 국민들의 행복으로 바로 연결되지 않는 경우가 한국만 그런 것은 아니다. 경제발전이 일정한 수준까지는 국민들의 행복을 증진시키지만 그 수준을 넘어가면 더 이상의 행복의 증진이 일어나지는 않는다는 이스털린(Easterlin)의 역설은 이러한 경우가 예외가 아니라는 것을 보여준다. 하지만 한국은 비슷한 수준의 경제발전을 이룬 나라들 중에서도 특히 낮다는 점이 특이하다. 그렇다면 다음과 같은 질문을 해볼 수 있다. 왜 한국과 주변의 동아시아 나라들은 경제발전 수준에 비해 행복의 수준이 낮은 것인가? 한국에서 물질적 부나 소득 이외에 행복수준에 영향을 미치는 요인들은 어떤 것들이 있는가?

최근 들어 한국에서 행복에 대한 여러 논의가 일어나고 국민들이 행복에 높은 관심을 보이는 데에는 아마도 다음과 같은 배경이 있을 것이다. 한편에서는 경제적 성취만을 위해 쉴 새 없이 바쁘게 살아온 한국인들이 이제는 저성장 시대에 열심히 노력해도 그만큼 성과를 거두기 어렵다는 것을 깨닫고 피폐해진 자신의 주변을 돌아보며 대안적 삶을 찾고자 하는 경향이 늘어난다는 것이다. 다른 한편에서는 과거 성장 일변도로 경제적 발전을 위해 다른 모든 가치를 뒷전으로 미루던 정부의 공공정책에서도 정책을 입안하고 실행하는 담당자들이 국민들이 원하는 삶과 삶의 질을 높이기 위해 필요한 것이 무엇인가를 고민하기에 이르렀다.

그렇다면 한국인들을 전체적으로 혹은 개별적으로 행복하거나 행복하지 못하게 만드는 요인들은 어떤 것들이 있는가? 일반적으로 행복에 영향을 미치는 중요한 요인으로 언급되는 것들은 '그림 5-1'에서 보는 바와 같이 다양하다. 이 그림은 UN에서 2012년 이후 매년 발간하는 세계행복보고서(World Happiness Report)에서 사용하는 갤럽 월드폴 조사자료를 이용해서 각 분야의 만족도가 전체 주관적 웰빙 즉 행복도에 미치는 영향

그림 5-1 행복의 다양한 영향 요인들

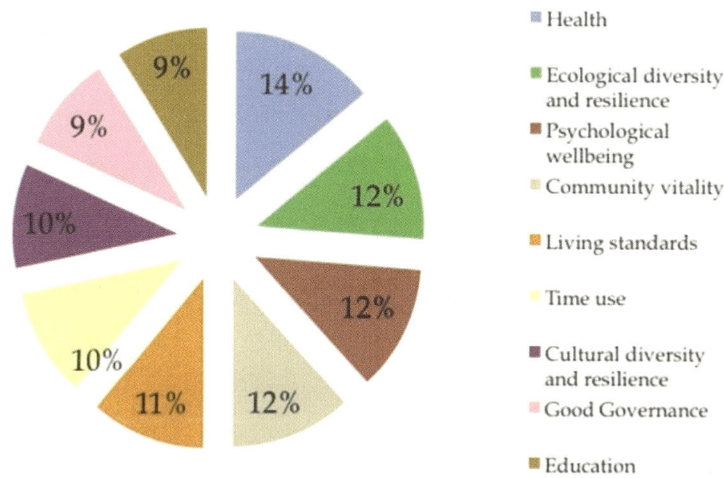

출처: UN, World Happiness Report, 2012.

의 정도를 분석한 결과이다. 공리주의적 입장에서 가장 중요시하는 물질적 복리와 편안은 11%로 건강(14%)이나 생태학적 다양성과 회복탄력성(12%), 심리적 웰빙(12%), 공동체의 활성(12%)에 못미치는 것으로 나타났다. 이처럼 다양한 행복의 요인들 중에서 우리는 이 장에서 한국인의 심리적 웰빙에 영향을 미치는 요인들을 중점적으로 살펴보고자 한다. 여기에서 심리적 웰빙이란 쉽게 풀어본다면 마음이 평온함을 의미한다. 마음이 평온하다는 것은 곧 객관적 환경이나 조건과 구별되는 주관적 마음의 상태를 의미한다.

행복은 흔히 마음먹기 문제라고 할 때가 있다. 이러한 주장은 반은 맞고 반은 틀리다. 절반의 옳은 점은 행복이 철저히 객관적 기준에 따르는 것이 아니라서, 사람들의 행복의 수준을 물질적 부나 소득 혹은 건강 수준이나 교육의 정도 등에 따라 가늠하는 것이 불가능하거나 대단히 어렵다는 것이다. 행복이 만약 객관적 기준에 달린 것이라면 각 개인의 행복을 판정하는 사람 역시 자기 자신이 아니라 객관적 기준을 잘 아는 전문가일 것이다. 의사가 사람들의 건강을 판정하고, 법률가가 사람들의 행동에 대해 합법적인지 판정하는 것과 마찬가지인 것이다. 하지만 행복은 그렇지 않다. 의사가 건강에 이상이 없다고 하더라도 사람들은 아픔을 느낄 수 있다. 이때 객관적 원인은 규명하기 어렵거나 사람마다 조금씩 아픔의 정도가 다르더라도 사람들이 느끼는 아픔을 줄여주는 것이 삶의 질을 생각하는 의료라고 한다면 행복 역시도 사람들이 느끼는 주관적 측면이 중요하지 않을 수 없다.

그렇다면 절반의 틀린 점은 무엇인가? 마음먹기 문제라고 말할 경우 사람들 개개인의 생각이나 느낌에 전적으로 의존하는 것으로 생각할 수 있다. 하지만 사람들의 행복이 철저하게 개인 생각에만 달려 있다고 한다면 행복은 비교 가능하지도 않고 행복의 수준을 높이는 것이 정부나 공공정책의 목표가 되기도 어렵다. 아무리 행복에 주관적 요소가 중요하다고 해도 주관적 마음만으로 행복이 좌우된다면 그것은 행복이 아니라 상상이나 망상에 더 가까울 것이다.

행복이 객관적 기준만을 따르는 것은 아니지만 동시에 전적으로 주관적이지만도 않다면, 주관과 객관을 넘어 행복에 영향을 미치는 것은 과연 무엇인가? 객관적 현실과 주관적 생각을 넘어 사회과학에서 상호주관성(inter-subjectivity)이라고 부르는 것이 행복에 중요하게 영향을 미친다고 할 수 있다. 상호주관성이란 사람들이 주관적으로 느끼는 것이지만 개인마다 서로 변덕스럽게 다른 것이 아니라, 사람들이 서로 함께 공통으로 생각하고 느끼는 것을 의미한다. 사람들은 서로 만나서 소통하고 영향을 주고받으면서 유사한 성향이나 생각을 갖게 되는 경우가 많다. 행복은 결국 개인들마다 각각 주관적으로 느끼는 부분도 있지만 집단적으로 공유하는 상호주관성에 따르는 측면이 크다고 할 수 있다. 상호주관적으로 사람들이 공유하는 생각의 패턴은 종종 객관적 현실을 달리 보거나 느끼게 만드는 역할을 하기도 한다.

미국의 사회학자 로버트 벨라(Robert Bellah)는 한 사회 성원들이 공유하는 생각의 성향이나 사고의 틀을 "마음의 습관"(habits of the heart)이라는 용어로 표현했다. 마음의 습관이라는 말은 프랑스의 사상가로 19세기 프랑스 대혁명 이후 미국을 여행한 뒤 "미국의 민주주의(Democracy in America)"라는 책을 저술한 알렉시스 드 토크빌(Alexis de Tocqueville)이 처음 사용한 단어이다. 로버트 벨라와 그의 동료들은 미국인들이 인생 목표로 삼는 행복한 삶이 무엇인가를 밝히기 위해 미국인들의 마음의 습관을 연구하게 되었다. 그들은 미국 전역의 중산층에 속하는 다양한 직업과 성향의 사람들을 인터뷰하여 마음속에 어떤 생각이나 가치관을 갖고 살아가는지를 파악했다.

그들의 연구결과에 따르면 미국 사람들의 마음의 습관으로 가장 중요한 것은 "개인주의"인 것으로 나타났다. 개인주의는 각자 자신의 삶을 책임지고 다른 사람들에게 간섭하지 않고 또한 간섭받지 않으며 살고자 하는 가치관이다. 자신의 운명을 스스로 개척하고자 하는 개인주의 때문에 미국인들은 부모로부터 독립하여 자신의 노력으로 성취를 하고자 하며 또한 자신의 기준에 따라 삶의 만족을 느낀다. 그런데 미국인들의 마음의 습관인 개인주의는 함께 살아가는 공동체에서는 사회적 딜레마를 낳게 된다는 것이 로버트 벨라와 동료들의 발견이었다. 개인의 삶에만 매몰되어 공공의 삶에 대한 참여가 저조해지고 공동선에 대한 관심이 줄어드는 것이 우려스럽다는 것이 이들의 결론이다. 결국 이들의 연구 결과에 따른다면 미국인들은 개인의 행복의 추구에는 열심이지만 공동의 행복을 추구하는 데는 소홀한 것이다.

마음의 습관을 한국인들의 생각과 성향에 적용한 예로 사회학자 송호근의 "한국의 평등주의, 그 마음의 습관"이 있다. 로버트 벨라와 동료들이 미국인들의 마음의 습관에 대해 개인주의가 더 지배적이라고 한 반면, 송호근은 미국인들과 달리 한국인들의 마음의 습관에는 개인주의가 충분히 발전하지 못한 상태에서 집단주의에 기반한 평등이 가장 중요하게 자리잡고 있다고 본다. 송호근에 따르면, 평등주의가 한국인들의 지배적 마음의 습관이 된 것은 역사적 경험 때문이다. 특히 한국인들의 마음의 습관 형성에 결정적으로 중요했던 역사적 경험은 한국전쟁이다. 조선 후기부터 신분제가 무너지면서 신분상승을 위한 사람들의 욕구가 분출했었지만, 한국전쟁으로 인한 국토의 철저한 파괴는 모든 사람들을 비슷한 출발선상에 놓이게 하는 효과를 가져왔다고 송호근은 주장한다. 서로 비슷하게 가난한 환경 속에서 독립된 나라의 삶을 새롭게 출발한 한국인들은 이후 이어진 고도성장의 과정에서 다른 사람들보다 앞서 안정적인 중산층의 자리를 차지하겠다는 무한질주의 본능에 따라 살아왔다. 그 결과 나타난 것은 안정적 지위를 획득한 중산층에서는 교양과 책임의식의 실종과 부재, 그렇지 못한 중하층에서는 성공의 정당성을 인정하지 않는 불평등 인식이었다. 송호근의 설명에 따르면 서로 앞서가려는 경쟁적 개인주의와 결과의 불평등을 용납하지 못하는 평등적 집단주의의 결합이 20세기 후반과 21세기 전반 한국인의 마음의 습관을 지배하게 되었다는 것이다.

마음의 습관은 이처럼 사회마다 발전의 경로와 경험에 따라 차이를 보인다. 서로 다른 사회에 속한 개인들은 서로 다른 마음의 습관을 가지게 마련이다. 그런데 이처럼 사회마다 다른 마음의 습관이 그 사회에 속한 개인들의 행복의 평균적 수준에도 영향을 미칠 수 있다고 우리는 본다. 요컨대 사회나 개인의 객관적 현실이 행복을 전적으로 결정하지도 않고, 개인들마다 차이를 보이는 주관적 심성이 행복을 좌우하는 것도 아니며, 객관적 현실과 주관적 심성이 여전히 설명하지 못하는 부분이 사회마다 차이를 보인다면, 사회 성원들이 상호주관적으로 공유하는 마음의 습관이 설명할 수 있다는 것이다.

그렇다면 한국인의 마음의 습관 중에서 한국인의 행복에 크게 영향을 미치는 것은 무엇인가? 우리는 여기에서 한국인의 행복에 밀접하게 관련된 마음의 습관을 차례로 살펴보고자 한다. 한국인의 마음의 습관으로 특히 우리가 관심을 갖는 것은 사회적 비교 성향, 집단주의와 개인주의, 물질주의와 탈물질주의, 그리고 정서적 경험이다. 주관적 웰빙 즉 행복 심리학의 권위자인 디너 교수는 한국 사회가 일인당 GDP 수준에 비해 주관적 행복의 수준이 상대적으로 낮은 이유를 한국 사회가 지닌 다음 네 가지 특성에서 찾았다(Dierner et al., 2010). 이 네 가지는 과도한 경쟁, 과도한 비교, 물질주의, 외모와 명품에 대한 집착이다. 이들 중에서 과도한 경쟁이 객관적 환경조건과 기회구조에 영향을 많이 받는다면, 과도한 비교와 물질주의, 외모와 명품에 대한 집착은 모두 주관적 생각 즉 마음의 습관에 영향을 받는다고 할 수 있다.

2. 사회적 비교 성향

먼저 사회적 비교 성향에 대해서 살펴보자. 사람들은 자기 스스로 평가하고 판단하고 결정을 내리기도 하지만, 다른 사람들의 평가, 판단, 결정을 살피고 그것에 영향을 받는 경우도 많다. 심리학에서는 타인과의 비교를 통해서 자신의 평가, 판단, 결정을 수정하는 경우, 혹은 아예 타인과의 비교에만 전적으로 의존해서 평가, 판단, 결정을 내리는 경우에 비교 성향(relative concern)이 높다고 한다.

그러면 왜 사람들은 다른 사람과의 비교에 의존하게 되는 것일까? 사회심리학자인 레온 페스팅거(Leon Festinger)는 사람들이 다른 사람들과 비교하는 것에 대해 인지적 관점에서 접근했다. 그는 사회적 비교에 대해 정보가 부족하거나 정보의 불확실성이 높은 상태에서 사회적 정보를 얻기 위해 다른 사람들과 비교한다고 주장했다. 자신의 평가나 판단, 결정이 옳은 것인지 자신이 없을 때, 다른 사람들의 관점이나 의견을 참고하려는 경향이 높다는 것이다. 페스팅거에 따르면, 사회적 비교는 개인들이 지닌 정보나 확신의 부족함을 보완해주는 인지적 기능을 지녔다고 볼 수 있다. 그는 이러한 관점에서 더 나아가 사람들이 다른 사람들의 의견이나 관점과의 비교에 근거해서 자신이 본래 갖고 있던 생각이나 판단을 고치기도 한다고 하였다. 일종의 집단적 견해에 대한 순응(conform)이 일어나게 되는 것이다. 다른 이들의 의견을 좇아 자신의 의견을 수정하는 것에 대해 페스팅거는 사회적 균형(balance)을 이루는 것이라고 설명하기도 했다.

사회적 비교 성향은 자신감이나 독립성 정도에 따라 개인별로 다르기도 하고, 앞서 페스팅거의 주장처럼 불확실성의 정도에 따라 상황별로 차이를 보이기도 하지만, 사회의 주도적 문화나 가치성향에 따라서도 달라진다. 문화심리학 연구자들은 독립적이고, 자율적이며, 개인 중심적 자아를 지닌 서구 사람들에 비해 상호의존적이고, 타율적이며, 집단 지향적인 자아를 지닌 동양 사람들이 더 사회적 비교를 활발하게 한다는 사실을 실험을 통해 확인하였다(White and Lehman, 2005). 서구에 비해 동양 사람들이 비교 성향이 높은 배경에 대해서는 두 측면에서 생각해 볼 수 있다. 하나는 서구에 비해 동양에서 사회적 관계의 중요성을 더 중요시한다는 사실이다. 서구에서 사회적 관계가 상대적으로 도구적인 이른바 약한 관계(weak tie)에 집중되었다면(Granovetter, 1973), 동양 사회에서는 사회적 관계를 지속적이고 그 자체가 목적인 것으로 여기는 경향이 강하다. 또 하나의 측면은 자아 특성의 차이이다(Nisbet, 2003). 서구 사회에서 독립적이고 자율적인 자아를 중시하고 자녀의 교육에서도 독립성을 강조하는 반면, 동양 사회에서는 주변 사람들이나 속한 집단과 원만하게 지내는 조화성을 중시하고 자녀들에게도 교육한다. 물론 서구와 동양 사회의 이러한 비교는 절대적인 것이 아니고 각 사회 내부에도 상당한 차이가 존재할 것이다. 하지만 문화심리학의 연구 결과는 동양과 서구의 이러한 마음의 습관에서의 차이가 충분히 의미가 있는 결과를 낳을 정도라는 점을 확인해 준다.

다른 사람들과 비교해서 평가하고 판단하는 성향이 높은 동양 사회의 사람들은 비교의 결과로 성취동기가 높고 또한 이를 위해 열심히 노력하는 긍정적 측면을 보이기도 하지만, 반대로 부정적 측면의 결과로는 과도하게 경쟁에 집착하고 상향적 비교 즉 자신보다 지위나 성취가 높은 사람과 비교하려 하기 때문에 자신의 성취에 대한 만족도가 낮아지기도 한다. 독립적이고 자율적이며 개인주의를 중시하는 서구 사회에서는 남들이 뭐라고 하든 자신이 중시하는 가치와 목표를 향해 살아가고 자신의 성취에 대한 만족 역시 자기 나름의 기준을 따른다. 그러다보니 사람들이 추구하는 가치나 달성하려는 목표가 다양해지게 되고 그 결과 다양한 목표를 갖고 다양한 성취기준을 지닌 사람들 간에는 노력과 열망이 분산되어 지나친 경쟁이 일어날 가능성이 낮아진다(Durkheim, 1884). 반면 동양 사회에서는 사회적 비교의 결과 사람들이 선호하고 동경하는 가치나 목표가 비슷하거나 똑같은 경우가 많다. 남들이 가진 것, 남들이 이룬 것을 나도 갖고 이뤄야겠다는 강한 욕망이 사람들을 지배한다. 그 결과 동양 사회에서는 단일한 가치와 목표를 추구하는 사람들의 노력과 열망이 한 지점으로 집중되어 경쟁이 과열되는 경우가 많다. 이러한 사회를 우리는 모든 사람들이 하나의 지점을 향해 경쟁하며 빨려들어가는 소용돌이의 사회(society of vortex)라고 부를 수 있다(이재혁, 1998).

사회적 관계를 중시하고 비교성향이 높은 동양, 특히 그중에서도 유독 압축성장 과정에서 사회적 상승이동 경험이 많은 한국에서 자신과 남을 비교하는 것은 양면적 결과를 가져온다. 압축성장이 빠르게 진행되던 시기에는 사회적 비교가 남들보다 앞서려는 노력과 경쟁심이 성취를 촉진하는 역할을 했다면, 압축성장이 지나고 저성장에 접어든 시기에는 노력이 성취로 이어질 가능성이 낮아지면서 다른 사람들보다 앞서거나 앞선 사람과의 거리를 좁히기 어려운 상황에서 불만족을 높이는 역할을 한다. 이때 사회적 관계를 맺고 있는 타인들은 일종의 거울(mirror)처럼 내 모습을 스스로 비추어 보게 함으로써 우월감이나 열등감을 느끼게 한다. 경제학자 로버트 프랭크(Robert Frank, 1986)는 다른 사람과의 비교를 통해서 우월한 상대적 지위를 추구하고자 하는 것이 인간의 본성이라고 지적하고 그것이 경제적 행위에 미치는 영향을 설명했다. 비교를 통해서 상대적 지위를 높이려는 성향이 사람들로 하여금 어떤 직장에서 일하고, 자신의 성취와 소득에 대해 얼마나 만족하는가 등 개인의 판단과 행위에 결정적 영향을 미친다고 프랭크는 주장한다.

김희삼과 오타케(Kim and Ohtake, 2014)는 실험적 서베이를 이용하여 한국인들의 비교 성향에 영향을 미치는 요인들과 아울러 그 결과에 대해서도 연구하였다. 이들은 한국인들의 비교성향이 교육과 생활수준이 높아질수록 더 강해지며, 비교성향이 높은 사람들은 정신적 건강 상태가 나쁘고, 타인에 대한 공감이나 이타주의 성향도 낮아져서 결국 행복감을 낮추는 결과를 가져온다는 것을 발견했다. 타인과의 비교가 잘 이루어지는 삶의 영역 가운데 하나가 소비생활이다. 소비에서의 지위경쟁(status race)

에 예민한 사람들은 자신의 비교 대상으로 자신보다 우월한 위치에 있는 사람들과 언제나 비교하면서 열등감을 느끼고 그 결과 과도한 과시적 소비에 빠지게 된다(Frank, 1999; Kim and Ohtake, 2014). 과시적 소비는 소비하는 사람들의 만족감을 거의 혹은 전혀 높이지 못할 뿐 아니라 때로는 오히려 떨어뜨리기도 한다. 특히 최근 들어 대중매체와 소셜 미디어를 통해서 타인들의 삶의 모습을 지켜볼 기회가 늘어나면서 이러한 비교 성향은 더욱 높아졌다고도 할 수 있다.

어떤 사람들이 비교성향이 높은지, 그리고 비교성향이 높은 사람들이 행복을 덜 느끼는지 확인하기 위해서 아산사회복지재단 공동연구의 일환으로 실시한 설문조사 자료를 분석해 보았다. 평소 다른 사람들과 자신을 자주 비교하는 편이냐는 질문에 대해 7점 척도로 응답한 것을 중간값인 4점을 넘게 응답한 사람들을 비교성향이 높다고 간주하였다.

우선 사회경제적 배경과 인구학적 배경에 따라 비교 성향이 어떻게 달라지는지 분석한 결과가 '그림 5-2'에 제시되어 있다. 학력별로 비교해보면 학력이 올라갈수록 비교성향이 높다는 응답의 비율이 늘어나는 것을 볼 수 있다. 고졸 이하의 45.2%가 비교성향이 높은 반면 대학원졸 이상은 53.4%이다. 소득수준 역시 가구소득이 높을수록 비교성향이 높게 나타나서 월소득 500만 원 이하의 47.5%, 500만 원 이상의 50.4%가 비교성향이 높은 것으로 나타났다. 월 가구소득 수준에 따른 차이가 크지 않은 것은 아마도 가구원 수에 따라 가구소득이 영향을 받아 생활수준을 정확히 반영한다고 보기 어렵기 때문일 수 있다. 직업에 따른 차이는 상당히 커서 비교성향이 높은 비율이 농업, 자영업, 생산직의 경우 36.4%인 반면, 사무직과 관리직에서는 52.8%이다. 지역별로 비교성향의 차이도 상당해서 수도권이 53.1%인 것에 비해 비수도권은 43.7%이다. 연령별로는 젊은 세대일수록 비교성향이 높아서 30대 이하가 53.9%이고 40대 이상은 44.1%이다. 김희삼과 오타케의 선행연구(2014)에서도 발견한 바이지만 한국 사회에서 사회경제적으로 상층에 속할수록, 즉 교육을 많이 받고, 직업위세가 높고, 소득수준이 높을수록, 또한 수도권에 거주할수록 비교성향이 높은 것이 확인되었다. 앞에서 언급한 대로 한국 사회의 소용돌이의 중앙에 가까울수록 남들과의 비교를 통해 우월감이나 열등감을 갖게 될 가능성이 높다는 것을 의미한다. 젊은 세대일수록 비교성향이 높게 나타나는 것 역시 선행연구와 일치하는데, 이것은 한편에서는 학력수준이 높다는 점

그림 5-2 사회경제적, 인구학적 배경별 비교성향의 차이

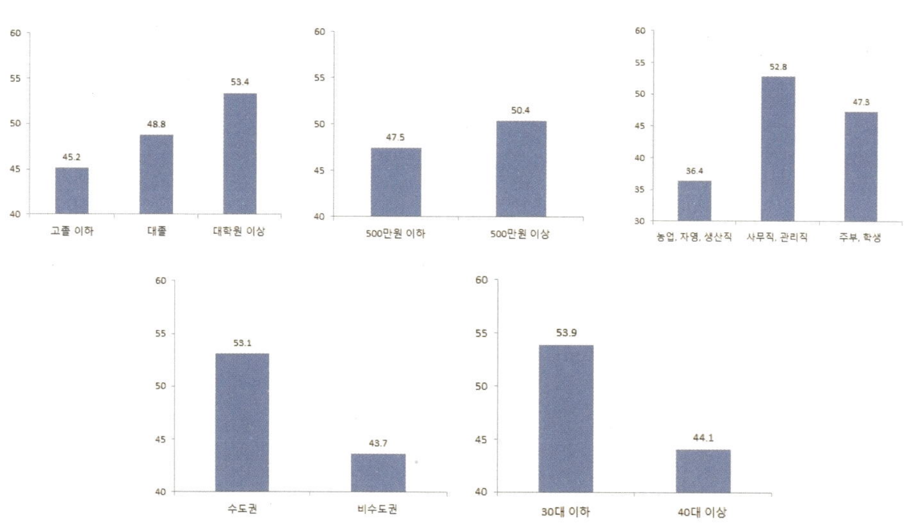

자료: 아산사회복지재단 공동연구 서베이 자료.

과 또 다른 한편에서는 개인미디어를 통해 다른 사람들과의 정보교류가 활발하다는 점과 관련이 있다고 볼 수 있다.

비교성향이 행복의 중요한 차원인 삶의 만족에 어떤 영향을 미치는지 확인하기 위해 비교성향과 세대별로 나누어 삶의 만족 수준이 어떻게 다른지 비교하였다. 삶의 개인적 측면, 관계적 측면, 집단적 측면에 걸쳐서 7점 척도로 만족 정도를 응답한 것을 100점으로 환산하고 이를 세대와 비교성향에 따라서 평균값을 비교하였다. '그림 5-3'에 제시된 분석 결과를 보면 비교성향이 높은 집단이 낮은 집단에 비해 모든 측면에서 삶의 만족이 더 낮았고, 또한 중장년층이 청년층에 비해 삶의 만족이 모든 측면에서 더 높은 것으로 나타났다. 세대와 비교성향을 교차하여 삶의 만족을 비교한 결과를 보면 비교성향에 따른 삶의 만족 차이는 중장년층에 비해 청년층에서 더 큰 것으로 나타났다. 삶의 다양한 측면들에 대한 만족의 정도를 비교하면 전반적으로 청년층이 중장년층에 비해 삶의 만족이 낮을 뿐 아니라 청년층에서 삶의 개인적 측면에 비해 관계적, 집단적 측면의 만족이 더 낮게 나타났다. 특히 주목할 점은 청년층에서 비교성향이 높은 집단의 경우 삶의 모든 측면에서 만족도가 중간값보다 낮은 값을 보여서 삶 전반에 대해 불만족하고 있다는 점이다. 청년층에서 비교성향에 따른 삶의 만족이 큰 차이를 보이는 것은 개인적 측면과 집단적 측면인 것으로 나타났다.

비교성향은 삶의 만족만이 아니라 행복의 또 다른 측면인 정서적 경험에도 영향을 미칠 것으로 예상할 수 있다. 요컨대 비교성향이 높은 사람은 낮은 사람에 비해 긍정적 정서경험의 가능성이 낮고, 부정적 정서경험

그림 5-3 세대별 비교성향에 따른 삶의 만족 차이

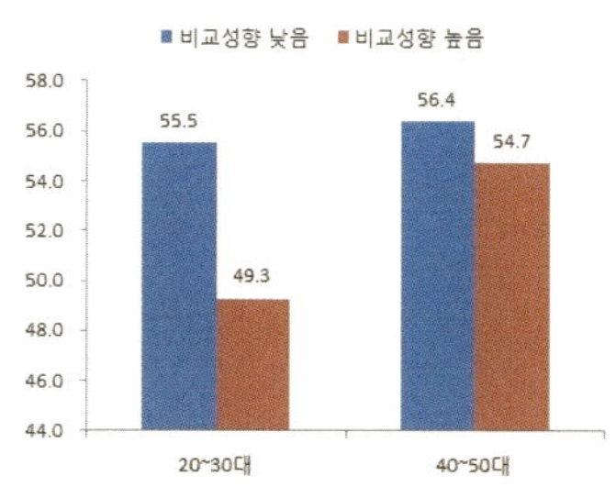

개인적 삶의 만족

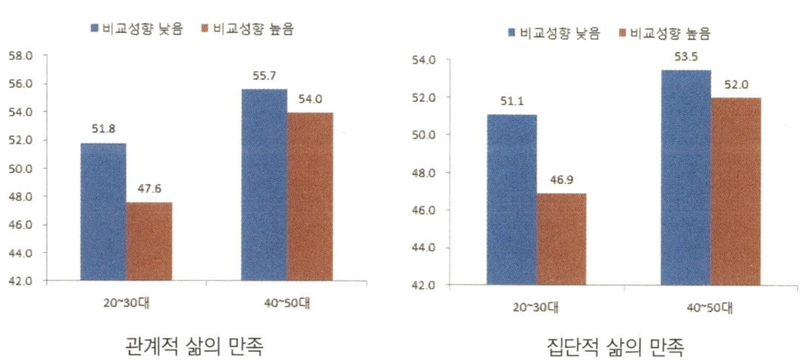

관계적 삶의 만족 집단적 삶의 만족

자료: 아산사회복지재단 공동연구 서베이 자료.

의 가능성이 높을 것이다. 긍정적 정서경험이 비교성향과 세대에 따라 어떤 차이를 보이는지 삶의 만족과 마찬가지로 100점 만점으로 환산한 값을 즐거움, 행복감, 편안함이라는 세 긍정적 정서경험에 대해 비교한 결과가 '그림 5-4'에 제시되어 있다.

삶의 만족에 대한 비교와 마찬가지로 긍정적 정서경험에서도 비교성향과 세대에 따라 모두 체계적인 차이를 발견할 수 있었다. 비교성향이 높은 집단이 낮은 집단에 비해 긍정적 정서경험의 평균값이 낮았으며, 또한 청년층이 중장년층에 비해 긍정적 정서경험의 평균값이 낮았다. 비교

그림 5-4 세대별 비교성향에 따른 긍정적 정서경험 차이

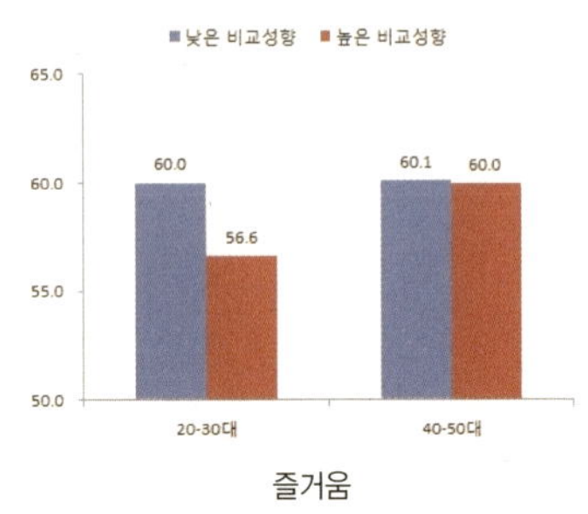

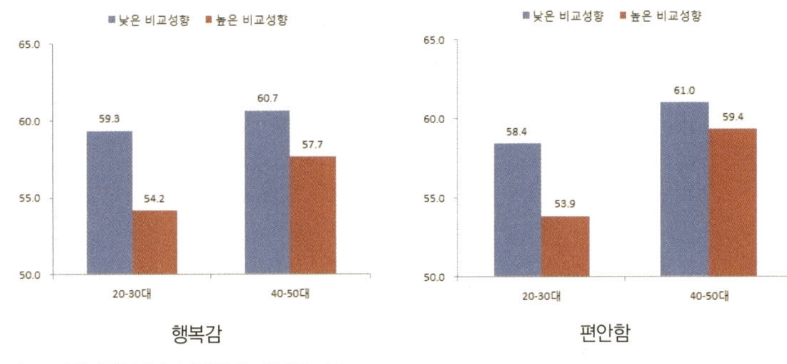

자료: 아산사회복지재단 공동연구 서베이 자료.

성향에 따른 긍정적 정서경험의 차이는 삶의 만족에 대해서와 마찬가지로 중장년층에 비해 청년층에서 더 큰 것으로 나타났다. 중장년층의 경우 비교성향에 따른 차이가 즐거움에 대해서는 없었으며, 편안함에서도 차이가 그다지 크지 않은 것으로 나타났다. 삶의 만족의 경우 청년층 중에서 비교성향이 높은 집단이 모든 측면에서 삶에 불만이었던 반면 긍정적 정서경험은 비교성향이 높은 청년층에서도 중간값보다는 높은 것으로 나타났다.

부정적 정서경험에 대해서도 긍정적 정서경험과 마찬가지로 비교성향

과 세대에 따른 차이가 체계적으로 존재하는지 확인하기 위해 부정적 정서경험을 짜증, 부정적 느낌, 무기력감으로 나누어 7점 척도로 측정하고 100점으로 환산하여 비교성향과 세대로 나누어 평균값을 비교한 결과가 '그림 5-5'이다.

앞의 긍정적 정서경험과 정반대로 부정적 정서경험은 비교성향이 높은 집단에서 더 높은 것으로, 또한 청년층이 중장년층보다 더 높은 것으로 분석 결과 나타났다. 하지만 긍정적 정서경험에 비해 부정적 정서경험

그림 5-5 세대별 비교성향에 따른 부정적 정서경험 차이

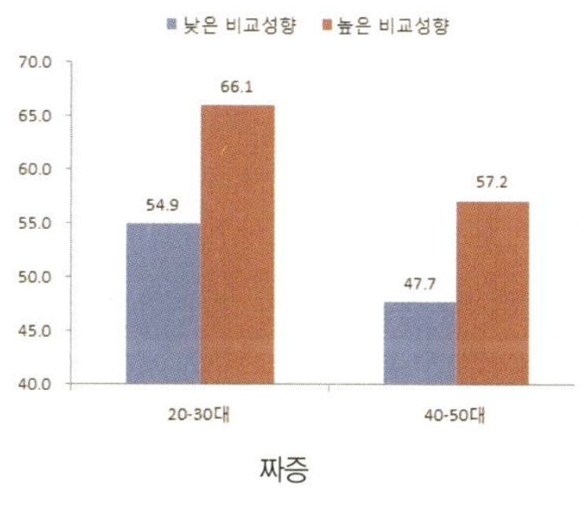

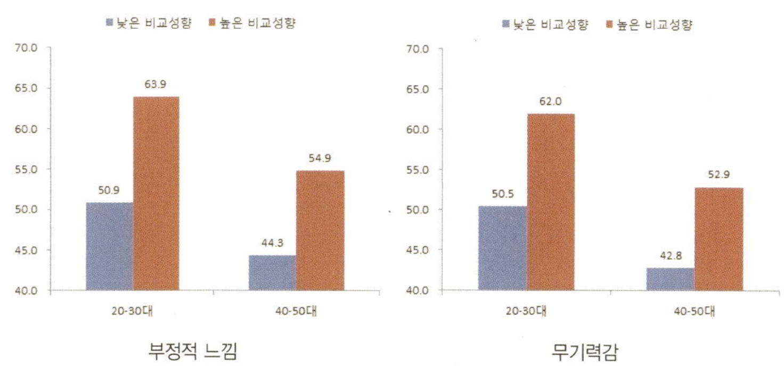

자료: 아산사회복지재단 공동연구 서베이 자료.

에서는 비교성향과 세대에 따른 차이가 더 두드러지게 큰 것으로 나타났다. 즉 비교성향은 긍정적 정서경험을 줄이는 것보다 부정적 정서경험을 늘리는 것에 더 크게 작용한다고 할 수 있다. 청년층과 중장년층 모두 부정적 정서경험이 비교성향에 따라 100점에서 10점 가까운 차이를 보이는 것으로 나타났다. 특히 다른 집단은 모두 부정적 정서경험이 중간값을 넘어서 부정적 정서경험이 우세하게 나타난 반면, 중장년층에서 비교성향이 낮은 집단에서는 중간값에 못 미치는 것으로 나타났다.

한국인의 높은 비교성향은 일상생활에서 자주 사용하는 속담에도 잘 나타나 있다. 사촌이 땅을 사면 배가 아프다는 속담이나 남의 떡이 커 보인다는 속담 등 많은 속담에서 다른 사람과의 비교로 인한 불만족을 이야기한다. 본 연구에서 서베이와 함께 실시한 초점집단면접(focused group interview)에서도 다른 사람들과의 비교가 행복감을 낮추는 주된 요인으로 언급되고 있다. 특히 다른 사람과의 비교를 행복감 저하의 주된 요인으로 꼽는 것은 세대와 사회적 지위를 불문하고 마찬가지인 것을 볼 수 있다.

> 저는 가까이 사는 동료들 같은 경우는 비슷비슷하니까 다른 사람이랑 다르다고 못 느끼는데......학교 다닐 때 만났던 친구들을 가끔 보면 **요즘 어느 동네 아파트 값이 얼마더라, 무슨 직업 연봉이 얼마더라, 얘기를 들으면 완전한 차이가 느껴져요....(그러면) 나는 지금까지 뭘 했나 뭐하고 살았나 그런 생각이 가끔 들죠.**
>
> (2-30대 안정층 A)

이처럼 평소 열등감을 느낄 기회가 많지 않은 안정적인 지위의 20-30대 직장인 A의 경우, 동창 중에서 더 나은 처지의 친구를 만나 비교 대상이 바뀌면 자신에 대해 갑작스레 불만족을 느끼게 된다. 그런데 주변의 사람들이나 교류하는 사람들을 자신보다 더 나은 위치의 사람들 위주로 지내는 경우 이러한 불만족은 일상화되고 고착된다. 안정적 지위의 20-30대 직장인 B의 다음 발언은 이를 잘 보여준다.

> **결국은 행복은 주관적이라는 게 느껴져요.** 행복은 절대적이고 객관적 기준을 정해 놓고 내 행복이 어디냐 정할 수 없고, 주관적인 것이기 때문에 **남하고 비교할 수밖에 없잖아요....**결국에는 내 주변에 있는 사람들이 어떤 사람들이 많느냐에 따라서 너무 달라지는 것 같아요.....주관적인 만족도는 빈부의 격차가 심해지면 심해질수록 상위층에 있지 않은 사람들은 결국 못 쫓아가는 거고, 결국 나는 볼품없다고 느끼는 거고. 굳이 행복하지 않다고 생각할 필요가 없다고 생각하면서도 그렇게 생각하는 걸 보면....
>
> (2-30대 안정층 B)

안정적인 지위가 아닌 저소득층의 20-30대인 C의 지적처럼 비교로 인한 불만족은 뱁새가 황새를 따라가는 것처럼 다른 사람을 좇아 무리한 소비 혹은 구매를 하게 되고 그 결과 더욱 쪼들리게 되는 악순환을 낳는다.

> **우리나라가 비교가 많잖아요. 다른 사람들과 어떻게 사는지 비교하고,** 아파트평수를 비교하고, 다들 빚을 얻어서 집을 사잖아요. 그런

것 때문에 부담이 되니까 행복지수가 떨어지는 거예요.

(2-30대 저소득층 C)

반복된 비교 특히 상향적 비교는 본인에 대한 평가 기준 즉 자신의 삶에 대한 기대를 상향조정하는 결과를 낳는다. SNS나 대중매체에 등장하는 사람들의 포장된 모습을 일반화하는 일종의 인지적 오류에 빠져서 자신의 현재 처지를 비관하고 열등감을 느끼게 되는 것이다. 한국보건사회연구원의 최근 조사 결과 국민의 대다수가 인지적 오류에 빠져 있는 것으로 나타난 것은 비교성향이 사회병리적 결과를 가져올 가능성이 높다는 것을 암시한다. 40-50대로 안정적 지위에 있는 아래 D의 진술은 이를 뒷받침한다.

1인 1스마트폰 시대다 보니까 정보력이 대단하잖아요. 그런 걸로 고급 정보들이 계속해서 우리에게 들어오다 보니까 이런 부분들이 있구나, 선망의 대상, 이런 게 예전에 비해서 굉장히 월등히 높아졌기 때문에 당연히 우리의 기대치도 올라갔고, 그러다 보니까 상대적으로 행복감은 현저하게 떨어지지 않나. 상대적인 부분으로 봤을 때.

(4-50대 안정층 D)

높은 비교성향 때문에 갖게 되는 열등감은 자신의 현재 처지를 참고 견디기 어렵게 만드는 경우도 있다. 남들과 굳이 비교하지 않는다면 참고 견딜 수 있는 것도 남들과의 비교 때문에 더욱 참고 견디기 어려운 경우가 많다. 40-50대로 저소득층에 속하는 아래 E의 발언은 이를 잘 보여준다.

이웃집 아들과 이웃집 남편이 없어져야 돼. 남을 너무 의식하다 보니까,.....우리는 가난해도 되는데, 남 때문에 못하는 경우가 많은 것 같아요. 내가 가난하고 우리 애가 공부 못하면 어때요? 어차피 다 1등이 되는 것도 아니고, 다 부자가 되는 것도 아닌데, 이게 자연의 법칙인데, 보면 그런 것 때문에. 시선 때문에. 여가도 가까운 데 가도 되는데, 어디 갔다 왔어, 해외여행 갔다 왔어? 이렇게 나오든지, 너무 의식하면서 사는지 모르겠어요.

(4-50대 저소득층 E)

사회적으로 높은 비교성향은 지향하는 가치와 목표를 단일화하고 집중시킴으로써 경쟁을 부채질하는가 하면, 현재 자신의 처지에 기대수준을 맞추는 적응을 어렵게 만들고, 또한 남의 이목을 의식한 과소비를 부추기며, 기대수준을 지속적으로 높여서 현재의 처지를 낮춰 보도록 만든다. 위에서 살펴본 인터뷰 내용들은 한국 사회에서 연령의 많고 적음과 지위의 높고 낮음을 막론하고 마음의 습관처럼 굳어진 비교성향이 어떻게 사람들로 하여금 기대수준을 높이고, 그 결과 자신의 처지에 대한 비관과 열등감을 부채질하는가를 잘 보여준다.

3. 집단주의/개인주의

한국인의 마음의 습관으로는 비교성향과 함께 집단주의 문화도 역시 빠뜨릴 수 없다. 일반적으로 문화심리학에서 동양인들의 자아가 독립적이기보다는 관계적이라고 하는데(Nisbet, 2003), 그 결과 동양인들의 사고와 판단의 준거는 자기 자신의 내부에 있기보다는 외부 주변의 다른 사람들에 있는 경우가 많다. 이것을 그림으로 나타내보면 아래 '그림 5-6'을 통해 생각해 볼 수 있다. 왼편의 그림은 개인을 동심원처럼 가족, 마을, 국가 등 여러 집단들이 둘러싸고 영향을 미치는 것이고, 오른편의 그림은 개인이 속한 여러 집단들이 성원들이 겹치는 경우가 별로 없이 부채처럼 펼쳐진 경우이다. 오른편 모형에서 개인은 다양한 집단으로부터 상대적으로 자율적으로 자신의 기준에 따라 판단과 결정을 내릴 가능성이 높은 반면, 왼편 모형에서는 개인이 겹치고 포개진 집단의 압력 때문에 개인의 자율성을 발휘하기 어렵다. 오른편이 서구의 경우를 나타낸다면 왼편은 동양에 가깝다고 할 수 있다.

사회학자 짐멜(Simmel)은 전근대 사회에서 근대 사회로 변화하면서 개인을 둘러싼 집단과의 관계가 왼편으로부터 오른편으로 바뀐다고 주장하고, 이러한 변화의 결과로 개인주의가 발달하게 된다고 보았다. 왼편

그림 5-6 개인과 집단의 관계 모형

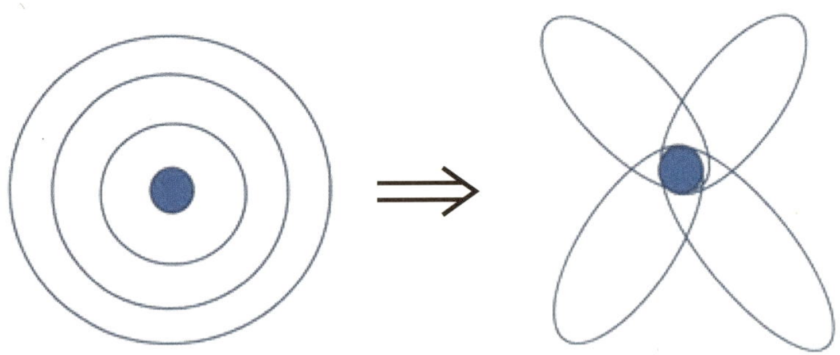

의 그림에서 개인이 자신을 둘러싼 집단에 포섭되면서 집단들에 대한 동조 혹은 순응의 압력이 거센 반면, 오른편의 그림에서는 개인을 둘러싼 집단들이 다양하고 서로 성원들이 겹치지 않기 때문에 개인이 이들 집단들 사이에서 자율성을 확보할 여지가 늘어난다. 짐멜은 개인과 집단의 이러한 변화가 서구의 근대 사회로의 변화 과정에서 개인주의가 나타나고 발전하는 배경이라고 보았다. 결국 개인주의가 발달한 서구 사회에서 개인은 자신의 가치와 선호에 따라 판단과 결정을 하고 행동하며, 사회에서는 이러한 개인의 자유와 다양성을 존중하게 된 것이다.

그렇다면 서구에서 일어난 전근대로부터 근대 사회로의 변화에 따른 개인주의의 발달이 동양의 근대화 과정에서는 마찬가지로 일어나지 않았다고 보아야 하는 것인지 궁금하다. 물론 동양 사회에서도 근대화와 함께 제도적, 법적으로는 개인의 자유와 존엄성이 보장된다. 하지만 중요한 것은 실질적으로 개인들이 자신의 삶을 살면서 부딪치는 다양한 상황 속에서 개인들의 선택이 얼마나 자유롭게 이루어지는가이다. 앞에서 설명한 비교성향도 개인의 자유를 구속하는 요소로 작용한다. 하지만 개인의 선택에 영향을 미치는 요인들은 그보다 더 다양하다. 집단의 규범과 가치에 대한 동조, 다른 사람들의 이목에 따른 체면치레 등 개인 자신이 원하는 바가 아니라 집단이 원하는 바에 따라야 하는 경우가 많이 존재한다. 자신이 원하는 대로 선택하고 이를 실행에 옮길 자유가 적은 경우 사람들은 행복감을 느끼기 어렵다.

개인의 삶에서 선택의 자유가 행복감과 어떤 관계가 있는지 살펴보기 위해서 국가별로 선택과 통제의 자유에 대한 응답의 10점 만점에서의 평균과 행복감에 대한 10점 만점에서의 응답 평균을 산점도로 표시한 것이 '그림 5-7'이다. 이 그래프 작성에 사용된 자료는 미국 미시간 대학교의 로널드 잉글하트(Ronald Inglehart)가 주도하는 세계가치관조사(World Value Survey)의 2000년, 2005년, 2010년 자료를 통합한 것이다. 이 그림에서는 선택과 통제의 자유가 늘어날수록 즉 삶에서 개인주의가 보장될수록 삶의 만족도가 증가하는 것을 볼 수 있다. 선택과 통제의 자유를 독립변수로, 삶의 만족도를 종속변수로 한 단순회귀 모형에서 결정계수는 1.0을 기준으로 0.64로 매우 높게 나타났다. 이 그래프에서 한국은 선택과

그림 5-7 선택의 자유와 삶의 만족 간의 관계

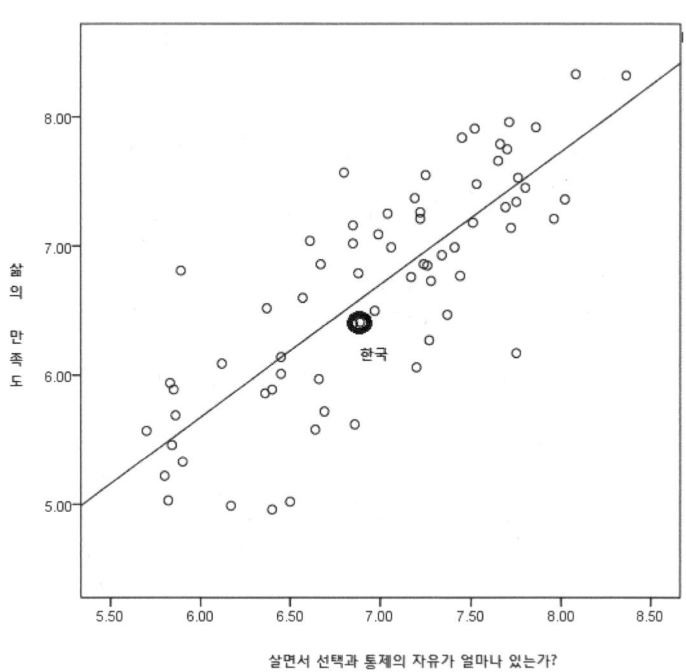

통제의 자유가 평균 7점에 조금 못 미치는 6.9이고, 삶의 만족도는 평균 6.7에 조금 못 미치는 6.4이다. 선택과 통제의 자유가 많고 삶의 만족도가 높은 것은 서구 및 남미 사회들이고, 반대로 선택과 통제의 자유가 적고 삶의 만족도가 낮은 것은 중동과 구 공산권 사회들이다. 동양 사회들의 경우 중간 정도에 위치하는 것으로 나타났다.

그러면 한국 사회 안에서 개인주의와 행복감 사이에는 어떤 관계를 발견할 수 있을까? 본 연구진에서 수행한 설문조사 자료를 분석해서 삶의 선택의 자유와 행복감 사이의 관계를 개인 수준에서 분석해 보았다. '그림 5-8'은 우선 삶의 선택의 자유를 보다 많이 갖는 사람들과 그렇지 못한 사람들 사이의 차이를 배경변수별로 살펴본 것이다.

학력별로 비교해보면 학력이 올라갈수록 선택의 자유가 높다는 응답

그림 5-8 사회경제적, 인구학적 배경별 선택의 자유의 차이

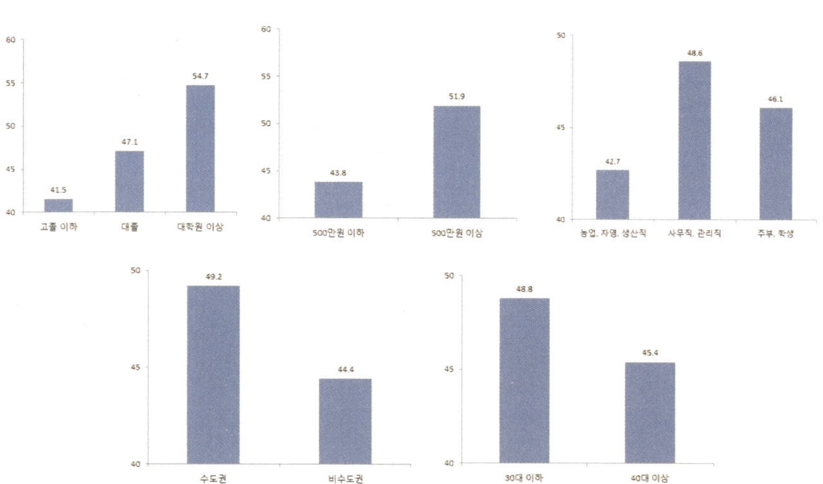

자료: 아산사회복지재단 공동연구 서베이 자료.

의 비율이 늘어나는 것을 볼 수 있다. 고졸 이하의 41.5%가 선택의 자유가 높다고 응답한 반면 대학원졸 이상은 54.7%이다. 소득수준 역시 가구소득이 높을수록 비교성향이 높게 나타나서 월소득 500만 원 이하의 43.8%, 500만 원 이상의 51.9%가 비교성향이 높은 것으로 나타났다. 직업에 따른 차이를 보면 선택의 자유가 높은 비율이 농업, 자영업, 생산직의 경우 42.7%인 반면, 사무직과 관리직에서는 48.6%이다. 지역별로 비교성향의 차이도 상당해서 수도권이 49.2%인 것에 비해 비수도권은 44.4%이다. 연령별로는 젊은 세대일수록 선택의 자유가 높아서 30대 이하가 48.8%이고 40대 이상은 45.4%이다.

선택과 통제의 자유가 행복의 중요한 차원인 삶의 만족에 어떤 영향을 미치는지 확인하기 위해 선택의 자유와 세대별로 나누어 삶의 만족 수준이 어떻게 다른지 비교하였다. 삶의 개인적 측면, 관계적 측면, 집단적 측면에 걸쳐서 7점 척도로 만족 정도를 응답한 것을 100점으로 환산하고 이를 세대와 비교성향에 따라서 평균값을 비교하였다. '그림 5-9'에 제시된 분석 결과를 보면 선택의 자유가 높다고 응답한 집단이 낮게 응답한 집단에 비해 모든 측면에서 삶의 만족이 더 높았고, 또한 중장년층이 청년층에 비해 삶의 만족이 모든 측면에서 더 높은 것으로 나타났다. 세대와 선택의 자유를 교차하여 삶의 만족을 비교한 결과를 보면 비교성향에 따른 삶의 만족 차이는 중장년층에 비해 청년층에서 더 큰 것으로 나타났다. 특히 주목할 점은 청년층에서 선택의 자유가 낮다고 응답한 집단의 경우 삶의 모든 측면에서 만족도가 중간값보다 낮은 값을 보여서 삶 전반에 대해 불만족하고 있다는 점이다. 청년층에서 선택의 자유에 따른 삶의 만족

그림 5-9 세대별 선택의 자유에 따른 삶의 만족 차이

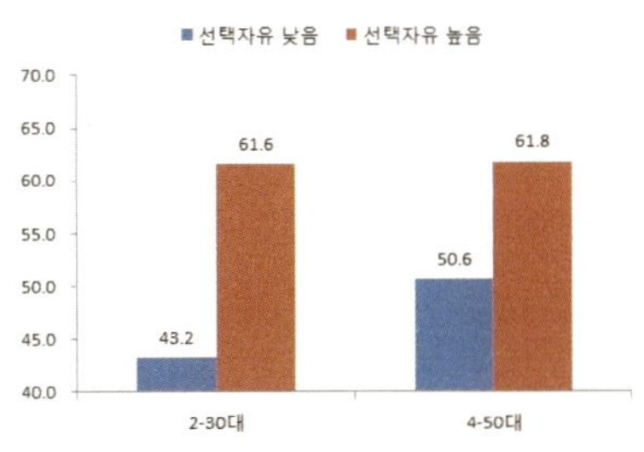

개인적 삶의 만족

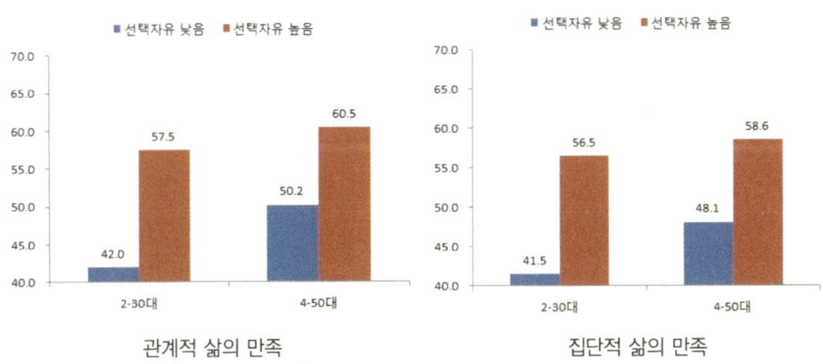

관계적 삶의 만족　　집단적 삶의 만족

자료: 아산사회복지재단 공동연구 서베이 자료.

이 큰 차이를 보이는 것은 개인적 측면인 것으로 나타났다.

선택의 자유의 정도가 행복의 또 다른 측면인 정서적 경험에 미치는 영향 역시 유사할 것으로 예상할 수 있다. 선택의 자유가 낮은 사람은 선택의 자유를 높게 누리는 사람에 비해 긍정적 정서경험의 가능성이 낮고, 부정적 정서경험의 가능성이 높을 것이다. 긍정적 및 부정적 정서경험이 선택의 자유와 세대에 따라 어떤 차이를 보이는지 삶의 만족과 마찬가지로 100점 만점으로 환산한 값을 즐거움, 행복감, 편안함이라는 세 긍정적 정서경험과 짜증, 부정적 느낌, 무기력감이라는 세 부정적 정서경험에 대

해 비교한 결과가 '그림 5-10'과 '그림 5-11'에 각각 제시되어 있다.

삶의 만족과 마찬가지로 긍정적 정서경험에서도 선택의 자유와 세대에 따라 모두 체계적인 차이를 발견할 수 있었다. 선택의 자유가 낮은 집단이 높은 집단에 비해 긍정적 정서경험의 평균값이 낮았으며, 또한 청년층이 중장년층에 비해 긍정적 정서경험의 평균값이 낮았다. 선택의 자유에 따른 긍정적 정서경험의 차이는 삶의 만족에 대해서와 마찬가지로 중장년층에 비해 청년층에서 더 큰 것으로 나타났다. 중장년층에서는 삶의 만족에 대해 별 다른 큰 차이를 가져오지 못했던 비교성향과 달리 선택의 자유는 중장년층에서도 긍정적 정서경험에 대해 100점에서 10점에 가까

그림 5-10 세대별 선택의 자유에 따른 긍정적 정서경험 차이

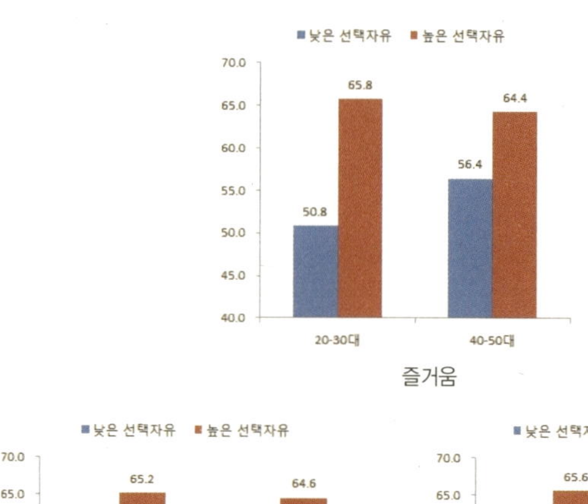

즐거움

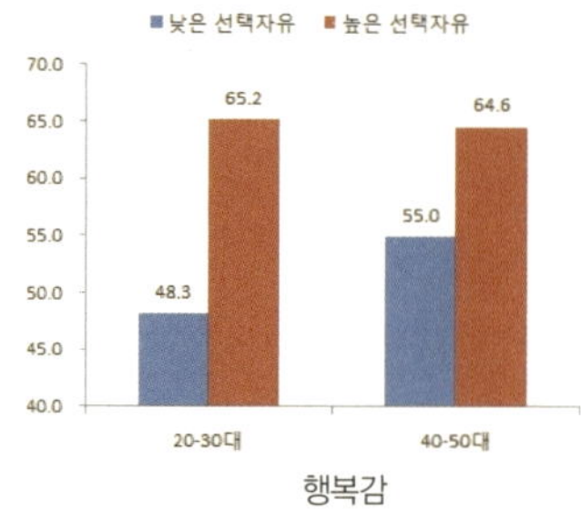

행복감

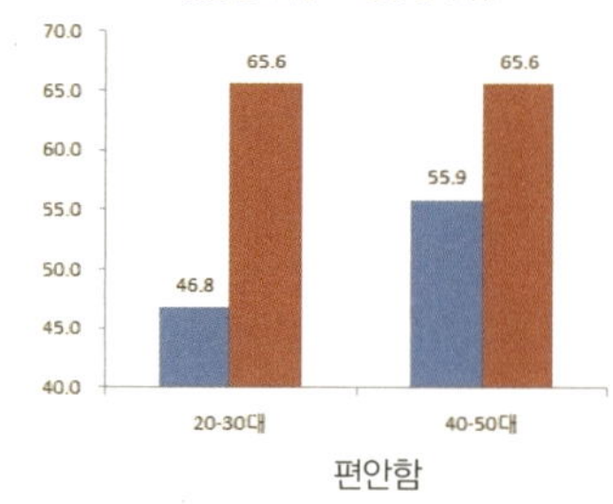

편안함

자료: 아산사회복지재단 공동연구 서베이 자료.

그림 5-11 세대별 선택의 자유에 따른 부정적 정서경험 차이

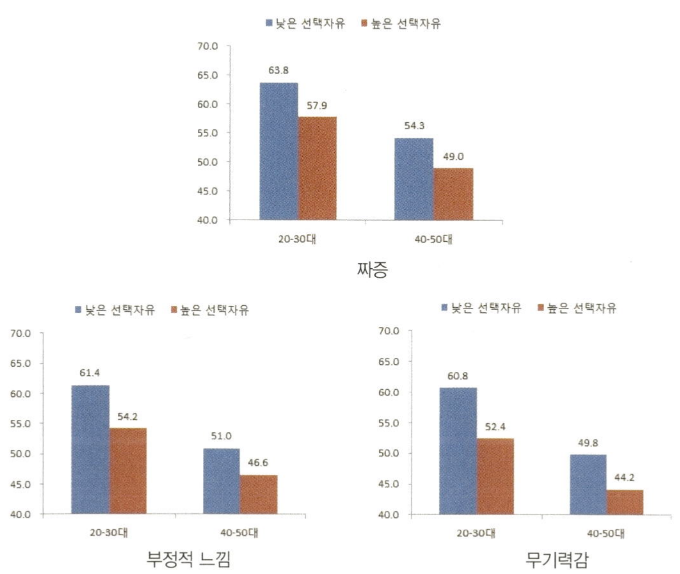

자료: 아산사회복지재단 공동연구 서베이 자료.

운 상당한 차이를 가져왔다.

앞의 긍정적 정서경험과 정반대로 부정적 정서경험은 선택의 자유가 낮은 집단에서 더 높은 것으로, 또한 청년층이 중장년층보다 더 높은 것으로 분석 결과 나타났다. 하지만 긍정적 정서경험에 비해 부정적 정서경험에서는 선택의 자유와 세대에 따른 차이가 덜 큰 것으로 나타났다. 즉 앞서 살펴본 비교성향의 경우와 반대로 선택의 자유는 긍정적 정서경험을 줄이는 것이 부정적 정서경험을 늘리는 것보다 더 크게 작용한다고 할 수 있다. 청년층과 중장년층 모두 부정적 정서경험이 선택의 자유에 따라 100점에서 5점 가까운 차이를 보이는 것으로 나타났다. 다른 집단들은 모

두 부정적 정서경험이 중간값을 넘어서 부정적 정서경험이 우세하게 나타난 반면, 중장년층에서 선택의 자유가 높은 집단에서는 중간값에 못 미치는 것으로 나타났다.

선택의 자유는 반드시 개인주의 혹은 집단주의의 차이에 의해서만 영향을 받는 것은 아니다. 앞서 선택의 자유가 고학력일수록, 직업위신이 높을수록, 그리고 소득이 높고 수도권일수록 높게 나타나는 것은 사회적으로 보다 유리한 위치에 있는 사람들일수록 보다 많은 선택의 폭과 자유를 누릴 수 있다는 것을 시사한다. 하지만 국가 간 비교에서 본 바와 같이 선택의 자유의 평균 수준이 국가마다 다르게 나타나는 것은 삶에서 선택의 자유가 객관적이고 물질적인 측면만이 아니라 문화적 측면에 의해서도 크게 영향을 받는다는 것을 보여준다. 선택의 자유가 주변의 영향이나 압력에 의해 제약당하는 것과 그것이 행복감에 미치는 영향에 대해서는 본 연구에서 수행한 초점집단면접(focused group interview)에서도 잘 나타나 있다. 특히 선택의 자유가 상대적으로 더 높은 안정적 지위의 20-30대의 인터뷰 내용을 보면 다음과 같다.

> 내가 선택하고 싶은 걸 선택하게 되는 걸 잘할 수 있게 되는 게 행복일 것 같거든요. 나의 선택이 결국 내가 하고 싶다고 하게 되는 건 아니잖아요. 주변의 영향들로 인한 선택보다는 하고 싶은 걸 선택하는 게 중요할 것 같아요. 내가 하고 싶은 취미나 하고 싶은 직업이 아닌 것을 억지로 하는 것이 아니라..... 내 선택을 존중 받을 수 있는 거면 행복을 느낄 수 있지 않을까.
>
> (20-30대 안정층 F)

4. 물질주의/탈물질주의

앞서 한국의 행복이 상대적으로 물질적, 객관적 조건에 비해 낮은 이유로 주관적 웰빙의 권위자 에드 디너(Ed Diener)를 인용하여 물질주의가 과도하다는 주장을 소개했다. 한국은 과거 전통적 가치로서 정신적 가치를 중시하던 사회로부터 전쟁을 겪고 압축적 고도성장을 하면서 물질주의가 급속하게 전파되었다. 학술적으로 물질주의와 탈물질주의는 학자들에 따라서 다양한 의미로 사용되고 있지만 대체로 물질주의는 개인에게는 물질적 풍요와 안정을 중시하는 것으로, 사회에서는 경제적 번영과 안정, 질서와 안보의 유지를 최우선으로 삼는 것을 의미한다. 탈물질주의는 반대로 개인에게는 물질적 편안함보다 더 상위의 가치를 추구하는 것, 사회에서는 경제적 번영보다 환경 보호를, 질서와 안보보다 시민의 목소리와 참여를 중시하는 것이다.

한국 사회는 물질주의와 탈물질주의의 차원에서 본다면 그동안 물질주의가 절대적으로 우세한 것으로 많이 이야기해 왔다. 이것은 주목할 일이다. 왜냐하면 물질주의로부터 탈물질주의로의 전환이 경제적 풍요와 고등교육의 확산에 의해 많이 주도된다고 할 때 한국은 1980년대로부터 90년대에 걸쳐 경제적 풍요와 고등교육의 확산을 경험했기 때문이다. 그럼에도 불구하고 한국은 비슷한 경제적 수준의 나라들에 비해 혹은 교육수준에서는 우리보다 낮은 사회보다도 대체로 물질주의의 비율이 높다는 연구결과들이 있기 때문이다. 한국인의 강한 물질주의적 성향은 한국인들의 낮은 삶의 질과 주관적 웰빙과도 관련이 깊은 것으로 주장되었다.

그런데 한국인만이 물질주의 성향이 높은 것이 아니라 한국 주변의 중국이나 일본과 같은 동북아시아 지역의 사회들이 유사하게, 구미 사회들에 비해 물질주의 성향이 높은 것으로 나타났다. 이러한 동북아시아 사회의 높은 물질주의의 배경으로는 현세주의적 세계관, 서구보다 뒤늦은 근대화 등이 제기되었다.

그러면 과연 한국은 물질주의와 탈물질주의 가치관이 어떻게 분포되어 있고 어떻게 변화하는가? 물질주의와 탈물질주의는 한국인의 행복감과 주관적 웰빙에는 어떤 영향을 미치는가? 이 질문에 답하기 위해 먼저 물질주의와 탈물질주의의 측정에 대해 간단히 살펴보자.

탈물질주의 가치는 12항목 혹은 4항목으로 측정한다. 이것은 잉글하트가 개발하였으며 유로바로미터조사(Eurobarometer survey) 및 세계가치관조사(world value survey)에서 반복해서 사용된 측정도구들이다. 둘 중 먼저 개발된 것은 4항목 측정방법으로 두 개의 선택을 할 수 있는 하나의 질문만 이용하기 때문에 설문지의 제약이 있는 경우에도 사용하기 편리해서 국제 비교 연구에 많이 이용되었다.

4항목으로 가치유형을 분류할 경우에는 '표 5-1' 중에서 "나" 문항군만을 이용한다. 응답자에게 "다음의 국가목표 가운데 장기적으로 볼 때 가장 중요한 것과 두 번째로 중요한 것을 하나씩 선택하시오"라고 요구하고, 응답자가 가장 중요한 것과 두 번째로 중요한 것을 모두 탈물질주의에 해당하는 항목을 선택한 경우는 탈물질주의자로 분류되며, 가장 중요한 것과 두 번째로 중요한 것 모두를 물질주의 항목에서 선택한 경우는 물질주의자로 분류된다. 한편, 혼합형은 가장 중요한 것과 두 번째로 중

표 5-1 가치관 척도의 구성요소

	물질주의적 목표	탈물질주의적 목표
가	높은 경제성장 유지 방위력증강	직장과 사회에서 개인 발언권 확대 환경개선
나	사회의 질서유지 물가, 인플레 억제	정부 정책결정에 국민의견 수렴 언론자유보장
다	경제안정 각종범죄소탕	좀 더 인간적인 사회로의 발전 돈보다 아이디어가 중시되는 사회

요한 것 중 하나를 물질적인 것, 다른 하나를 탈물질주의인 것으로 선택한 경우이다.

12항목에 의한 측정법은 '표 5-1'의 "나" 이외에 "가"와 "다" 질문을 추가로 이용한다. 역시 응답자에게 "다음의 국가목표 중 장기적으로 볼 때 가장 중요한 것과 두 번째로 중요한 것을 하나씩 선택하시오"라고 요구하고 가, 나, 다로 된 문항군에서 각각 가장 중요한 것과 두 번째로 중요한 것을 고르도록 한다. 그리고 나서 탈물질주의 혹은 물질주의에 해당하는 항목을 얼마나 선택했는가에 따라 분류하는데, 척도의 신뢰성 검증 결과 탈물질주의 가치에 해당하는 항목들 가운데 "가"항 질문의 선택지 "환경개선"의 경우 다른 선택지들과 함께 어울리지 못해서 탈락되고, 나머지 다섯 개의 항목이 탈물질주의를 대표하는 항목이 되었다. 따라서 이들 다섯 항목을 모두 선택하는 경우에는 탈물질주의자로, 반대로 다섯 항목 가운데 하나도 선택하지 않는 경우에는 물질주의자로 분류가 된다. 한편 탈물질주의와 물질주의를 섞어서 선택한 경우에는 혼합형이 된다.

그렇다면 한국은 국제적으로 탈물질주의와 물질주의의 비율이 어떤 상

그림 5-12 물질주의-탈물질주의 비율 변화의 국제비교

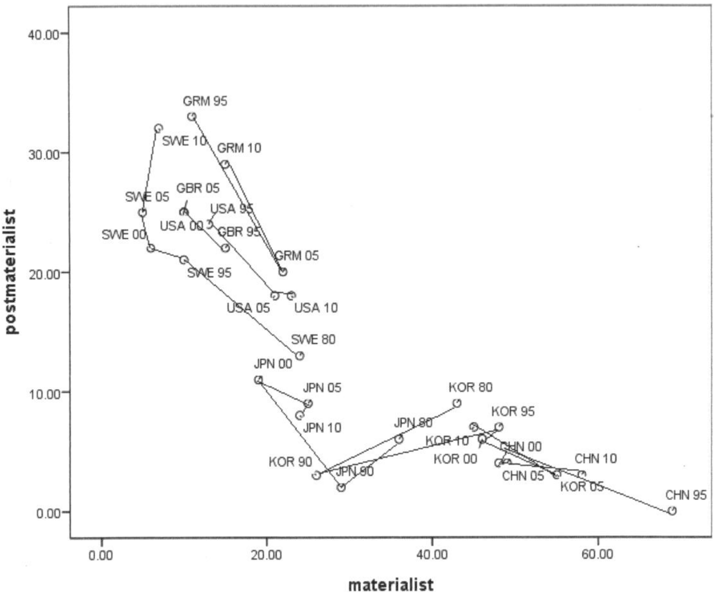

자료: 세계가치관조사(World Value Survey) 각 연도.

태인가? '그림 5-12'는 세계가치관조사의 1980년부터 2010년 조사 자료를 이용하여 물질주의와 탈물질주의 비율의 변화를 서구의 독일, 스웨덴, 영국과 미국, 그리고 아시아의 일본, 한국, 중국에 대해 분석한 결과이다. 각 사회마다 세계가치조사에 매 시기마다 참여하지 않은 경우가 있어서 시점은 조금씩 차이를 보인다.

이 그림에서 가장 특징적인 것은 탈물질주의 비율이 상대적으로 높고 물질주의 비율이 낮은 좌측 상단에 서구 사회들이 모두 위치하는 반면, 물질주의 비율이 상대적으로 높고 탈물질주의 비율이 낮은 우측 하단에 아시아 사회들이 모두 위치한다는 사실이다. 최근 조사에서 물질주의 비

율이 가장 높은 것은 중국으로 58%인 반면 탈물질주의 비율은 3%에 불과하다. 한국 역시 물질주의 비율이 45%, 탈물질주의 비율이 7%이다. 아시아에서 물질주의 비율이 가장 낮은 일본의 경우 물질주의가 24%로 미국과 비슷하지만 탈물질주의 비율은 8%로 역시 낮다. 이처럼 아시아 사회에서는 탈물질주의 비율이 낮은 것은 모두 공통적으로 나타나며, 차이는 주로 물질주의 비율에서 나타난다. 시대에 따른 변화추세를 보면 한국에서 탈물질주의 비율은 10% 이하에서 큰 변화를 보이지 않는 반면, 물질주의 비율은 1980년에서 1990년 사이 43%에서 26%로 낮아지지만 이후 계속 늘어 2005년에는 가장 높은 55%에 이른 이후 감소해서 2010년에는 45%로 낮아진다.

물질주의와 탈물질주의 가치관이 행복감에 미치는 영향을 확인하기 위해 위에서 살펴본 세계가치관조사의 국가별 자료에서 12문항으로 측정한 탈물질주의 척도와 삶의 만족도를 교차하여 산점도로 표시한 것이 '그림 5-13'이다.

이 그림에서는 사회에서 탈물질주의가 늘어날수록 삶의 만족도가 증가하는 것을 볼 수 있다. 탈물질주의 척도를 독립변수로, 삶의 만족도를 종속변수로 한 단순회귀 모형에서 결정계수는 1.0을 기준으로 0.36으로 상당히 높게 나타났다. 이 그래프에서 한국은 탈물질주의 척도가 평균 3.0점에 못 미치는 2.0이고, 삶의 만족도는 평균 6.7에 조금 못 미치는 6.4이다. 탈물질주의가 높고 삶의 만족도가 높은 것은 서구 및 남미 사회들이고, 반대로 탈물질주의가 낮고 삶의 만족도가 낮은 것은 중동과 구 공산권 사회들이다. 동양 사회들의 경우 중간 정도에 위치하는 것으로 나타났다.

그림 5-13 물질주의/탈물질주의와 삶의 만족도

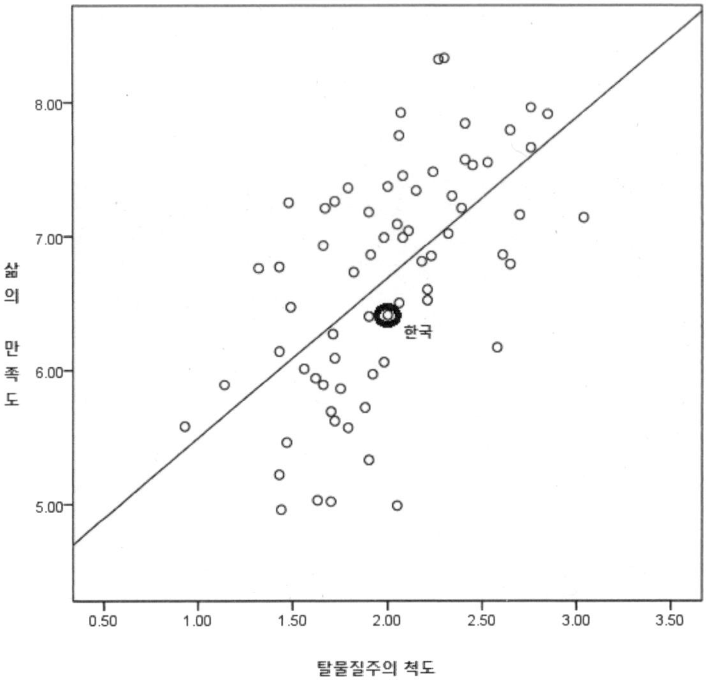

자료: 세계가치관조사(World Value Survey) 각 연도.

사회 안의 개인 수준에서 물질주의와 탈물질주의 가치가 행복감에 미치는 영향을 보고한 자료를 분석하였다. 먼저 개인들의 가치관이 사회경제적, 인구적 배경에 따라 어떤 차이를 보이는지를 분석한 결과가 '그림 5-14'에 제시되어 있다.

지역별로 가치관의 차이를 보면 수도권과 비수도권 사이에 큰 차이를 발견하기 힘들다. 두 지역 모두 가장 높은 비중을 차지하는 것이 물질주의와 탈물질주의 성향이 섞인 혼합형이고, 그 다음이 물질주의, 가장 적은 비

그림 5-14 사회경제적, 인구학적 배경별 물질주의/탈물질주의 분포

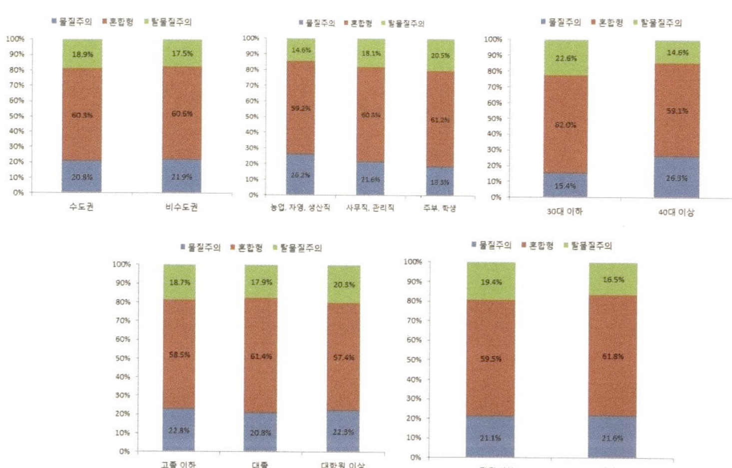

중을 차지하는 것이 탈물질주의이다. 직업에 따른 차이를 보면 탈물질주의 비율이 가장 낮은 것이 농업, 자영업, 생산직이며, 그 다음이 사무직과 관리직, 가장 높은 것이 주부, 학생이다. 연령별로는 젊은 세대일수록 탈물질주의 비율이 높은 성향을 보인다. 학력별로 비교해보면 학력이 높아질수록 탈물질주의 가치를 가진 비율이 늘어나는 것을 볼 수 있다. 소득수준 역시 지역과 유사하게 가치관 분포에서 큰 차이를 보이지 않는다.

물질주의/탈물질주의 가치가 삶의 만족에 미치는 영향을 확인하기 위해 물질주의/탈물질주의와 세대별로 나누어 삶의 만족을 비교하였다. 삶의 개인적 측면, 관계적 측면, 집단적 측면에 걸쳐서 7점 척도로 만족 정도를 응답한 것을 100점으로 환산하고 이를 세대와 가치관에 따라서 평균값을 비교하였다. '그림 5-15'에 제시된 분석 결과를 보면 30대 이하의 젊은 연령 집단에서는 물질주의가 탈물질주의에 비해 삶의 만족이 크게

그림 5-15 세대별 물질주의/탈물질주의에 따른 삶의 만족 차이

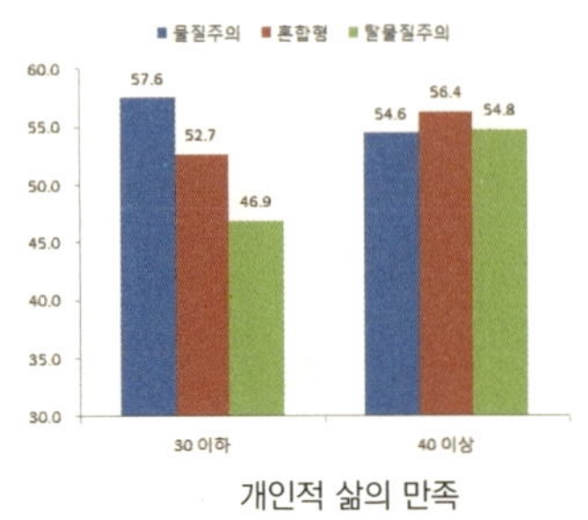

개인적 삶의 만족

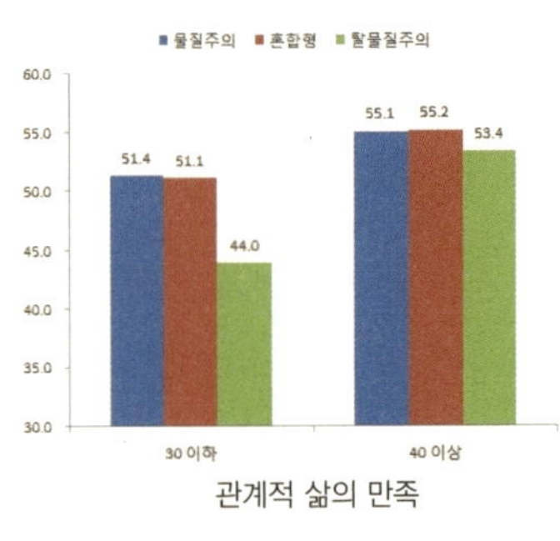

관계적 삶의 만족

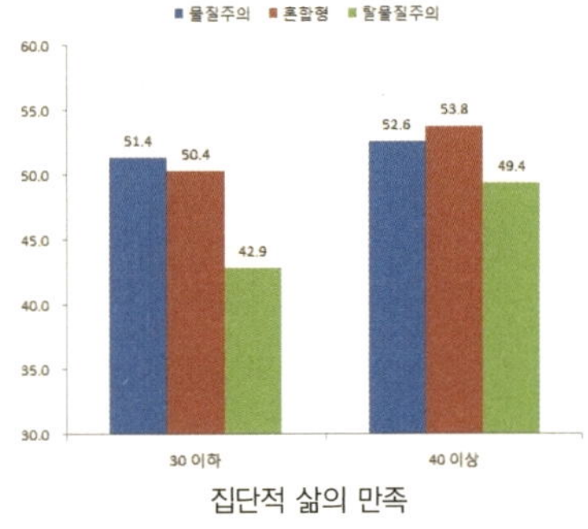

집단적 삶의 만족

자료: 아산사회복지재단 공동연구 서베이 자료.

높게 나타나고, 40대 이상의 중장년층에서는 물질주의와 탈물질주의의 삶의 만족 차이가 별로 없다. 삶의 만족의 모든 측면에 걸쳐 비슷한 패턴이 나타난다. 중장년층에서는 삶의 만족이 가장 높은 집단이 물질주의나 탈물질주의가 아닌 양자의 혼합형인 것도 볼 수 있다. 앞서 국가간 비교연구에서 물질주의에 비해 탈물질주의가 우세할수록 삶의 만족이 높았던 것과 개인 수준에서의 분석 결과는 상당한 차이를 보인다.

물질주의와 탈물질주의가 행복의 또 다른 측면인 정서적 경험에 미치는 영향을 살펴보기 위해 삶의 만족과 마찬가지로 가치관과 세대별로 나

누어 즐거움, 행복감, 편안함이라는 세 긍정적 정서경험과 짜증, 부정적 느낌, 무기력감이라는 세 부정적 정서경험을 100점 만점으로 환산한 값을 비교한 결과가 '그림 5-16'과 '그림 5-17'에 각각 제시되어 있다.

삶의 만족과 마찬가지로 긍정적 정서경험에서도 물질주의와 탈물질주의의 가치 구분에 따라 모두 체계적인 차이를 발견할 수 있었다. 물질주의와 탈물질주의 가치에 따른 긍정적 정서경험의 차이는 삶의 만족에 대해서와 마찬가지로 중장년층에 비해 청년층에서 더 큰 것으로 나타났다. 다만 삶의 만족과 마찬가지로 청년층에서는 물질주의일수록 긍정적 정서

그림 5-16 세대별 물질주의/탈물질주의에 따른 긍정적 정서경험 차이

물질주의 혼합형 탈물질주의
65.0
60.0
55.0
50.0
45.0
62.7 58.5 54.3
57.7 61.4 58.9
30 이하
40 이상
즐거움

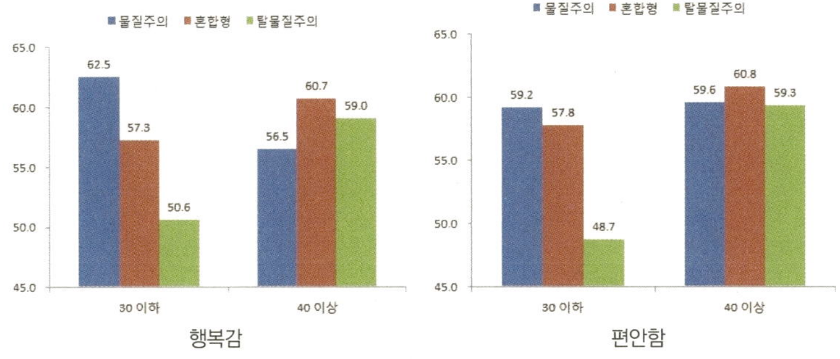

자료: 아산사회복지재단 공동연구 서베이 자료.

그림 5-17 세대별 물질주의/탈물질주의에 따른 부정적 정서경험 차이

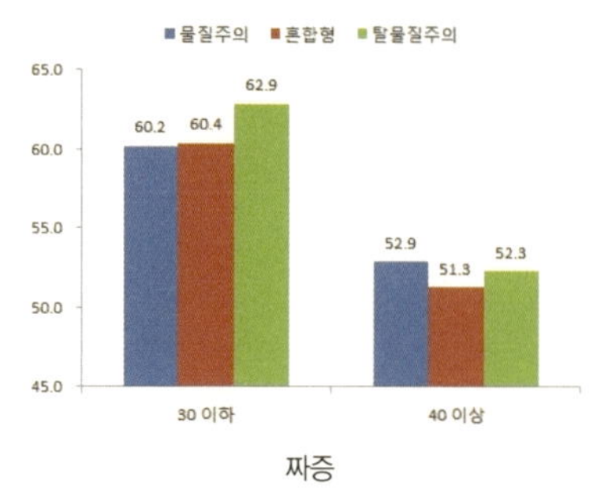

짜증

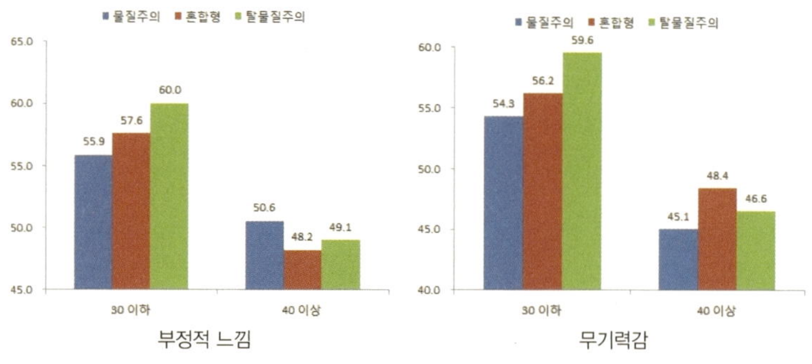

부정적 느낌

무기력감

자료: 아산사회복지재단 공동연구 서베이 자료.

경험이 높게 나타났으며, 중장년층에서는 큰 차이는 아니지만 혼합형이 물질주의나 탈물질주의보다 더 긍정적 정서경험이 높게 나타났다. 물질주의 및 탈물질주의 가치와 부정적 정서경험 역시 긍정적 정서경험과 유사한 그러나 관계의 방향이 거꾸로인 관계를 보인다. 요컨대 젊은 연령층에서는 탈물질주의 가치를 지닌 이들이 물질주의나 혼합형 가치를 지닌 이들보다 부정적 정서경험이 높았고, 중장년층에서는 무기력감을 제외하고 짜증이나 부정적 느낌에서는 혼합형이 가장 낮게 경험하는 것으로 나타났다. 물질주의/탈물질주의 가치와 긍정적, 부정적 정서경험 사이의 이

러한 관계도 국가 간 비교에서와 반대의 패턴을 보인다.

물질주의 및 탈물질주의 가치가 주관적 웰빙 즉 삶의 만족과 정서적 경험에 대해 미치는 영향이 국가 수준에서와 개인 수준에서 차이가 보이는 것은 흥미로운 발견이다. 이때 주목할 점은 한국 사회가 탈물질주의의 비율이 매우 낮은 사회에 속한다는 사실이다. 사회적으로 탈물질주의자들의 비율이 높으면 가치추구적 삶을 지향하며 서로 존중하고 다양성을 보호하는 사회적 분위기가 형성되기 때문에 탈물질주의자들은 물론 다른 가치를 지닌 사람들도 행복해지는 반면, 물질주의가 지배적인 사회에서는 가치보다 개인 차원에서는 물질적 이해관계를, 국가차원에서는 부국강병을 추구하며 서로 제한된 보상을 차지하기 위해 경쟁하는 분위기가 지배적이 된다. 특히 이러한 사회적 분위기에서 다양성과 존중의 가치를 추구하는 탈물질주의자의 경우 불만이나 부정적 정서경험이 더욱 높아진다고 볼 수 있다. 이로부터 우리는 국가 차원 및 개인 차원 모두에서 탈물질주의가 다른 가치보다 만족과 긍정적 정서를 많이 느끼려면 개인 차원에서 탈물질주의 가치를 가진 사람들이 늘어서 사회에서 지배적 가치가 되어야 한다는 것을 알 수 있다.

Ⅵ. 한국인의 행복의 사회적 기초

VI. 한국인의 행복의 사회적 기초

1. 행복의 사회적 기초는 무엇인가?

인간이 사회적 동물이라는 진부한 말을 굳이 인용하지 않더라도 행복한 삶을 위해 사회적 관계가 얼마나 중요한가에 대해서는 학술적으로 또한 일상적으로 많이 강조되어 왔다. 앞 장에서 우리는 이미 높은 사회적 비교성향이 개인의 행복에 부정적 영향을 미친다는 것을 살펴보았다. 그런데 사회적 관계는 비교성향을 통해서만 아니라 다양한 방식으로 개인의 행복에 또한 사회의 전반적 행복 수준에 영향을 미친다.

UN의 세계행복보고서(World Happiness Report)를 주도적으로 작성하고 편집하는 경제학자 제프리 삭스(Jeffrey Sachs)는 주관적 웰빙으로서 행복에 대해 영향을 미치는 여섯 개의 주요 요인들을 소득, 건강수명, 사회적 지지(support), 인생에서 선택할 수 있는 자유, 자비와 관용, 정부와 비즈니스에서 투명과 청렴으로 제시하고, 이들 중에서 소득과 건강수명을 제외한 나머지 네 요인을 합쳐 “행복의 사회적 기초”(social foundation of happiness)로 부른다. 제프리 삭스와 동료들의 분석에 따르면, 이들 여섯 요인들 중에서 국가별 평균 주관적 웰빙 수준의 변이(variance)의 절반 정도를 소득과 건강수명이 설명하고, 나머지 중에서 상당 부분을 네 요인들이 설명한다고 한다. 하지만 직접적인 행복에 대한 영향 외에도 네 개의 사회적 요인들은 소득에 영향을 미치고 또한 건강수명에도 영향을 미쳐서 간접적으로도 행복에 영향을 주기 때문에 행복의 사회적 기초는 매우 중요하다고 제프리 삭스는 주장한다.

UN의 세계행복보고서 외에도 사회적 배경이나 사회적 기초가 행복에 중요한 영향을 미친다고 주장하는 연구 결과들은 그동안 많이 제출되었다. 미국 사회에서 공공선(public good)이 후퇴하는 것에 대해 경고를 했던 퍼트남(Putnam)은 사회적 관계를 사회적 신뢰 및 사회적 참여와 함께 사회적 자본을 구성하는 중요한 축으로 보았다(Putnam, 2000). 사회적 관계를 통해서 서로 이질적이면서 보완적인 사람들 간에 다리가 놓이기도 하고(bridging), 서로 유사한 특성을 가진 사람들 간에 유대가 싹트기도 하면서(bonding) 사회적 자본이 더욱 발전하게 된다는 것이다. 반면 사회적 관계가 단절되어 고립 상태의 사람들이 늘어나면 개인적으로도 어려움에 봉착할 뿐 아니라 집단이나 공동체에도 문제가 발생하게 된다. 사회적 자본의 공동체와 민주주의에 대한 효과에 뒤이어 사회적 자본의 주관적 웰빙 혹은 행복에 대한 효과에 대한 경험적 검증 또한 보고되기 시작했다.

도노반과 핼펀(Donovan & Halpern, 2003)은 영국에서 가족생활 만족도가 개인의 행복에 가장 큰 영향을 미치는 요인이며, 기혼자가 미혼자에 비해, 또한 가족생활자가 독신자에 비해 더 행복하다는 것을 밝혔다. 또한 핼리웰과 퍼트남(Helliwell & Putnam, 2004)은 세계가치관조사(World Value Survey), 유럽가치관조사(European Value Survey), 미국의 벤치마크조사, 캐나다 사회조사 등을 분석한 결과 모든 조사에서 사회적 신뢰와 가족 및 친구 등의 사회적 관계가 주관적 웰빙을 높이는 것을 개인 수준 및 공동체 수준에서 확인할 수 있었다. 보다 최근에 사라치노(Sarracino, 2010)는 1980년부터 2000년까지 세계가치관조사의 서유럽 11개국 자료를 분석하여 사회적 자본의 추세와 주관적 웰빙의 추세를 비교한 결과 영국을 제외한 10개국에서 사회적 자본과 주관적 웰빙이 동반 상승하고 있음을 밝혔다.

사회적 관계를 포함한 사회적 자본이 삶의 만족으로 측정한 주관적 웰빙에 긍정적 영향을 미친다는 연구결과들과 아울러 행복에 대한 사회적 관계의 영향의 정도를 비교한 연구들도 발표되었다. 레이어드(Layard, 2005(2011))는 삶의 영역 혹은 차원별로 얼마나 만족하는지 응답한 결과들을 전반적인 삶에 대한 만족을 예측하는 독립변수로 사용하여, 주관적 웰빙에 각 영역이나 차원이 영향을 미치는 정도를 비교한 결과 가족관계, 재정, 일, 공동체와 친구, 건강, 개인의 자유, 개인의 가치관 순으로 영향력이 크다는 것을 발견하였다. 그는 이들 요소 중에서 재정과 건강을 제외하면 모두가 사회적 관계와 관련된 것이라고 보았다. 사회적 관계가 주관적 웰빙에 중요하다는 것은 행복에 대한 대부분의 최근 연구서들(Frey & Stutzer, 2002(2008); Diener & Biswas-Diener, 2008; Bok, 2010(2011))에서 공통적으로 강조하는 점이다.

이들 연구들에서 공통적으로 지적하는 것은 사회적 관계가 주관적 웰빙으로서 행복에 기여한다는 사회적 관계의 긍정적 효과이다. 긍정적 효과의 구체적 내용에 대한 설명으로는 곤란한 상황에서 지원(support)을 받을 수 있거나 정서적 안정을 제공받을 수 있는 가능성, 그리고 자신감의 상승을 가져온다는 것이 주된 내용이다. 이러한 설명에서 핵심적인 것은 사회적 관계를 통해서 물질적이건 정서적이건 무언가가 전달되고 이를 통해서 도움이나 혜택을 받는다는 것이다. 하지만 이처럼 직접적으로 도움을 받기 때문에 행복감이 높아지는 효과 외에도 간접적인 효과 역시 존재한다. 예컨대 기부나 자원봉사의 경우 다른 사람을 도움으로써 도움을 받는 사람의 행복감도 높아지지만 도움을 주는 사람 또한 행복감에 긍정적 효과를 얻는다. 사회적 환경으로서 신뢰나 투명성 같은 경우도 직접적으로 그로 인해 혜택을 받는 사람이 아니더라도 그 사회에 속한 사람들이 일반적으로 행복감의 증진 효과를 받는다.

그러면 본격적으로 행복의 사회적 기초의 다양한 측면들을 살펴보기 이전에 전반적으로 한국에서 행복의 사회적 기초가 다른 사회와 비교해서 어느 정도 갖추어져 있는지 살펴보자. '그림 6-1'은 2017년 발간된 세계행복보고서의 분석 자료를 이용해서 한국과 해외 국가들을 비교한 결과이다. 이 가로 막대 그래프에서 막대의 전체 길이는 각 나라의 행복의 정도를 0~10점의 11점 척도로 측정한 평균값을 나타낸다. 한국은 평균이 5.84로 전체 155개국 중 위에서 55번째이다. 한국의 주관적 웰빙으로 측정한 행복감 수준은 세계 평균보다는 높은 편이고 OECD 평균에는 못미친다. 그런데 평균이나 순위 비교보다 더 중요하고 의미 있는 것은 평균값에 기여하는 요인들이다. 이 그래프에서 서로 다른 색으로 표시된 부분은 해당 효과가 행복감에 기여하는 정도이다.

'그림 6-1'에 나타난 행복에 영향을 미치는 요인은 앞서 설명한 바와 같이 1인당 GDP와 건강수명, 그리고 사회적 기초라고 하는 사회적 지지,

그림 6-1 한국과 해외 주요국 행복에 대한 영향 요인 비교

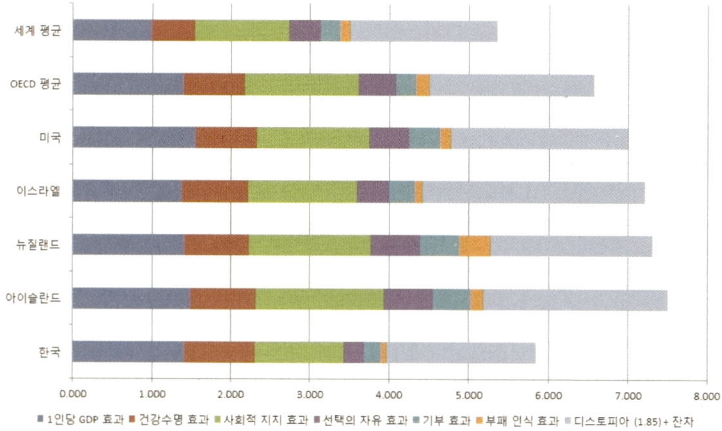

자료: UN 세계행복보고서, 2017.

선택의 자유, 기부, 부패 인식 등이다. 그리고 앞의 두 요인 즉 1인당 GDP와 건강수명을 합친 것에 비해 사회적 기초에 해당되는 요인들의 기여도는 OECD 평균의 경우 비슷하고, 세계 평균의 경우 앞의 두 요인이 조금 더 우세하다. 그러면 한국의 경우는 어떤가 살펴보자. 한국의 경우 전반적으로 1인당 GDP와 건강수명이 세계 평균보다 행복에 기여하는 정도가 앞서고 OECD 평균보다 약간 앞서는 편이다. 반면 사회적 기초의 네 요인들이 기여하는 정도는 OECD 평균에는 크게 못 미치고 세계 평균보다도 낮은 정도를 보인다. 따라서 한국은 물질적 측면 즉 경제적 소득과 건강수명에 비해 사회적 기초가 현저하게 뒤처진다고 할 수 있다.

한국이 행복의 사회적 기초가 취약하다는 것은 개별 국가들과의 비교에서도 잘 나타난다. 북유럽이나 서유럽의 주요국을 제외하고 비교해 보

아도 한국은 미국, 이스라엘, 뉴질랜드, 아이슬란드 등에 비해 1인당 GDP나 건강수명에서는 크게 뒤처지지 않는 반면 사회적 기초의 네 요인들에서는 크게 뒤처진다. 특히 그중에서도 가장 큰 차이를 보이는 것은 선택의 자유이고, 그 다음이 기부이다. 1인당 GDP와 건강수명 다음으로 주관적 웰빙에 영향이 큰 사회적 지지 면에서도 한국은 거의 대부분의 나라들보다 기여도가 낮다. 부패 인식 역시 마찬가지이다. 이러한 분석 결과를 보면 한국에서 주관적 웰빙 즉 행복도를 높이려면 물질적 요인들에 투자하기보다는 사회적 기초를 확충하려는 노력을 기울이는 것이 보다 시급하다고 할 수 있겠다.

이제 사회적 지지, 사회적 불안정성, 사회적 참여와 관용, 사회적 관계와 상호작용이 한국인 개개인의 행복도 차이에 어떻게 기여하는지를 살펴보도록 하자.

2. 사회경제적 불안과 사회적 지지(support)는 행복에 어떤 영향을 미치는가?

현대 사회의 특징을 위험사회라고 부르는 경우가 종종 있다. 위험사회를 과거의 초기 근대사회와 구분하는 주된 특징은 다음과 같다(Beck, 2014). 과거의 불평등이 주로 재산 소유와 소득에서의 차이에 기반을 둔 집단적 계급불평등의 성격이 강했다면 최근에는 위험에 노출되는 정도에서의 차이에 기반을 둔 보다 개인화된 불평등으로 바뀌고 있다. 사회적 상층이 위험의 영향으로부터 자유롭다면 하층은 위험에 자주 노출되어 불안을 안고 있다는 것이다.

이때 위험은 자연적 위험이나 과학기술적 위험도 있지만 사회적 위험이 더 중요하다. 초기 근대사회에서 복지는 고아, 장애인처럼 불행한 운명으로 인한 구사회적 위험 때문에 사회적 도움을 필요로 하는 사람들을 대상으로 시작되었다. 하지만 보다 최근으로 올수록 위험은 보다 광범해지고 또한 단지 불행한 운명일 뿐 아니라 사회 시스템의 항구적 속성이 되었다. 예컨대 노동시장에서 고용이 불안정해지면서 실업의 위험이 많은 사람들에게 닥치고 있고, 금융시장의 격변으로 갑작스런 빈곤에 몰릴 위험도 높아졌다. 이혼율이 높아지면서 여성 가구주의 문제도 등장하고, 퇴직 이후 노인 빈곤의 가능성도 늘고 있으며, 본인이나 가족의 건강 악화로 빈곤에 빠질 위험도 높아지고 있다. 새로운 사회적 위험은 사람들의 미래에 대한 불안감을 지속적으로 높이고 있는데, 이것이 사회 시스템의 항구적 속성이 되었다는 의미는 사회 시스템이 점점 복잡해지고 예상치 못한 환경변화의 가능성도 높아지면서 불확실성이 커지고 있다는 것이다.

커져만 가는 불확실성 앞에서 불안한 미래를 안고 살아가는 많은 사람들은 조금이라도 안정감을 줄 수 있는 것을 찾고자 한다. 그렇기 때문에 과거에는 물질적 조건에서의 결핍이 행복을 저해했다면 지금은 물질적 결핍도 중요하지만 그에 못지않게 미래의 불확실성으로 인한 불안감이 행복을 저해하게 되었다고 할 수 있다(Hacker, 2006). 이렇게 높아진 불확실성에 대해 사회적 안전망을 제공하는 것이야말로 이제는 정부와 민간의 복지서비스가 담당해야 할 중요한 역할이라고 할 수 있다. 2000년대 후반 미국과 유럽의 금융위기 이후 급증한 불확실성 때문에 불안해하는 사람들이 미국과 유럽에서 많이 늘었다고 하는데 한국도 예외가 아니다.

한국에서는 이미 외환위기 이후 경제의 글로벌화가 빠르게 진행되고, 기업들은 보다 유연한 고용을 선호하며, 금융 및 부동산 시장에서도 불확실성이 높아지면서 고용과 노후에 대한 불안감이 계속 높아져 왔다. 그런데 최근 들어서는 글로벌 경제까지 저성장에 접어들면서 수요가 빠르게 늘지 않아서 수출 중심 경제에 위험신호가 켜지기 시작했다. 청년들이 취업과 미래에 대한 걱정에 힘들어 한다면, 중장년층은 자녀에 대한 걱정과 본인의 노후에 대한 걱정을 동시에 해야 하는 상황이다.

미래의 위험에 대한 불안이 행복에 어떤 영향을 미치는지 확인하기 위해 본 연구에서 실시한 설문조사 자료를 분석했다. 노후, 일자리, 경제적 수입, 가족, 인간관계 등 다섯 가지에 대한 불안의 경험이 있는지를 7점 척도로 묻고 중간값인 4를 넘는 응답을 불안으로 간주해서 다섯 가지 중에서 몇 가지나 불안하게 생각하는지를 합쳐서 불안의 정도를 0부터 5까지의 값으로 계산했다. 계산된 불안의 정도에 따라 행복이 어떤 차이를 보이는지를 알기 위해서 앞에서와 마찬가지로 개인적 측면, 관계적 측면, 집단적 측면에서 삶의 만족을 7점 척도로 응답한 것을 100점으로 환산하였고, 또한 정서경험 중에서 부정적 정서경험이라고 할 수 있는 짜증, 부정적 느낌, 무기력함에 대해서도 7점 척도로 응답한 것을 100점으로 환산하였다.

다섯 가지의 불안 중에서 몇 가지나 경험했는가에 따라서 삶의 만족과 부정적 정서 경험이 얼마나 차이를 보이는지 나타낸 것이 '그림 6-2'와 '그림 6-3'이다.

'그림 6-2'를 보면 불안 경험이 늘어날수록 삶의 만족은 모든 측면에서 하락하며 특히 개인적 삶의 만족이 가장 큰 폭으로 하락했다. 불안 경험이 늘어나는 것은 만족도뿐만 아니라 정서 경험에도 유의한 영향을 미치는 것으로 나타났는데, '그림 6-3'을 보면 불안 경험이 늘어날수록 모든 부정적 정서 경험이 증가하는 것으로 나타났다. 이러한 분석 결과가 함의하는 바는 다음과 같다. 일자리와 소득, 노후와 가족에 대한 복지 서비스가 충분히 제공된다면 빈곤과 실업의 위험에 대한 불안감이 줄어들어 행복감도 높아질 것이다.

사회적 관계는 다양한 측면이 있지만 가장 중요한 것이 사회적 지지 즉 도움이 필요할 때 도움을 받을 수 있다는 것이다. 갑자기 어려운 상황에 놓이게 되었을 때 도움을 받을 수 있는 사람이 있는지, 있다면 몇 명이

그림 6-2 사회경제적 불안의 정도에 따른 삶의 만족 차이

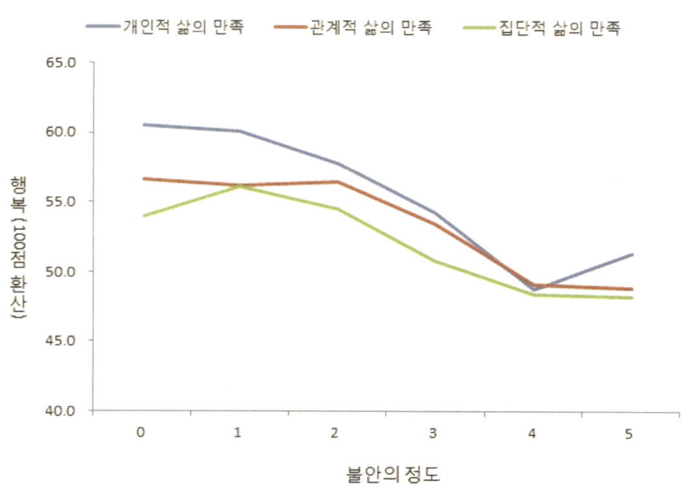

자료: 아산사회복지재단 공동연구 서베이 자료.

그림 6-3 사회경제적 불안의 정도에 따른 부정적 정서경험 차이

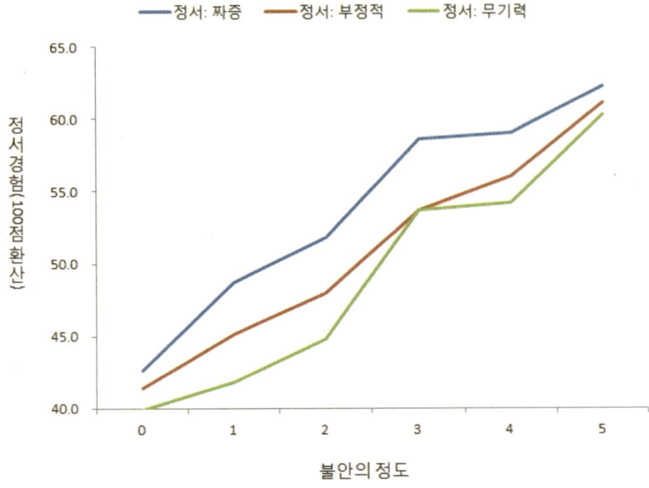

자료: 아산사회복지재단 공동연구 서베이 자료.

나 되는지는 사회생활에서 매우 중요한 사회적 자본의 역할을 한다. 특히 사회경제적 불안이 심해지는 상황에서 누군가 의지할 사람이 있다는 것은 매우 중요한 도움이 된다. '그림 6-4'는 어려울 때 도움 받을 사람이 있다고 응답한 비율의 연령대별 차이를 나라별로 보여준다.

국제적으로 한국 사회적 지지 수준을 비교해 보면 한국은 어려울 때 도움을 받을 수 있는 가능성이 전반적으로 낮은 편은 아니지만 도움을 받을 수 있는 가능성의 연령대별 차이가 크게 나타난다. 한국은 터키, 그리스와 함께 도움받을 사람이 있다는 비율이 연령대별로 차이를 보이며 그 중에서도 한국에서 연령대별 도움을 받을 수 있는 가능성의 차이가 가장 크다. 15~29세에서는 93%가 어려울 때 도움을 받을 수 있는 사람이 있다고 응답한 반면, 그 비율이 30~49세에서는 78%, 50대 이상에서는 61%로

그림 6-4 어려울 때 도움받을 사람이 있는 비율의 연령대별 국제 비교

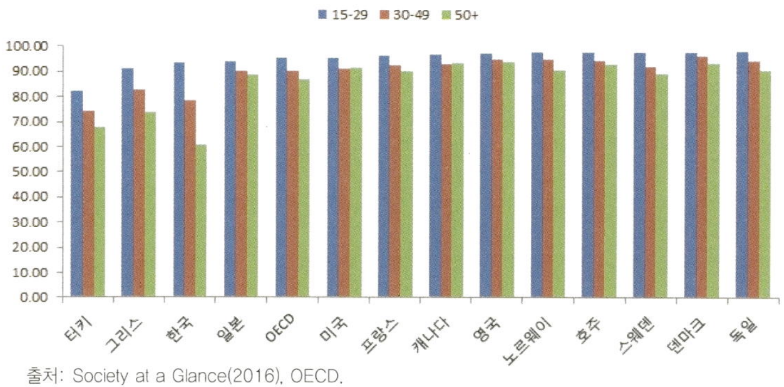

출처: Society at a Glance(2016), OECD.

급격하게 낮아지는 것으로 나타났다. 결국 한국에서는 나이를 먹음에 따라서 신체적, 물질적, 정신적 위험은 더욱 커져 가는데 그에 비해 정부 차원에서 연금 등을 통해 안정을 부여하는 역할은 제한되고 더 나아가 개인적으로 도움을 받을 수 있는 사람의 비율은 더욱 줄어든다고 할 수 있다.

'그림 6-5'는 사회경제적 배경과 인구학적 특성에 따라 물질적 측면에서의 사회적 지지의 정도를 비교해서 보여준다. 본 연구에서 실시한 설문조사에서는 사회적 지지와 관련된 질문이 포함되지 않아 한국행정연구원의 사회통합실태조사의 2016년 조사 자료를 활용하여 분석하였다. 연령대에 따른 차이는 위에서 본 것과 마찬가지로 상당히 커서 2-30대와 60대는 각각 25%, 33%의 사람들이 갑자기 돈이 필요할 때 도움을 받을 수 있는 사람이 없는 것으로 나타났다. 직업 측면에서는 전문-사무직에 비해 생산-서비스직이 물질적 측면에서의 사회적 지지가 약했으며, 가정주부와 학생 등 경제활동을 하지 않는 경우가 가장 사회적 지지가 취약했다. 거주지역을 보면 수도권과 비수도권 사이에 큰 차이를 발견하기 힘들

그림 6-5 사회경제적, 인구학적 배경별 물질적 측면의 사회적 지지 비교

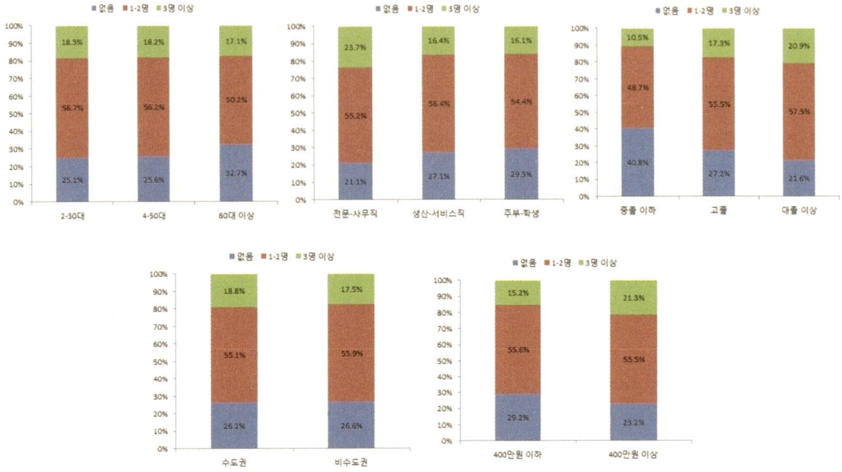

자료: 사회통합실태조사, 한국행정연구원, 2016.

다. 또한 가구소득 측면에서 보면 400만 원 이하인 경우 29%가 돈을 빌릴 사람이 없다고 응답해서 400만 원 이상의 가구에 속한 경우의 23%에 비해 사회적 지지를 받기 어려운 것으로 나타났다. 물질적 측면의 사회적 지지에서 가장 큰 격차를 낳는 것은 학력 수준으로 중졸 이하인 경우 41%가 급히 돈을 빌릴 사람이 없는 것으로 나타나 대졸 이상의 22%에 비해 큰 차이를 보였다.

그러면 급히 돈이 필요할 때 돈을 빌릴 수 있는 사람의 유무와 몇 명이 있는지가 삶의 만족에 얼마나 차이를 가져오는지 살펴보자. '그림 6-6'은 한국행정연구원의 사회통합실태조사에서 세대별로 급히 돈이 필요할 때 돈을 빌릴 사람이 있는지에 대한 응답에 따라 삶의 전반적 만족의 수준이 어떻게 다른지를 보여준다. 전반적으로 물질적 측면에서 사회적 지지를

그림 6-6 물질적 측면의 사회적 지지와 삶의 만족 수준

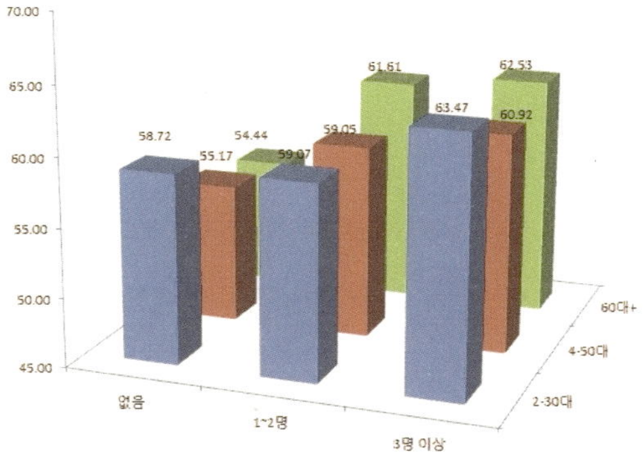

자료: 사회통합실태조사, 한국행정연구원, 2016.

받을 수 있는 사람과 그렇지 못한 사람 간의 삶의 만족 차이가 큰 것은 60대 이상이며, 가장 차이가 크지 않은 것은 2-30대인 것을 알 수 있다. 60대 이상에서 의지할 사람이 없는 경우 만족도가 100점에서 54점인 반면, 한 명이라도 있는 경우 62점이 된다. 반면 2-30대는 의지할 사람이 없는 경우 59점으로 1-2명인 경우와 큰 차이를 보이지 않는다. 2-30대에서는 물질적으로 급할 때 의지할 사람의 유무보다는 몇 명이 있는가가 더 큰 차이를 보이는 반면, 4-50대와 60대 이상에서는 의지할 사람의 유무가 더 큰 차이를 보인다.

그러면 급히 돈이 필요할 때 의지할 사람이 있는지, 몇 명 있는지는 정서적 경험에는 어떤 영향을 미칠 것인가? '그림 6-7'은 긍정적 정서경험으로서 행복감과 부정적 정서경험으로서 우울감에 미치는 물질적 차원에서 사회적 지지의 효과를 보여준다. 그림 왼편의 행복감에 대한 물질적 사회적 지지의 효과를 살펴보면 삶의 만족과 마찬가지로 2-30대에서는

그림 6-7 물질적 측면의 사회적 지지와 정서경험

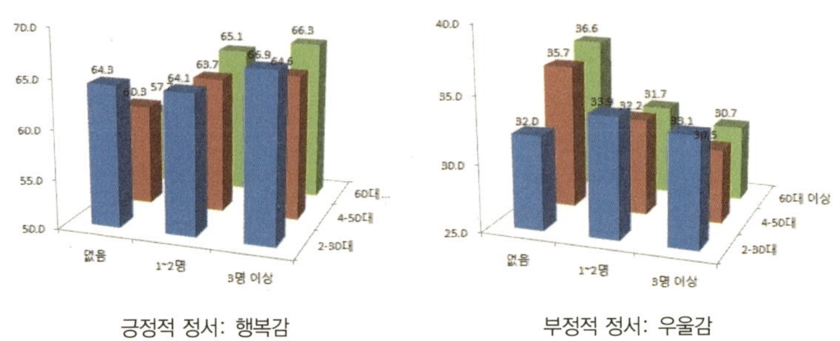

긍정적 정서: 행복감 부정적 정서: 우울감

자료: 사회통합실태조사, 한국행정연구원, 2016.

급할 때 물질적 도움을 청할 사람이 없는 경우(64.3)와 있는 경우(64.1)의 행복감에서의 차이가 거의 없는 반면, 4-50대에서는 도움을 얻을 수 있는 경우(63.7)가 없는 경우(60.3)에 비해 행복감이 더 크고, 60대에서는 없는 경우(57.1)와 있는 경우(65.1)의 차이가 더 크게 나타난다. 오른편의 부정적 정서경험으로서 우울감에 대한 물질적 측면의 사회적 지지의 효과는 긍정적 정서경험의 경우와 다르다. 긍정적 정서경험과 반대로 생각한다면 급할 때 돈을 빌릴 사람이 있는 경우가 없는 경우에 비해 부정적 정서경험이 줄어야 할 것이다. 4-50대의 경우(35.7→32.2)와 60대 이상의 경우(36.6→31.7) 이러한 예상과 부합하는 반면, 2-30대의 경우 도움을 받을 사람이 한 명이라도 있는 경우(35.9)가 그렇지 못한 경우(32.0)보다 우울감이 조금 더 높다.

사회적 지지는 물질적 측면에서만 필요한 것은 아니다. 외롭거나 우울할 때 함께 대화를 나눌 사람이 있는지 여부도 마찬가지로 중요하다. 특히 요즘처럼 사회적 관계의 단절과 고립이 늘어나는 사회에서 누군가 나

의 고민이나 괴로움을 들어줄 사람, 조언이 필요할 때 조언을 해줄 사람의 존재는 매우 중요하다.

대화를 통해 사회적 지지를 제공해줄 사람이 몇 명이나 되는지를 사회통합실태조사에서 질문한 결과에 대한 응답의 분포를 사회경제적 배경과 인구학적 특성에 따라 나타낸 것이 '그림 6-8'이다. 이 그림을 보면 우선 함께 이야기할 상대를 구하는 것은 물질적 도움을 받을 상대를 찾는 것보다는 더 가능성이 높은 편이다. 연령대에 따른 차이를 보면 물질적 도움의 상대와 마찬가지로 2-30대(7.8%)에서 4-50대(10.2%), 60대(11.3%)로 연령대가 높아질수록 대화상대가 없는 사람이 늘어난다. 직업에 따른 비교에서도 물질적 도움과 마찬가지로 전문-사무직에 비해 생산-서비스직이 더 대화상대가 부족하고, 가정주부와 학생 등 경제활동을 하지 않는

그림 6-8 사회경제적, 인구학적 배경별 대화 측면의 사회적 지지 비교

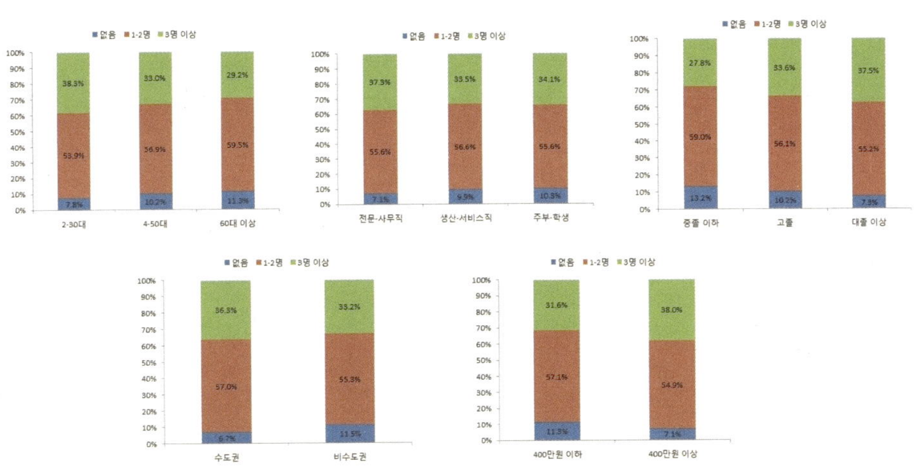

자료: 사회통합실태조사, 한국행정연구원, 2016.

경우가 가장 취약했다. 거주지역을 보면 수도권(6.7%)에 비해 비수도권(11.5%)에서 대화상대가 없는 경우가 더 많다. 또한 가구소득 측면에서 보면 400만 원 이하인 경우 11.3%가 대화상대가 없다고 응답해서 400만 원 이상 가구의 7.1%에 비해 대화상대가 없는 비율이 더 높다. 급히 돈을 빌릴 사람과 마찬가지로 외로울 때 대화상대의 유무 역시 학력 수준에 따라 차이를 보여서 중졸 이하인 경우 13.2%가 대화상대가 없다고 응답한 반면 대졸 이상은 7.3%인 것으로 나타났다.

외롭거나 우울할 때 대화를 나눌 상대가 몇 명이 있는지가 삶의 만족에 어떤 영향을 미치는지 살펴보자. '그림 6-9'는 사회통합실태조사에서 외롭거나 우울할 때 대화를 나눌 상대가 몇 명 있는지에 대한 응답에 따라 연령대 별로 삶의 전반적 만족의 수준에 어떤 차이를 가져오는지를 보여준다. 금전적, 물질적으로 도움을 받을 수 있는 사람의 존재 유무에 비해 대화가 필요할 때 이야기할 사람의 존재 유무는 삶의 만족에 더 큰 차

그림 6-9 대화를 통한 사회적 지지와 삶의 만족

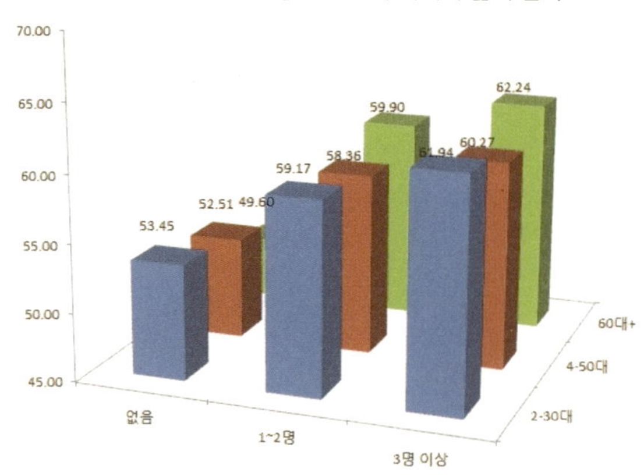

자료: 사회통합실태조사, 한국행정연구원, 2016.

이를 낳는다. 또한 물질적, 금전적 도움을 받을 사람의 유무가 주로 4-50대와 60대 이상에서 삶의 만족에 차이를 가져온 반면 2-30대에서는 별다른 차이를 가져오지 않았던 것에 비해 대화 상대의 유무는 모든 연령대에서 차이가 보인다. 2-30대의 경우 외롭거나 우울할 때 대화상대가 없는 경우 만족도가 100점에서 53.5이고, 한두 명인 경우 59.2이며, 대화상대가 3명 이상인 경우 61.9이다. 4-50대의 경우 외롭거나 우울할 때 대화할 상대가 없는 경우가 100점에 52.5이고, 한두 명인 경우 58.4이며, 3명 이상일 때 60.3이다. 마지막으로 60대 이상에서는 외롭거나 우울할 때 대화상대가 없는 경우 100점에서 49.6이고, 한두 명인 경우 59.9이며, 3명 이상인 경우 62.2이다. 60대 이상은 대화상대가 있는 경우 다른 연령대보다 삶의 만족도가 높지만, 대화상대가 없는 경우 모든 연령대에서 가장 삶의 만족도가 낮아져, 대화상대의 유무에 크게 영향을 받는 것으로 나타났다.

외롭거나 우울할 때 대화를 나눌 상대가 몇 명이나 되는지가 정서적 경험에 미치는 영향은 어떠한가? '그림 6-10'은 긍정적 정서경험으로서 행복감과 부정적 정서경험으로서 우울감에 미치는 대화상대를 통한 사회적 지지의 효과를 보여준다. 그림 왼편의 행복감에 대한 대화상대의 사회적 지지 효과를 살펴보면 삶의 만족에 대한 효과와 달리 2-30대에서는 외롭거나 우울할 때 대화할 상대가 없는 경우(64.5)와 있는 경우(63.6)의 행복감에서의 차이가 별로 없는 반면, 4-50대에서는 대화 상대가 있는 경우(63.0)가 없는 경우(57.3)에 비해 행복감이 더 크고, 60대에서는 없는 경우(55.8)와 있는 경우(62.9)의 차이가 더 크다. 오른편의 부정적 정서경험으로서 우울감에 대한 대화 상대의 사회적 지지 효과는 긍정적 정서경

그림 6-10 대화를 통한 사회적 지지와 정서 경험

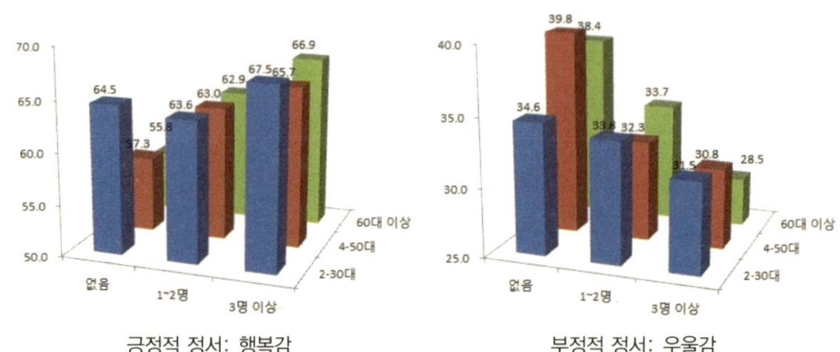

긍정적 정서: 행복감　　　부정적 정서: 우울감

자료: 사회통합실태조사, 한국행정연구원, 2016.

험의 경우와 반대 양상이다. 2-30대에서 대화상대가 없는 경우(34.6)와 한 명이라도 있는 경우(33.8)의 차이는 크지 않고 3명 이상인 경우(31.5) 우울감이 줄어드는 반면, 4-50대의 경우(39.8→32.3)와 60대 이상의 경우(38.4→33.7) 대화상대가 없는 경우에 비해 한 명이라도 있는 경우 우울감이 크게 줄어든다. 특히 대화상대가 있음으로써 우울감이 줄어드는 효과는 4-50대에서 두드러진다. 이 세대에서 외로울 때 대화의 필요성이 특히 중요하다고 할 수 있다.

마지막으로 신체적으로 불편하거나 병 때문에 집안일 도움이 필요할 때 도움을 받을 사람이 있는지 여부가 주관적 웰빙으로서 행복에 미치는 영향을 살펴보자. 고령화와 1인 가구의 증가로 인해 건강의 문제와 함께 집안일과 돌봄을 도와줄 사람에 대한 필요는 더욱 높아지고 있다. 따라서 사회적 지지로서 신체적으로 어려울 때 도움을 청할 사람이 있는지 여부는 매우 중요한 사회적 지지의 측면이다.

'그림 6-11'은 사회경제적 배경과 인구학적 특성에 따라 신체적으로

그림 6-11 사회경제적, 인구학적 배경별 신체적 측면의 사회적 지지 비교

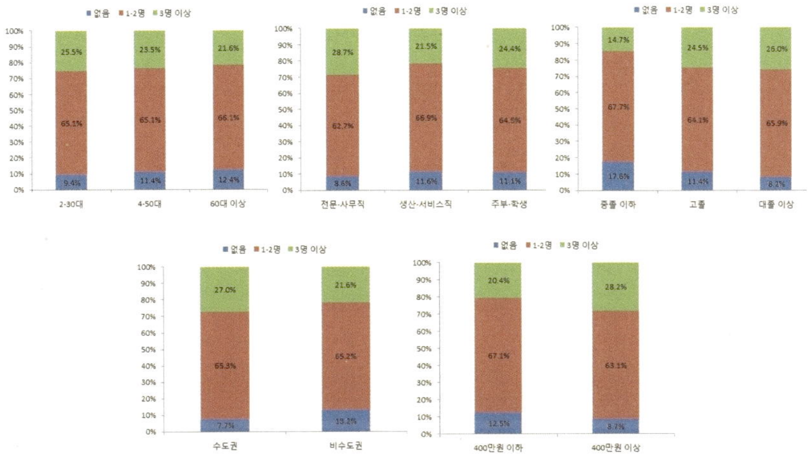

자료: 사회통합실태조사, 한국행정연구원, 2016.

어려울 때 도움을 받을 수 있는 사람이 있는지 여부가 어떤 차이를 보이는지 보여준다. 대화상대와 마찬가지로 신체적으로 어려울 때 도움을 받을 사람은 금전적으로 필요할 때 도움을 받을 사람보다 가능성이 좀 더 높다. 연령대별로 비교하면 2-30대에서는 신체적 도움이 필요할 때 의지할 사람이 없는 비율이 9.4%, 4-50대는 11.4%, 그리고 60대 이상은 12.4%로 연령이 높아짐에 따라 조금씩 높아진다. 또한 직업 면에서는 전문-사무직보다 생산-서비스직이, 그리고 그에 비해 주부-학생이 신체적 어려움의 상황에서 도움을 청할 사람을 더 구하기 어려운 것으로 나타났다. 하지만 그 차이는 크지는 않다. 지역별로 비교하면 수도권(7.7%)이 비수도권(13.2%)에 비해 신체적 도움을 받지 못하는 고립의 비율이 낮은 것으로 나타났으며, 가구소득별로 보면 400만 원 이하인 집단(12.5%)에서 400만

원 이상(8.7%)에 비해 신체적으로 도움이 필요할 때 도움을 받지 못할 가능성이 높은 것을 볼 수 있다. 신체적 도움을 받기 힘든 사회적 지지의 부재 즉 고립은 학력에 의해 가장 크게 영향을 받는데 중졸 집단에서 17.6%인 반면, 고졸은 11.4%, 그리고 대졸 이상에서는 8.2%인 것으로 나타났다.

신체적으로 도움이 필요할 때 도움을 청할 수 있는 사람이 몇 명인가가 삶의 만족에 미치는 영향을 살펴보자. '그림 6-12'는 사회통합실태조사에서 질병 등으로 인해 도움을 받아야 할 때 도움을 청할 수 있는 사람이 몇 명인지에 따라 연령대별로 삶의 전반적 만족 수준이 어떤 차이를 보이는지를 제시한다. 신체적 도움이 필요할 때 도움을 받을 수 있는 사람의 수는 금전적, 물질적으로 도움을 받을 수 있는 사람의 존재 유무와 대화가 필요할 때 이야기할 사람의 존재 유무의 중간 정도로 삶의 만족에 영향을 미친다. 2-30대의 경우 신체적으로 도움이 필요할 때 도움을 받을 사람이 없는 경우의 삶의 만족도가 100점에서 57.6이고, 한두 명인 경

그림 6-12 신체적 측면의 사회적 지지와 삶의 만족

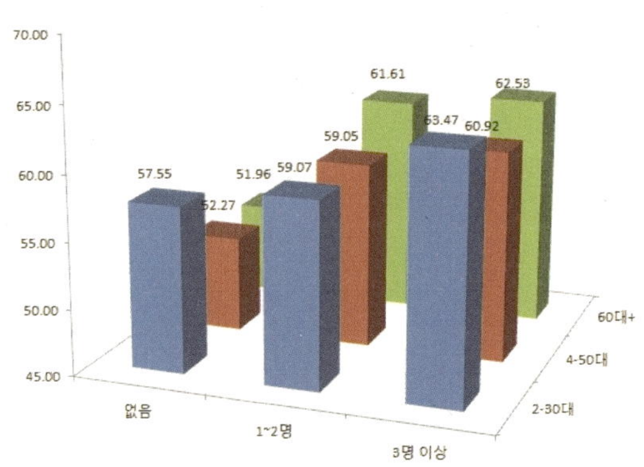

자료: 사회통합실태조사, 한국행정연구원, 2016.

우 59.1이며, 도움 받을 사람이 3명 이상인 경우 63.5이다. 4-50대의 경우 신체적으로 도움이 필요할 때 도움을 받을 사람이 없는 경우 100점에 만족도가 52.3이고, 한두 명인 경우 59.1이며, 3명 이상일 때 60.9이다. 마지막으로 60대 이상에서는 신체적 도움의 필요시 도움을 받을 사람이 없는 경우 100점에서 만족도는 52.0이고, 한두 명인 경우 61.6이며, 3명 이상인 경우 62.5이다. 2-30대보다는 4-50대가 신체적 도움을 필요로 할 때 도움을 청할 사람이 있는지가 삶의 만족도에 더 큰 영향을 미치며, 가장 큰 영향을 받는 집단은 60대 이상인 것을 알 수 있다.

신체적 도움을 필요로 할 때 도움을 청할 상대가 몇 명이나 되는지가 정서적 경험에 미치는 영향을 살펴보자. '그림 6-13'은 긍정적 정서경험으로서 행복감과 부정적 정서경험으로서 우울감이 신체적 도움을 필요로 할 때 도움을 청할 사람의 존재 여부와 그 수에 따라 어떤 차이를 보이는지 제시한다. 그림 왼편의 행복감에 대한 신체적 측면에서의 사회적 지지

그림 6-13 신체적 측면의 사회적 지지와 정서경험

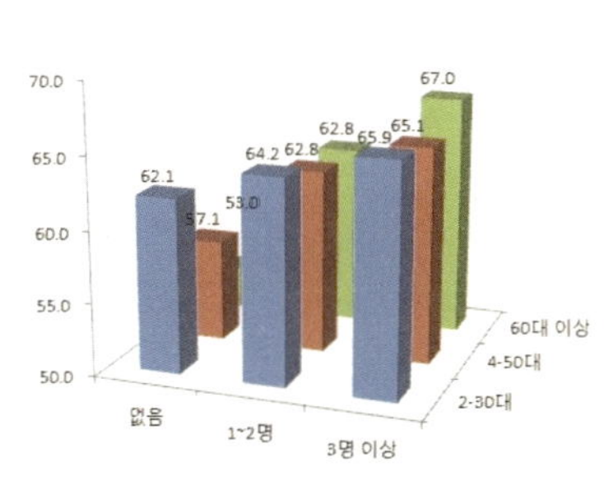

긍정적 정서: 행복감

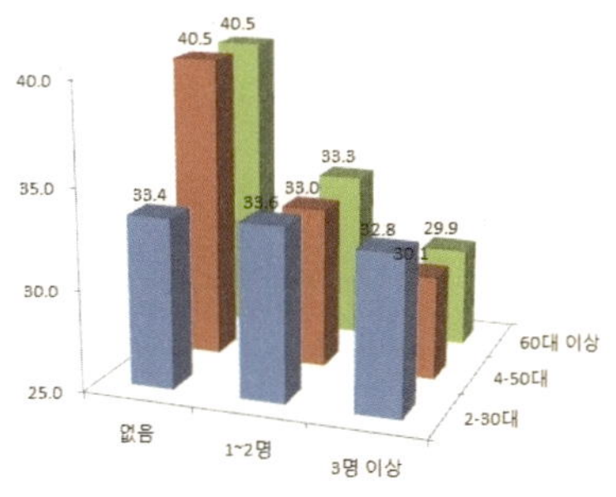

부정적 정서: 우울감

자료: 사회통합실태조사, 한국행정연구원, 2016.

효과를 살펴보면 삶의 만족에 대한 효과에 비해 2-30대에서는 신체적 도움을 받을 상대가 없는 경우(62.1)와 한 명이라도 있는 경우(64.2)의 행복감에서의 차이가 크지 않은 반면, 4-50대에서는 도움 상대가 있는 경우(62.8)가 없는 경우(57.1)에 비해 행복감이 더 크고, 60대에서는 없는 경우(53.0)와 있는 경우(62.8)의 차이가 더 크다. 오른편 부정적 정서경험으로서 우울감에 대한 신체적 도움 상대의 사회적 지지 효과는 긍정적 정서경험의 경우와 반대 양상이며 더욱 차이가 두드러진다. 2-30대에서 대화상대가 없는 경우(33.4)와 한 명이라도 있는 경우(33.6)의 차이는 거의 없는 반면, 4-50대의 경우(40.5→33.0)와 60대 이상의 경우(40.5→33.3) 대화상대가 없는 경우에 비해 한 명이라도 있는 경우 우울감이 크게 줄어든다. 4-50대와 60대 이상은 거의 비슷한 정도로, 신체적 도움이 필요할 때 도움을 받을 사람의 존재가 우울감을 감소시키는 효과가 크다.

3. 사회적 참여는 행복을 얼마나 높이는가?

행복의 사회적 기초로서 사회적 지지가 어려움이나 괴로움에 직면했을 때 도움을 받을 수 있는 사람의 존재로서 부정적 상황에 대처할 수 있는 소극적 혹은 반응적 측면에서의 사회적 관계의 효과라면, 사회적 참여는 그와 달리 적극적이고 능동적으로 자신이 원하는 바를 성취하기 위해 사회적 집단에 참여하고 이를 통해 자신감이나 만족감을 얻는 것이다. 사람들은 가족과 직장 이외에 다양한 사회단체나 조직들에 참여함으로써 자신이 얻고자 하는 바를 얻거나, 자신의 관심과 취미를 즐기거나, 아니면 사람들과 만나고 교류하는 즐거움을 누린다. 인간이 사회적 동물이라고 할 때 그 의미에서 중요한 것은 인간이 다양한 사회적 관계를 통해 편익을 누릴 뿐 아니라 그 자체로서 만족을 얻는다는 것이다.

특히 가족과 직장 이외의 다양한 사회단체나 조직들은 자발적으로 참여하고 활동한다는 의미에서 자발적 결사체(voluntary association)라 불리기도 한다. 이러한 자발적 결사체의 중요성을 처음 주목했던 것은 18세기 『미국의 민주주의』를 저술한 프랑스의 철학자이자 역사가인 알렉시스 드 토크빌(Alexis de Tocqueville)이었다. 프랑스 혁명이 일어난 후에 미국을 여행한 토크빌은 미국 사람들이 유럽 사람들 특히 프랑스 사람들과 달리 자치와 참여의 전통이 강하고 이러한 전통이 미국에서 민주주의가 발달할 수 있는 사회적 기초가 되었다고 주장하였다. 오랜 시간이 지난 후 미국의 정치학자 로버트 퍼트남(Robert Putnam)은 이러한 토크빌의 주장에 주목해서 미국에서 민주주의의 위기와 정치적 냉소가 높아지는 현상을 자발적 결사체에 대한 참여의 감소와 연결시켜 민주주의의 발전을 가져오려면 자발적 결사체 참여가 높아져야 한다고 주장했다. 그리고 이러한 자발적 결사체에 적극적으로 참여해서 활동하는 것을 퍼트남은 사회적 자본이라고 불렀다.

자발적 결사체에 적극적으로 참여하는 것은 사회 전체적으로 사회적 자본 형성과 민주주의 발전에만 기여하는 것은 아니다. 자발적 결사체 참여는 참여하는 개개인에게도 많은 혜택을 가져온다. 자발적 결사체 참여로 얻게 되는 혜택은 대체로 다음 세 가지 측면에서 생각해 볼 수 있다.

하나는 자발적 결사체 참여를 통해 자신이 얻고자 하는 바, 즉 유용한 자원이나 정보를 얻을 수 있는 도구적 측면이다. 이처럼 자신이 얻고자 하는 바를 단체에 참여하거나 다른 사람들과의 관계를 통해 얻는 것을 사회학자 제임스 콜맨(James Coleman)은 개인 수준에서의 사회적 자본이라 했다. 결사체 참여로 얻는 혜택의 두 번째 측면은 앞에서 살펴본 사회적 지지의 확보이다. 단체에 참여해서 만나고 함께 어울리는 사람들과의 친밀한 관계는 이후 어려운 상황에 놓이게 되었을 때 도움을 얻을 수 있는 잠재적인 사회적 자본이 된다. 이때 사람들은 도움을 얻을 수 있는 확신을 높이는 강한 관계를 추구하기도 하고 다양하고 중복되지 않는 자원이나 정보를 확보할 수 있는 약한 관계를 추구하기도 한다. 자발적 결사체를 통해 얻을 수 있는 세 번째 혜택은 사람들과 어울리고 함께 활동하면서 얻는 즐거움과 만족 그 자체이다. 심리학자인 애브러함 매슬로우(Abraham Maslow)는 인간의 동기가 생존을 위한 동물적 욕구만이 아니고 보다 높은 차원의 인간적인 욕구들도 포함하며, 생리적 욕구나 안전의 욕구가 충족된 이후에 인간은 소속(belonging)의 욕구를 추구한다고 하였다. 소속에 대한 욕구는 지위 및 다른 사람들로부터의 인정에 대한 욕구와 밀접히 관련된다.

이러한 세 차원에서의 혜택 때문에 자발적 결사체에 참여하는 개인들은 자신들이 참여하지 않았다면 누리지 못했을 즐거움과 만족, 긍정적 정서 경험을 갖게 될 가능성이 높다. 하지만 자발적 결사체 참여를 통해 개인들이 언제나 긍정적 결과만을 얻는 것은 아니다. 조직과 단체 생활은 다른 사람들과 함께 지내며 자신을 다른 사람들의 요구나 기대에 맞춰야

하는 경우가 많다. 직장에 비해 자발적 결사체는 덜하지만 여전히 다른 사람들과 함께 생활하고 활동해야 할 필요는 부담과 스트레스를 가져올 수도 있다. 따라서 자발적 결사체 참여를 통해서 얻는 긍정적 효과는 보다 많은 단체에 참여할 경우 계속 늘어나기만 하지 않고 어느 한계를 넘으면 거꾸로 줄어들 수도 있다.

그러면 먼저 전반적으로 자발적 결사체라고 할 수 있는 다양한 사회단체나 조직들에 대한 참여의 비율이 얼마나 되는지 연령대별 비교를 통해서 살펴보자. '그림 6-14'는 2-30대와 4-50대의 자발적 결사체 참여율을 종류별로 비교한다.

이 그래프를 보면 전반적으로 2-30대에 비해 4-50대의 결사체 참여가 더 비율이 높아서 참여가 활발하다는 것을 알 수 있다. 특히 차이가 많이 나는 것은 동창회와 상부상조 단체, 자원봉사 단체 그리고 종교단체 등이다. 반면 동호회 성격을 갖는 취미와 문화단체는 연령대를 불문하고 참여

그림 6-14 연령대별 자발적 결사체 종류별 참여율 비교

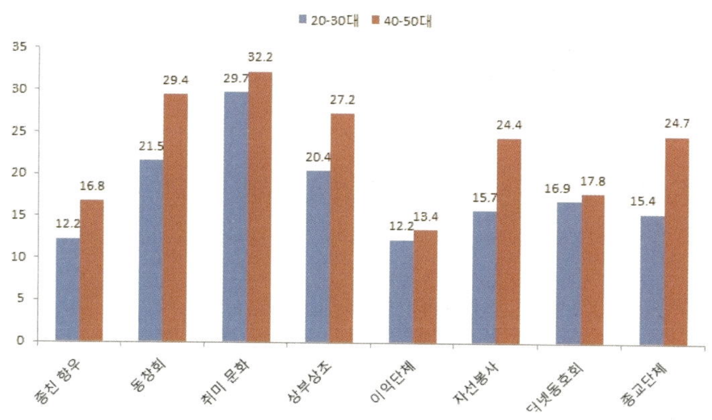

자료: 아산사회복지재단 공동연구 서베이 자료.

율이 전반적으로 높은 편이다. 또한 종친 및 향우회와 이익단체, 그리고 인터넷 동호회는 연령대별 차이가 별로 없이 참여율이 높지 않은 편에 속한다. 연령대별 결사체 종류별 비교를 통해 알 수 있는 바는 다음과 같다. 연고적 성격이 강한 단체의 경우 종친과 향우회는 전반적으로 참여율이 낮고 동창회는 2-30대에 비해 4-50대 참여가 더 활발하다. 특정한 목적의 이익단체는 참여자격이 제한되기 때문에 연령대 구별 없이 참여가 높지 않은 반면, 상부상조 모임은 2-30대보다는 4-50대에서 참여가 더 많다. 다른 사람들을 돕는 자선봉사모임이나 종교단체의 경우 2-30대보다는 4-50대에서 보다 참여가 높다.

그러면 자발적 결사체 참여가 참여자들의 삶의 만족에 어떤 영향을 미치는지 살펴보자. '그림 6-15'는 연고 및 이익 중심의 자발적 결사 참여 정도가 세대별로 개인적, 관계적, 집단적 측면에서의 삶의 만족에 어떤 차이를 가져오는지 보여준다. 연고 및 이익 중심의 결사체들은 종친 및 향우회, 동창회, 이익단체, 상부상조 모임이며, 이들 모임의 특징은 대체로 이 모임이나 단체에 참여하는 사람들에게 이익과 혜택을 서로 주기 위한 성격의 모임이나 단체라는 점이다. 이 그림의 횡축은 이들 네 종류의 자발적 결사체 중에서 참여하는 종류가 몇 개인가를 나타낸다. 자발적 결사체 참여 정도에 따라 행복이 어떤 차이를 보이는지를 알기 위해서 앞에서와 마찬가지로 개인적 측면, 관계적 측면, 집단적 측면에서 삶의 만족을 7점 척도로 응답한 것을 100점으로 환산하였다.

세대별 연고-이익 단체 참여에 따른 삶의 만족을 비교하면 2-30대와 4-50대 사이에 차이를 발견할 수 있다. 전반적으로 보다 많은 종류의 결

그림 6-15 세대별 연고-이익 단체 참여에 따른 삶의 만족 차이

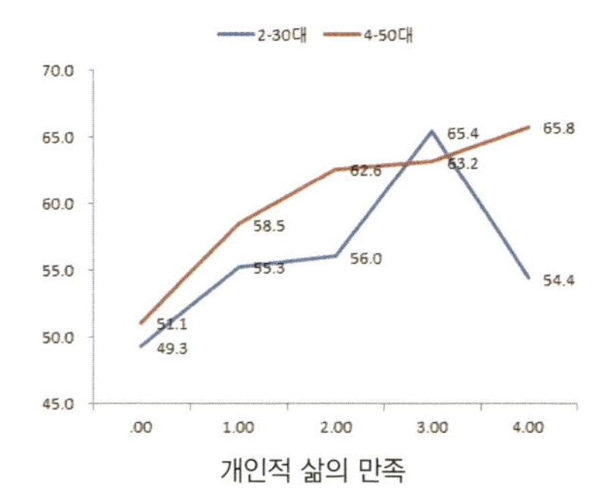

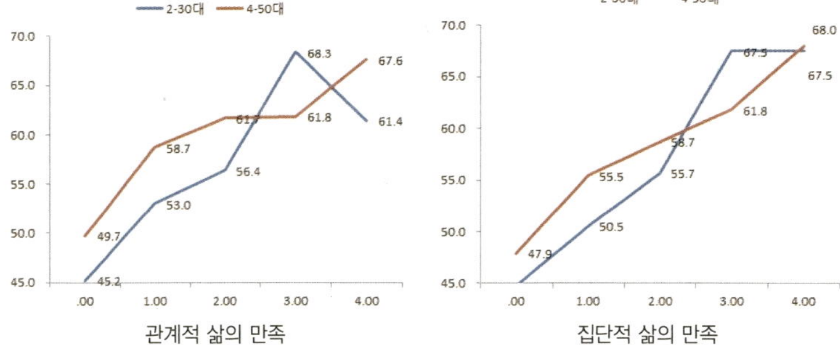

자료: 아산사회복지재단 공동연구 서베이 자료.

사체에 참여할수록 만족도가 높아지기는 하지만 4-50대의 경우 이런 만족의 증가가 지속되는 반면, 2-30대의 경우에는 3종류에서 4종류로 갈수록 만족이 정체되거나(집단적 삶) 아니면 오히려 감소한다(개인적 삶과 관계적 삶). 또한 2-30대의 경우 4-50대에 비해 전반적으로 개인적, 관계적, 집단적 삶의 만족이 더 낮은 편이지만 2종류에서 3종류로 참여가 늘어나면서는 만족이 크게 높아져 2-30대가 4-50대보다 만족의 정도가 높다. 전체적으로 4-50대에 비해 2-30대는 3종류를 넘는 결사체에 참여하면 더 이상 만족이 늘지 않고 오히려 감소한다는 점에 주목할 만하다.

4-50대 연령층이 좀더 집단주의적이어서 여러 종류의 결사체 참여가 지속적으로 삶의 만족을 높이는 반면, 보다 개인주의적인 2-30대는 너무 많은 종류의 단체에 참여할 경우 삶의 만족이 지속적으로 높아지지는 않는 것을 볼 수 있다.

그러면 연고-이익 단체에의 참여가 정서경험에 미치는 영향은 어떤가? 연고-이익 단체의 참여와 정서경험의 관계를 보기 위해 역시 연고-이익 단체 참여 정도를 참여하는 단체들의 종류의 수로 측정하고 정서경험 중에서 긍정적 정서경험은 즐거움, 행복감, 편안함, 부정적 정서경험

그림 6-16 세대별 연고-이익 단체 참여에 따른 긍정적 정서경험 차이

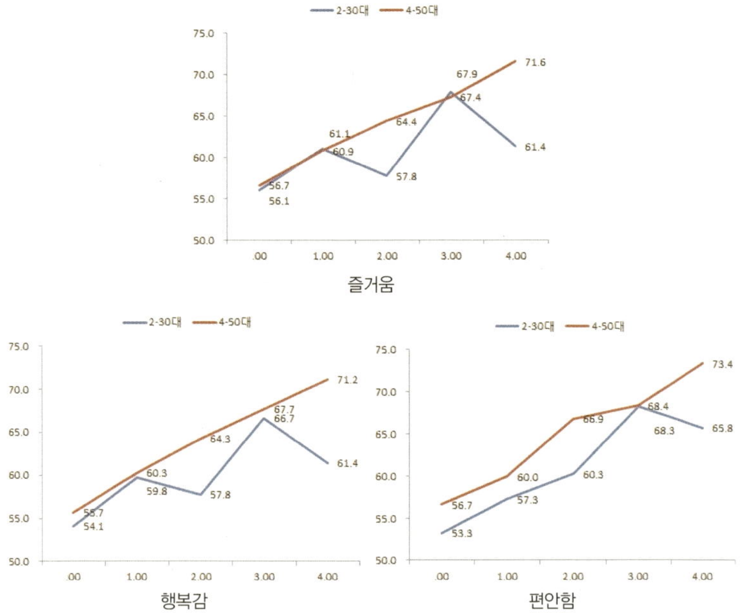

자료: 아산사회복지재단 공동연구 서베이 자료.

은 짜증, 부정적 느낌, 무기력함의 정도를 7점 척도로 응답하게 하여 100점으로 환산하여 각각 비교한 것이 '그림 6-16'과 '그림 6-17'이다.

먼저 '그림 6-16'에 제시된 연고-이익 단체 참여 정도와 긍정적 정서경험과의 관계를 살펴보자. 연고-이익 단체 참여의 긍정적 정서경험에 대한 효과는 2-30대와 4-50대가 상당한 차이를 보인다. 즐거움과 행복감, 편안함 모두 4-50대에서는 참여하는 단체의 종류가 늘어나면서 긍정적 정서경험이 높아지지만, 2-30대에서는 일관된 패턴을 보이지 않고 4종류

그림 6-17 세대별 연고-이익 단체 참여에 따른 부정적 정서경험 차이

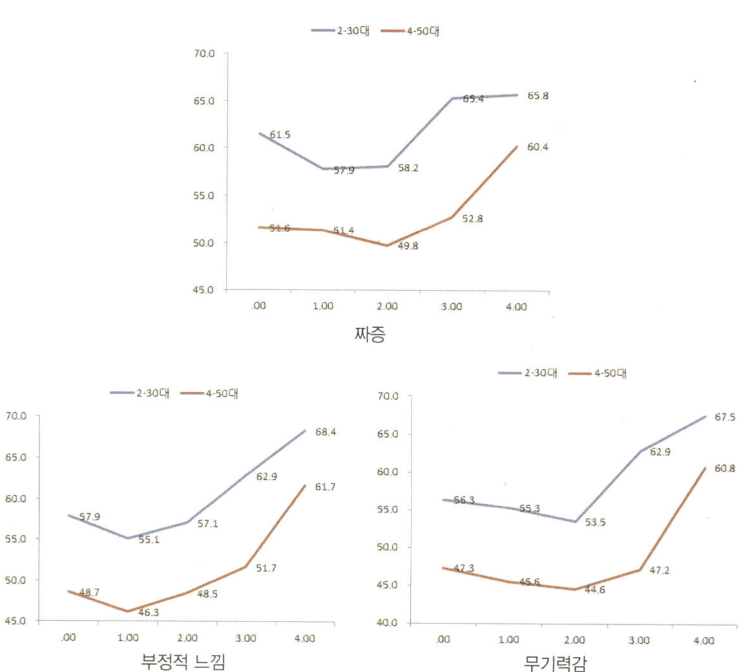

자료: 아산사회복지재단 공동연구 서베이 자료.

중에서 3종류의 단체에 참여할 때 가장 긍정적 정서경험이 높고 이후에는 감소하는 것으로 나타났다.

'그림 6-17'에 제시된 연고-이익 단체 참여와 부정적 정서경험의 관계는 앞서 살펴본 연고-이익 단체가 삶의 만족이나 긍정적 정서경험에 미치는 영향과 상당히 다른 양상을 보여준다. 앞에서도 2-30대의 경우 연고-이익 단체 참여하는 종류가 늘어날수록 일정 수준이 지난 뒤에는 만족과 긍정적 정서경험이 감소했다. 하지만 4-50대의 경우는 참여가 늘어날수록 일관되게 만족과 긍정적 정서경험이 높아지는 것을 보여주었다. 그런데 부정적 정서경험에서는 앞에서와 달리 2-30대만이 아니라 4-50대에서도 연고-이익 단체 참여와 부정적 정서경험의 정도 사이에 비일관된 U-자형의 관계를 발견한다. 연고-이익 단체에 참여하는 종류가 늘어날수록 2-30대와 4-50대 모두 짜증과 무기력감은 두 종류 참여할 때까지는 감소하다가 이를 넘어서면 오히려 빠르게 높아지는 것을 볼 수 있다. 부정적 느낌은 2-30대와 4-50대 모두 전혀 참여하지 않다가 한 종류 참여하면서는 줄어들지만 더 많이 참여하면 빠르게 부정적 느낌이 늘어나는 것을 볼 수 있다.

연고-이익 단체와 비교해서 취미-봉사 단체에 참여하는 것은 삶의 만족이나 정서경험에 어떤 영향을 미칠까? '그림 6-18'은 취미-봉사 단체의 참여하는 종류의 수와 개인적, 관계적, 집단적 삶의 만족 사이의 관계를 보여준다.

취미-봉사 단체에 참여하는 것은 연고-이익 단체에 참여하는 것과 삶의 만족에 미치는 영향이 상당한 차이를 보인다. 연고-이익 단체에 참여

그림 6-18 세대별 취미-봉사 단체 참여에 따른 삶의 만족 차이

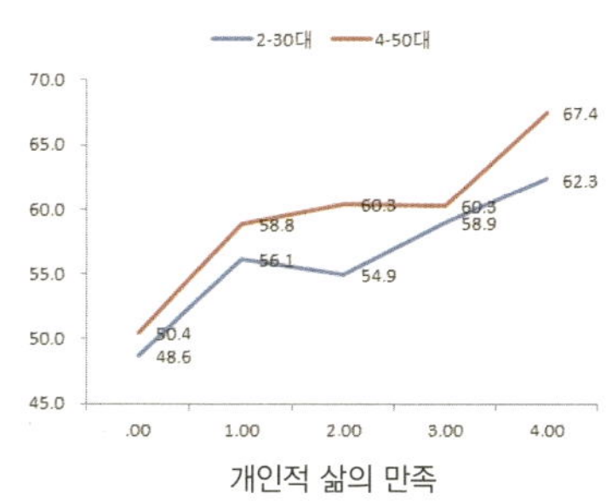

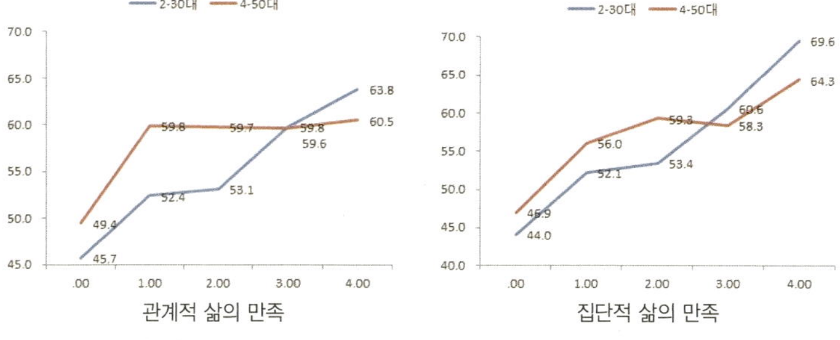

자료: 아산사회복지재단 공동연구 서베이 자료.

하는 경우 참여하는 단체의 종류가 늘어날수록 2-30대에서 일정 수준까지 삶의 만족이 높아지지만 이후에는 줄어드는 반면 4-50대의 경우 참여하는 단체의 종류가 늘어나면서 지속적으로 삶의 만족이 높아졌다. 반면 취미-봉사 단체에 대한 참여는 2-30대와 4-50대 모두 참여하는 단체의 종류가 늘어남에 따라서 대체로 지속적으로 삶의 만족이 높아진다. 관계적 측면의 삶의 만족에 대해서만 4-50대의 경우 한 종류 이상 단체에 참여하는 것이 별다른 삶의 만족 증가를 가져오지 못하는 것으로 나타났다.

연고-이익 단체와 취미-봉사 단체 참여가 다양한 삶의 만족에 미치는 영향에서 발견한 차이는 다음과 같이 해석할 수 있다. 연고-이익 단체 역

시 자발적 결사체이기는 하지만 때로는 사회적 관계의 필요상 혹은 개인의 이익 때문에 부득이하게 참여하는 경우도 있다. 반면 취미-봉사 단체는 보다 더 자발적이고 본인이 원하는 대로 참여할 가능성이 더 높다. 연고-이익 단체는 이러한 특성 때문에 취미-봉사 단체보다 더 긴장이나 부담이 생길 가능성이 있으며, 4-50대에 비해 개인주의 성향이 더 강한 편이라고 할 수 있는 2-30대는 만약 반자발적인 연고-이익 단체에 참여가 일정 수준 이상으로 늘어나면 그것이 삶의 만족을 높이기보다 반대로 떨어뜨릴 수 있을 것이다.

그러면 취미-봉사 단체 참여가 정서경험에 미치는 영향은 어떠한가?

그림 6-19 세대별 취미-봉사 단체 참여에 따른 긍정적 정서경험 차이

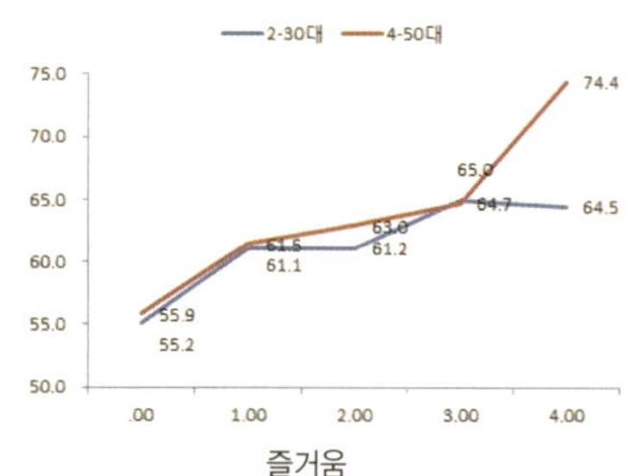

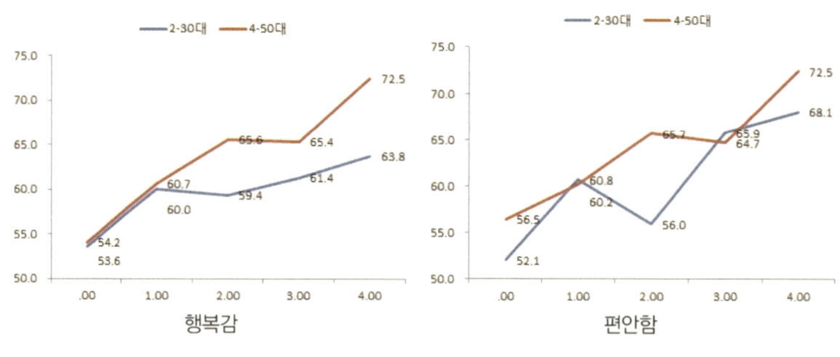

자료: 아산사회복지재단 공동연구 서베이 자료.

'그림 6-19'와 '그림 6-20'은 취미-봉사 단체에 참여하는 것이 긍정적 정서경험으로서 즐거움, 행복감, 편안함과 부정적 정서경험으로서 짜증, 부정적 느낌, 무기력감에 미치는 영향을 분석한 결과를 제시한다.

'그림 6-19'를 보면 취미-봉사 단체 참여가 긍정적 정서경험에 미치는 영향은 2-30대와 4-50대 모두 참여 단체 종류가 늘어날수록 긍정적 정서경험이 증가하는 것으로 나타났다. 예외적으로 편안함의 느낌에서만 2-30대의 경우 한 종류에서 두 종류로 증가하면서 편안함의 정도가 조금 낮아지지만 이후에는 참여 단체의 종류가 늘어나면서 편안함 정도가 다시 높아진다. 이러한 관계는 연고-이익 단체의 경우 4-50대에서는 비슷한

그림 6-20 세대별 취미-봉사 단체 참여에 따른 부정적 정서경험 차이

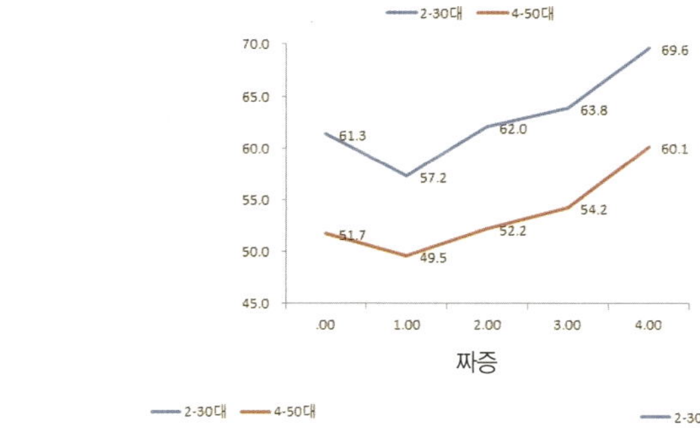

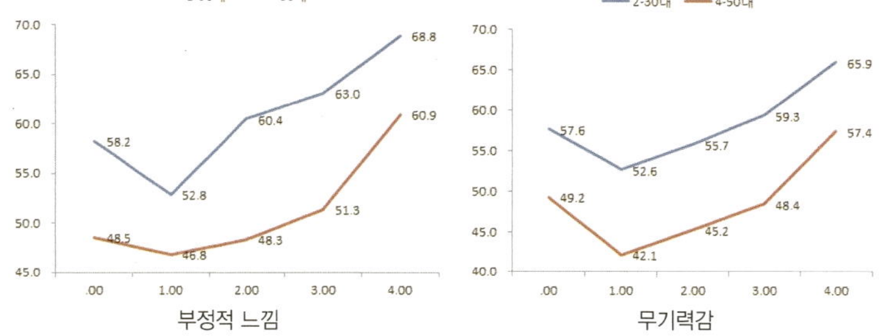

자료: 아산사회복지재단 공동연구 서베이 자료.

양상을 발견할 수 있지만 2-30대에서는 일관된 패턴을 보이지 않다가 세 종류 이상 단체에 참여할 경우 긍정적 정서경험이 감소했던 것과 다른 결과이다. 삶의 만족에 대한 영향의 해석과 마찬가지로 취미-봉사 단체 참여가 보다 자발적이고 따라서 본인의 의사에 따른 참여가 긍정적 효과의 증가를 가져오는 것으로 볼 수 있다.

'그림 6-20'에서 취미-봉사 단체 참여가 세대별로 부정적 정서경험에 미치는 영향을 살펴보면 앞서 연고-이익 단체 참여에 따른 세대별 부정적 정서경험과 비슷하다는 것을 발견하게 된다. 앞서 연고-이익 단체 참여 역시 전혀 참여가 없다가 한 종류의 단체에 참여하면 부정적 정서경험인 짜증, 부정적 느낌, 무기력감이 줄어들지만 이후 더 많은 종류의 단체에 참여하면 부정적 정서경험이 높아지는 것으로 나타났다. 동일한 패턴이 취미-봉사 단체의 참여에서도 나타났다. 결국 취미-봉사 단체가 보다 더 자발적이라고는 하지만 이 단체도 여러 종류의 단체에 참여하게 되면 연고-이익 단체와 마찬가지로 부정적 정서경험을 높인다고 할 수 있다.

4. 관용과 배려는
행복을 얼마나 높이는가?

앞에서는 어려움에 닥쳤을 때 도움을 받을 수 있는 가능성으로서 사회적 지지로부터 오는 보호와 보다 적극적으로 사회적 결사에 참여함으로써 얻는 만족과 즐거움에 대해 주로 개인의 관점에서 살펴보았다. 하지만 이러한 자기중심적(ego-centric) 측면에서의 사회적 기초와 달리 사회 전반적인 관점에서 행복에 영향을 미치는 요인들이 존재한다. 그 대표적인 예가 사회적 관용과 배려라고 할 수 있다. 배려와 관용은 점점 개인화되고 다양해지는 사회 속에서 개인들을 존중하고 각각의 존재를 인정하며 차이들에 대해 수용하거나 적어도 배척하지 않으려는 노력이나 태도를 의미한다. 사회가 단순하고 동질적인 경우에는 서로 안면이 있거나 적어도 공통의 소속감이나 집합의식의 기초를 통해 사회적 유대와 결속이 유지될 수 있지만 요즘과 같은 복잡하고 다양성이 높은 사회에서는 어렵다. 이때 공유하는 바를 극대화하는 것이 아니라 서로 다른 것을 용인하고 인정하는 것이 중요하다.

사회적 이질성이나 다양성을 서로 용인하지 못하고 타인에 대한 배려가 부족해지면 개인이나 집단간 갈등이 일어날 가능성이 높아질 뿐 아니라 사회 속에서 불만이나 불안을 느끼는 사람들이 늘어나게 된다. 결국 이러한 갈등과 불만, 불안은 주관적 웰빙으로서 행복에 대해서도 부정적 영향을 미칠 수 있다. 따라서 사람들이 사회적으로 배려와 관용에 대해 어떻게 느끼는가에 따라서 주관적 웰빙의 수준 역시 영향을 받을 것을 예상할 수 있다. 사회적으로 배려와 관용이 높다고 생각하는 사람들의 경우 주관적 웰빙의 수준이 더 높은 반면, 배려와 관용의 수준이 낮다고 생각하는 사람들은 주관적 웰빙 또한 낮은 수준을 보일 것이다.

사회적 배려와 관용에 대한 평가와 주관적 웰빙의 관계를 보기 위해 본 공동연구의 설문조사 자료를 분석하였다. 사회적으로 배려와 관용이 어느 정도 수준인지를 7점 척도로 응답한 결과를 중간값인 4점을 기준으로 넘는 경우를 배려와 관용이 높다고 또한 반대의 경우를 낮다고 간주하였다. '그림 6-21'은 사회경제적 배경 및 인구학적 속성에 따라 한국 사회의 배려와 관용 수준을 어떻게 느끼는지 비교한 결과이다.

연령대별로 비교하면 2-30대에 비해 4-50대가 배려와 관용을 느끼는 정도가 높다. 또한 직업과 학력별로 비교하면 학력이 낮을수록 또한 직업의 사회적 위신이 낮을수록 배려와 관용을 느끼는 비율이 낮다. 특히 생산-서비스직과 전문-사무직 간 차이가 크며, 고졸 이하와 대졸의 차이가 크다. 수도권과 비수도권을 비교하면 수도권에서 배려와 관용을 느끼는 비율이 높으며, 가구소득 수준에 따라 비교하면 큰 차이는 아니지만 소득이 높을수록 배려와 관용을 느끼는 비율이 높은 것으로 나타났다.

개인적, 관계적, 집단적 측면에서의 삶의 만족을 7점 척도로 응답한 것을 100점으로 환산해서 사회적 배려와 관용의 수준에 대한 평가에 따라

그림 6-21 사회경제적, 인구학적 배경별 배려와 관용의 주관적 수준

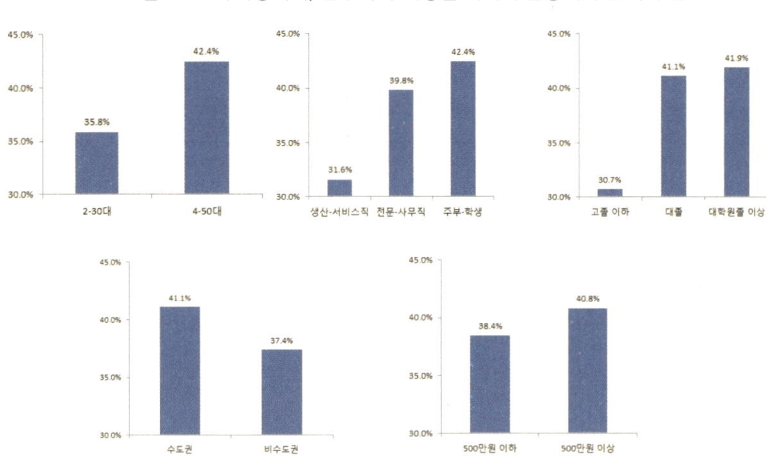

자료: 아산사회복지재단 공동연구 서베이 자료.

세대별로 여러 측면에서의 삶의 만족이 어떤 차이를 보이는지 살펴보았다. '그림 6-22'는 이러한 배려와 관용에 대한 평가와 삶의 만족이 세대별로 어떤 관계를 보이는지 보여준다.

이 그림에서는 삶의 만족의 개인적, 관계적, 집단적 측면 모두 그리고 2-30대와 4-50대 모두 배려와 관용이 높다고 생각할수록 삶의 만족이 높아지는 것으로 나타났다. 특히 개인적 측면과 관계적 측면에서 2-30대가 삶의 만족에 미치는 배려와 관용의 효과가 크지 않은 것에 비해 4-50대에서는 배려와 관용이 높다고 생각할수록 만족 수준이 크게 높아진다. 집단적 수준에서의 만족은 배려와 관용을 느낄수록 삶의 만족이 높아지는

그림 6-22 세대별 주관적 배려와 관용 수준에 따른 삶의 만족

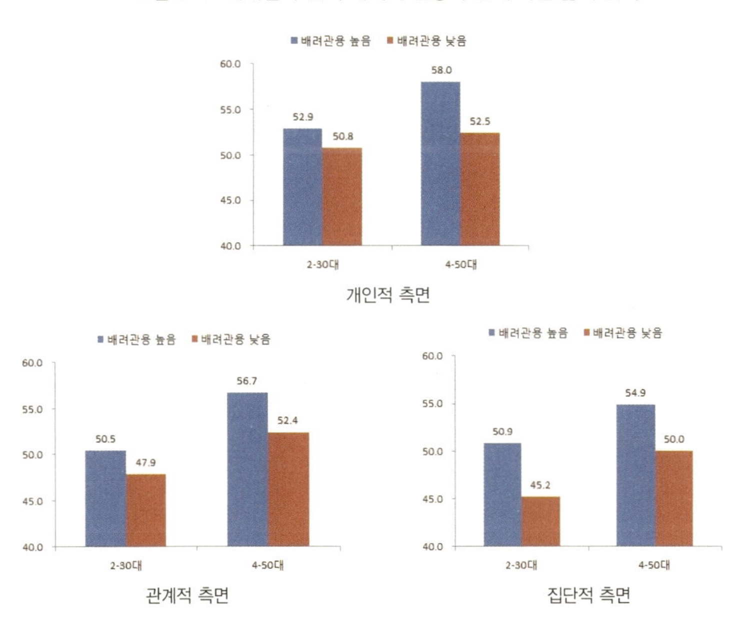

자료: 아산사회복지재단 공동연구 서베이 자료.

정도가 2-30대와 4-50대에서 별다른 차이를 보이지 않는다.

'그림 6-23'은 세대별로 주관적 배려와 관용 수준에 따른 긍정적 정서경험인 즐거움, 행복감, 편안함에서의 차이를 보여준다. 앞서 삶의 만족과 유사하게 주관적 배려와 관용 수준에 따른 긍정적 정서경험의 차이는 4-50대에서 더 두드러지게 나타나는 것을 볼 수 있다. 즐거움과 행복감의 면에서 2-30대의 경우 주관적 배려와 관용 수준이 높고 낮음에 따라서 거의 차이가 없게 나타난다. 반면 4-50대에서는 비교적 뚜렷하게 배려와 관용을 느끼는 사람들의 행복감과 즐거움이 그렇지 않은 사람들보다 높다. 편안함의 정서에서는 2-30대와 4-50대 모두 주관적으로 배려와

그림 6-23 세대별 주관적 배려와 관용 수준에 따른 긍정적 정서경험

즐거움

행복감

편안함

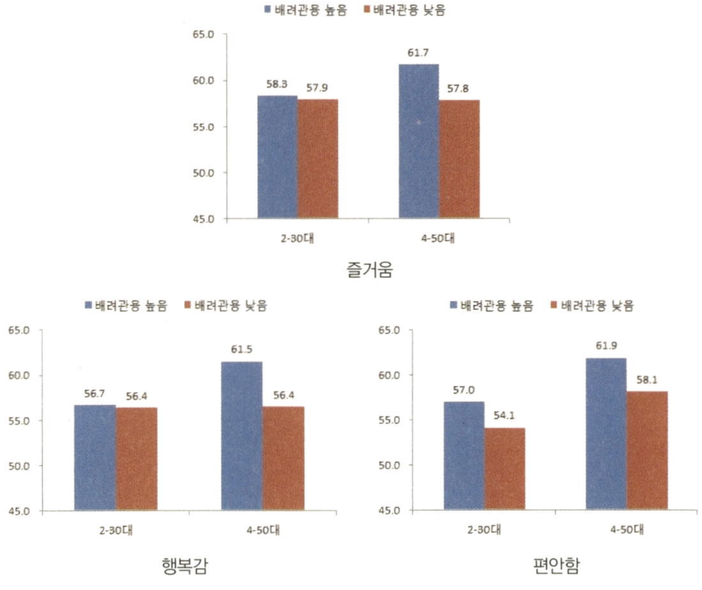

자료: 아산사회복지재단 공동연구 서베이 자료.

관용을 느끼는 사람들이 더 편안함을 느끼는 것으로 나타났다.

'그림 6-24'는 세대별로 주관적 배려와 관용 수준에 따른 부정적 정서경험인 짜증, 부정적인 느낌, 무기력감에서의 차이를 보여준다. 앞의 삶의 만족이나 긍정적 정서경험과 달리 부정적 정서경험에서의 주관적 배려와 관용의 효과는 4-50대에 비해 2-30대에서 더 두드러진다. 짜증과 부정적 느낌에서 모두 4-50대의 경우 주관적 배려와 관용에 따른 차이가 거의 없는 반면, 2-30대에서는 주관적 배려와 관용을 느낄수록 짜증과 부정적 느낌이 낮게 나타난다. 무기력감은 2-30대와 4-50대 모두 주관적으로 배려와 관용을 느끼는 사람들이 근소하게 무기력감을 덜 느끼는 것

그림 6-24 세대별 주관적 배려와 관용 수준에 따른 부정적 정서경험

■ 배려관용 높음 ■ 배려관용 낮음

65.0
60.0
55.0
50.0
45.0

59.5 63.5 52.2 51.4

2-30대 4-50대

짜증

■ 배려관용 높음 ■ 배려관용 낮음

65.0
60.0
55.0
50.0
45.0

56.3 60.8 49.3 48.6

2-30대 4-50대

부정적 느낌

■ 배려관용 높음 ■ 배려관용 낮음

65.0
60.0
55.0
50.0
45.0

56.0 57.9 48.2 46.0

2-30대 4-50대

무기력감

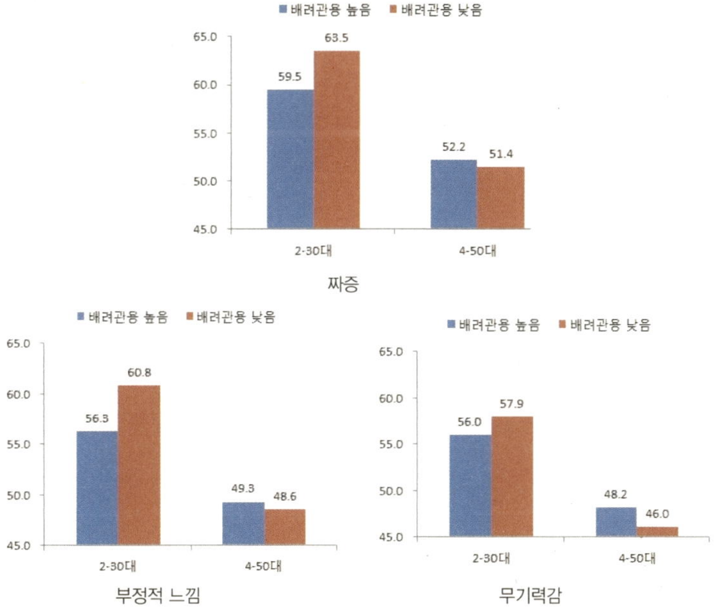

자료: 아산사회복지재단 공동연구 서베이 자료.

으로 나타났다.

결론적으로 보면 한국 사회에서 배려와 관용이 삶의 만족이나 정서경험에 미치는 영향은 연령대에 따라 다르게 나타난다고 할 수 있다. 삶의 만족이나 긍정적 정서경험에 대해서는 모든 측면이 똑같지는 않지만 대체로 2-30대가 배려와 관용을 느끼는 정도에 따라 삶의 만족이나 긍정적 정서경험이 상대적으로 차이를 덜 보이는 편이라면 4-50대는 배려와 관용을 느끼는 정도에 따라 상대적으로 더 큰 차이를 보인다. 반면 부정적 정서경험에서는 2-30대가 4-50대에 비해 상대적으로 더 배려와 관용에 영향을 많이 받는 것으로 나타났다. 하지만 전반적으로 연령대에 따라 주관적 웰빙의 다른 측면들이 좀더 많이 영향을 받기는 하지만 사회적으로 배려와 관용을 많이 느낄수록 주관적 웰빙으로서 행복 수준이 높아진다고 할 수 있다. 결국 이러한 분석 결과는 한국 사회에서 부족한 행복의 사회적 기초를 확충하고자 한다면 개인 수준에서 사회적 지지를 받을 수 있도록 하고 사회적 참여를 높이는 외에도 사회 전반적으로 배려와 관용의 수준을 높이도록 하려는 노력이 필요하다는 것을 시사한다.

5. 한국인은 언제 누구와 무엇을 할 때 행복한가?

앞에서는 주관적 웰빙으로서 행복의 사회적 기초와 관련하여 주로 사회적 통합에 기여하는 사회적 지지, 사회적 참여, 그리고 배려와 관용의 측면에서 살펴보았다. 이제는 일상생활에서의 사회적 관계와 상호작용으로 초점을 바꾸어 살펴보고자 한다.

우리는 일상생활 속에서 끊임없이 다양한 사람들과 함께 생활한다. 가정에서는 가족들과, 직장에서는 동료들과, 그밖의 시간에는 친구들이나 지인 등 다양한 사람들과 어울려 함께 생활한다. 이처럼 다양한 장소와 시간에서 함께 생활하며 상호작용을 할 사람들이 없는 경우 우리는 사회적으로 고립되었다고 한다. 사회적 고립은 앞서 사회적 지지와 관련하여 살펴본 바와 같이 주관적 웰빙으로서 행복을 저해한다.

하지만 함께 생활하며 상호작용을 할 사람이 있다고 해서 모두가 똑같이 주관적 웰빙이 높은 것은 아니다. 오히려 때로는 함께 있는 것이 괴롭고 불편해서 주관적 웰빙을 낮추기 때문에 함께 있지 않기를 바라는 사람들도 있을 수 있다. 행복의 사회적 기초의 마지막으로 여기에서는 사람들이 누구와 함께 시간을 보낼 때 더 주관적 웰빙으로서의 행복이 높아지는지를 살펴보고자 한다.

이러한 일상생활에서의 행복과 그 사회적 맥락 즉 누구와 함께 있는가에 대해서는 연구방법이 일반적 설문조사와 상이하기 때문에 본 연구에서 직접 자료를 수집하지 못하였다. 본 연구에서 실시한 일반적 설문조사에서는 생각이나 의견의 경우 현재를 기준으로 질문하지만 느낌이나 정서경험에 대해서는 회고적으로 질문하는 경우가 많다. 하지만 회고적으로 질문하는 경우 특정 시점이나 상황을 질문할 경우 회고상의 오류가 발생할 가능성이 있기 때문에 조사가 부정확해질 우려가 있다. 이러한 경우 사용되는 조사방법이 경험표집법(experience sampling method)이다. 이 방법은 다양한 시점에서 실시간으로 행복 경험과 관련된 시간적 맥락(언제), 행동적 맥락(무엇을 하는가), 그리고 사회적 맥락(누구와 함께 있는가)을 조사하는 방법이다.

우리는 구재선과 서은국(2011)의 연구 결과를 통해 경험표집법으로 수집된 행복의 구체적 상황과 사회적 맥락에 대해 좀더 확인하고자 한다. 그들의 연구는 하루 중 다양한 시점에서 조사 대상자들에게 현재 무슨 일을 하고 있으며, 누구와 함께 있는가를 질문하였으며, 동시에 그때그때의 행복의 수준, 즉 삶의 만족 및 정서경험을 통해서 측정하였다. 이들의 연구에서 나타난 하루 일상의 시간적, 행동적, 사회적 맥락에 따라 행복감이 어떻게 영향을 받는지를 아래 분석 결과를 통해 살펴보자.

'그림 6-25'는 시간대별로 다양한 사회적 위치에 있는 사람들의 평균적 행복감의 변이를 보여준다. 전반적으로 행복감의 수준에서 대학(원)생과 직장인이 주부 및 노인에 비해 행복감이 더 낮은 것으로 나타났지만,

그림 6-25 시간적 맥락에 따른 행복감의 차이

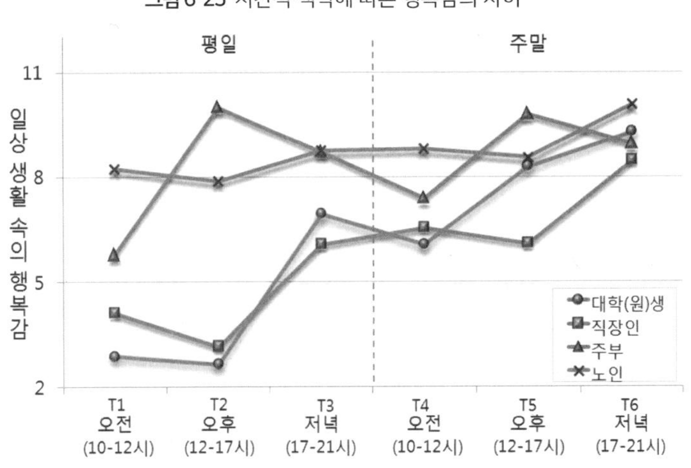

출처: 구재선, 서은국(2011).

보다 중요한 것은 시간대에 따른 행복감의 증감 혹은 상승과 하강이다. 대학(원)생과 직장인이 업무 및 학업시간에 해당되는 평일의 오전과 오후에는 행복감이 상대적으로 낮다가 업무 및 학업이 끝나는 시간에 행복감이 상승하는 반면, 주부의 경우 집안일을 대체로 마무리하고 식구가 별로 없는 오후에 행복감이 가장 높다가 가족들이 돌아오는 저녁 시간에는 행복감이 감소한다. 한편 주말에는 각 집단별로 차이가 줄어드는 것을 볼 수 있다. 이러한 분석 결과는 시간적 맥락에서 볼 때 업무 및 학업, 가사를 시작하고 끝내는 시간 및 일상생활의 리듬이 행복감의 변화와 일치한다는 것을 보여준다.

시간적 맥락에서 발견한 이러한 패턴은 행동적 맥락에 따른 행복감의 비교에서도 확인된다. 여러 집단들 중에서 가장 행복감이 낮은 것은 직장인이 일을 할 때이고, 그 다음으로 낮은 것은 대학(원)생이 공부할 때이다. 반면 전업주부나 노인이 일이나 공부를 할 때에는 행복감이 낮지 않고 오히려 높은 편이다. 모든 집단의 사람들에게 공통적으로 행복감이 가장 높은 행동적 맥락은 먹고 대화하기이다. 모든 집단에서 어떤 행동을 할 때보다도 먹고 대화할 때 가장 행복한 것으로 분석 결과 밝혀졌다. 한편 여가시간과 관련해서 비교해보면 여가시간에 가장 행복감이 낮은 것은 대학(원)생과 전업주부인 것으로 나타났는데, 대학(원)생의 경우는 소극적 여가에서, 전업주부는 적극적 여가에서 행복감이 낮았다. 대체로는 소극적 여가에 비해 적극적 여가를 즐길수록 행복감이 상승하였지만 전업주부의 경우에는 소극적 여가와 적극적 여가의 구분이 별로 의미가 없었다. 활동적 맥락에 따른 차이를 가장 크게 보이는 집단이 직장인과 대학(원)생이

그림 6-26 행동적 맥락에 따른 행복감의 차이

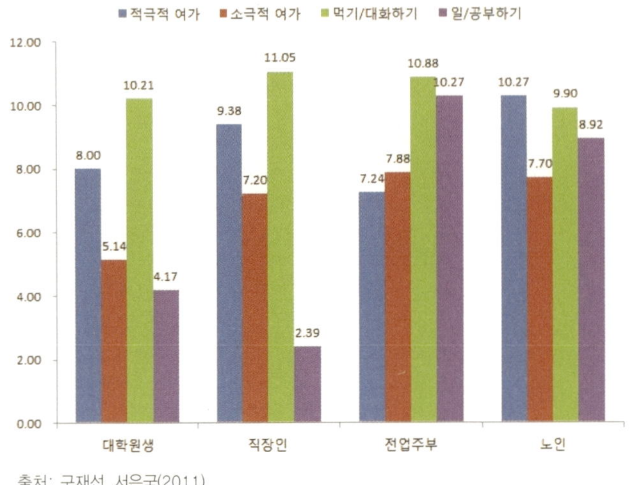

출처: 구재선, 서은국(2011).

라면 전업주부와 노인은 활동적 맥락에 따른 차이가 그리 크지 않다.

사회적 맥락에 따라 즉 누구와 함께 있는가에 따른 행복감에서의 차이를 보여주는 것이 '그림 6-27'이다. 이 그림에서 두드러진 것은 혼자 있을 때 가장 행복감이 낮아지는 것이 대학(원)생이고 그 다음이 직장인인 반면, 혼자 있을 때 행복감이 가장 높게 나타난 것이 노인이고 그 다음이 전업주부라는 점이다. 일반적으로 노인들의 외로움과 고립을 많이 이야기하고 걱정하는 것에 비해 볼 때 이러한 결과는 의외이다. 하지만 노인들이 혼자 시간을 보내는 경우가 일반적으로 더 많고 그 다음이 주부라고 할 때 이들이 혼자 있는 것에 익숙한 반면 많은 시간을 친구나 동료들과 함께 보내는 대학(원)생 및 직장인의 경우 이에 익숙하지 못하다고 볼 수 있다. 또한 두드러진 사실은 동료나 친구와 함께 있을 때 가장 행복감이

그림 6-27 사회적 맥락에 따른 행복감의 차이

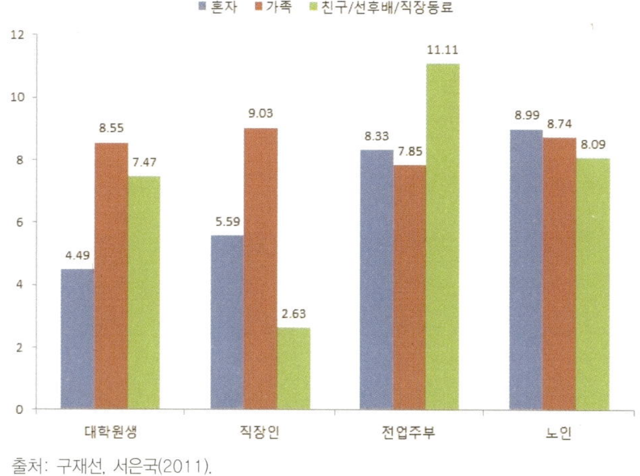

출처: 구재선, 서은국(2011).

낮은 것이 직장인이라는 사실이다. 이는 동료나 상사와의 상호작용이 많은 긴장과 스트레스를 동반하기 때문으로 볼 수 있다.

위에서 우리는 한국 사회에서 다양한 집단의 사람들이 다양한 시간적, 행동적, 사회적 맥락에서 느끼는 행복감에 큰 차이를 보이는 것을 살펴보았다. 특히 주목할 점은 대학(원)생과 직장인들이 일관되게 일하고 공부하는 시간에 다른 사람들과의 관계가 행복감을 높이기보다는 낮추는 역할을 한다는 사실이다. 한국에서 학교 및 직장에서의 생활과 경험이 보다 행복감을 느낄 수 있도록 바뀌어야 할 필요가 시급하다고 할 수 있다. 또한 여가시간이 서로 다른 집단의 사람들에게 행복감을 높이는 효과가 상당한 차이를 보인다는 사실이다. 일반적으로 일-생활의 균형을 강조하는 것이 최근의 일반적 경향인데 보다 행복감을 높일 수 있도록 일과 생활의 균형을 어떻게 추구해야 할지, 보다 깊은 고민이 필요하다.

참고문헌

구재선 · 서은국, 2011, 「한국인, 누가 언제 행복한가?」, 『한국심리학회지: 사회 및 성격』 25(2), 143-166.

김명소 · 김혜원 · 차경호 · 임지영 · 한영석, 2003, 「한국 성인의 행복한 삶의 구성요인 탐색 및 척도개발」, 『한국심리학회지: 건강』 8(2), 415-442.

______. 2003, 「한국인의 행복한 삶에 대한 인구통계학적 특성별 분석」, 『한국심리학회지』 8(22), 1-33.

김명소 · 김혜원 · 차경호, 2001, 「심리적 안녕감의 구성개념분석: 한국 성인 남녀를 대상으로」, 『한국심리학회지: 사회 및 성격』 15(2), 19-39.

김명숙, 2008, 「물질주의 및 탈물질주의의 영향요인과 정치적 효과에 관한 경험적 연구」, 『한국자치행정학보』 22(1), 65-82.

김석호, 2017, 「행복(Happiness)과 삶의 질(Quality of Life)의 측정」, 한국사회복지정책학회 춘계학술대회, 숭실대학교.

김석호 · 김태균 · 홍석철 · 정혜진 · 권현지, 2016, 『지속가능발전목표(SDGs) 이행을 위한 모니터링 체계 구축방안』, 통계개발원.

김승권 · 장영식 · 조흥식 · 차명숙, 2008, 『한국인의 행복결정요인과 행복지수에 관한 연구』, 한국보건사회연구원.

김욱 · 이이범, 2006, 「탈물질주의와 민주주의: 한국과 일본의 정치문화 변동」, 『한국정당학회보』 5(2), 89-124.

김형중, 2016, 「공맹 (孔孟) 이 제안하는 행복의 길-행복관의 분석과 그 현대적 적용을 중심으로」, 『유학연구』 37(단일호), 219-252.

마인섭 · 장훈 · 김재한, 1997, 「한국에서의 탈물질주의적 가치관의 등장과 사회적 균열구조의 변화」, 『한국과 국제정치』 13(3), 29-52.

메자키 마사아키(目崎雅昭), 2013, 『국가는 부유한데 나는 왜 행복하지 않을까』,

신창훈(역), 서울: 페이퍼로드.

배영 · 김인수, 2017, 「행복의 필요조건에 관한 한일 비교연구: 세대 및 주관적 계층에 따른 유사성을 중심으로」, 『한일군사문화연구』 23, 263-286.

백혜정 · 주영아, 2007, 「오늘의 청소년, 과연 행복한가?: 한국 청소년 행복지수 개발의 이론적 토대 및 국내외 관련 연구동향/토론」, 『한국청소년복지학회 춘계학술발표논문집』, 2007(단일호), 9-33.

사무엘 헌팅턴, 1997, 『문명의 충돌』, 이희재(역), 김영사.

성기중 · 박형, 1999, 「탈물질주의-진실인가, 허구인가?」, 『대한정치학회보』 7(2), 143-173.

송호근, 2006, 『한국의 평등주의, 그 마음의 습관』, 삼성경제연구소.

신승배 · 박병준, 2016, 「동아시아 4개국의 행복감 비교: 한국, 중국, 일본, 대만을 중심으로」, 『한중사회과학연구』 39(0), 229-257.

신승배 · 이정환, 2015, 「동아시아의 가족가치관과 행복감 비교: 한국, 중국, 일본 비교」, 『사회과학연구』 39(3), 279-310.

앤서니 기든스, 2009, 『현대사회학』, 김미숙 외(역), 을유문화사.

우성대, 2016, 『세계행복지도』, 간디서원.

윤명숙 · 김성혜, 2014, 「소방공무원의 직무 스트레스와 삶의 질 관계에 미치는 우울과 사회적지지의 다중매개 효과」, 『정신보건과 사회사업』 42(2), 5-34.

이광국 · 정하영, 2004, 「삶의 질 지수와 적정인구규모의 상관관계에 관한 연구 - 부산광역시 자치구단위를 중심으로」, 『대한부동산학회지』 22, 137-151.

이민아 · 김지범 · 강정한, 2011, 「동거형태와 한국노인의 삶의 질 만족도」, 『보건과 사회과학』 29, 41-67.

이상호, 2009, 「오복(五福) 개념을 통해 본 유교의 행복론」, 『동양철학연구』 60, 133-161.

이재열, 2014, 「한국인의 마음의 행로」, 한국사회학회 전기 학술대회, 카이스트-대전.

이재혁, 1998, 「신뢰의 사회구조화」, 『한국사회학』, 32, 311-335.

임희섭, 1996,「삶의 질의 개념적 논의」,『한국행정학회』 5(1), pp.1-14.

전신현, 1996,「청소년의 삶의 질에 관한 경험적 연구」,『한국청소년연구』, 25, 63-82.

전종우 · 최용훈, 2013,「한국인과 일본인이 인식하는 문화 차원의 유형과 소비자 문화의 차이」,『광고학연구』 24(1), 251-270.

조권중 · 변미리 · 최지원, 2009,「서울 도시 사회의 질(Social Quality) 연구」,『서울연구원 정책과제연구보고서』, 1-178.

조황희 · 이윤준 · 강희종 · 서지영 · 한웅규, 2007,『비전 2030 실현을 위한 기술기반 삶의 질 종합계획 수립연구』, 과학기술부.

페리 앤더슨, 1990,『절대주의 국가의 계보』, 함택영 외(역), 경남대학교 출판부.

한국은행, 2016, 한국의 행복지수, 보도자료.

한준 · 김석호 · 강석훈 · 홍종호 · 서은국, 2011,『국민 삶의 질 측정을 위한 분석틀』, 통계개발원.

홍희숙 · 이수경, 2007,「탈물질주의 및 물질주의 가치에 따른 웰빙 라이프스타일의 차이」,『한국의류학회 학술발표논문집』 134.

Allardt, Erik. (1976). "Dimensions of welfare in a comparative Scandinavian study," *Acta Sociologica,* 19: 227-239.

Bauer, Raymond A. Ed. (1966). *Social Indicators*, Cambridge, Mass./London: The M.I.T. Press.

Beck, U. (2014). The brave new world of work. John Wiley & Sons.

Bellah, R. N., Madsen, R., Sullivan, W. M., Swidler, A., & Tipton, S. M. (2007). Habits of the heart: Individualism and commitment in American life. Univ of California Press.

Bok, Derek. (2010). The politics of happiness: What government can learn from the new research on well-being, Princeton University Press (추흥희 역. 2011.『행복국가를 정치하라』, 지안).

Brock, D. (1993). "Quality of life measures in health care and medical ethics," The quality of life, 95-132.

Campbell, Angus. (1974). "Quality of life as a psychological phenomenon," in *Subjective Elements of Well-being*, ed. B. Strumpel, Paris: OECD.

______. (1972). "Aspiration, satisfaction and fulfillment." pp. 441-446 in *The Human Meaning of Social Change*, edited by A. Campbell and P. Converse. New York: Russell Sage Foundation.

Cobb. C., W. (2000). Measurement Tools and the Quality of Life. (http://www.rprogress.org/publications/2000/measure_qol.pdf#search="measurement tool")

Cummins, R.A. (2000). "Objective and subjective quality of life: an interactive model," *Social Indicators Research*, 42(1), 55-72.

______. (1997). *The comprehensive quality of life scale (CoMQoL-A5) manual*. Toorak: Deakin University.

Diener, E.(1984). "Subjective well-being," *Psychological Bulletin*, 95, 542-575.

Diener, E., & Suh, E. (1997). "Measuring quality of life: Economic, social, and subjective indicators," Social indicators research, 40(1), 189-216.

Diener, Ed and Robert Biswas-Diener. (2008). *Happiness: Unlocking the Mysteries of Psychological Wealth*. Blackwell Publishing.

Diener, E., Suh, E. M., Kim-Prieto, C., Biswas-Diener, R., & Tay, L. S., (2010). "Unhappiness in South Korea: Why it is high and what might be done about it," Seoul, Korean Psychological Association.

Donald light, Suzanne Keller, and Craig Calhoun, *Sociology*(fifth edition), New York: Alfred A. Knopf.

Donovan, N. & D.S. Halpern, (2003). Life Satisfaction: The State of Knowledge and Implications for Government. Prime Minister's Strategy Unit.

Durkheim, E. (1884). The division of labor in society. Journal des Economistes, 211.

Easterlin, Richard A. (1995). "Will Raising the Incomes of All Increase the Happiness of All?," *Journal of Economic Behavior & Organization*, vol. 27, no. 1.

______. (1974). "Does Economic Growth Improve the Human Lot?" in Paul A. David and Melvin W. Reder, eds., *Nations and Households in Economic Growth: Essays in Honour of Moses Abramovitz*, Academic Press.

Easterlin, Richard A & Laura Angelescu. (2012). "Modern Economic Growth and Qulity of Life: Cross-Sectional and Time Series Evidence. In Kenneth C. Land, Alex C. Michalos, M. Joseph Sirgy. Handbook of Social Indicators and Quality of Life Research. Springer.

______. (2009) "Happiness and Growth the World Over: Time Series Evidence on the Happiness-Income Paradox" IZA(The Institute for Study of Labor) Discussion Paper.

Erikson, Robert. (1993). "Descriptions of inequality: The Swedish approach to welfare research." Pp. 67-83 in *The Quality of Life*, edited by M. Nussbaum and A. Sen. New York: Oxford University Press.

______. (1974). "Welfare as a planning goal." *Acta Sociologica* 17: 273-288.

Fallowfield, Lesley. (1990). *The Quality of life*. London: Souvenir.

Festinger, L. (1954). "A theory of social comparison processes," Human relations, 7(2), 117-140.

Flanagan, Scott. (1982), "Changing Values in Advanced Industrial Societies: Inglehart's Silent Revolution from the Perspective of Japanese Findings," *Comparative Political Studies,* vol. 14, no. 4.

Francis Fukuyama. (1995). *Trust: The Social Virtues and the Creation of Prosperity*, New York: Free Press.

Frank, Robert. (1999). *Luxury Fever: Money and Happiness in an Era of Excess,* Princeton University Press (이한 역. 2011. 『사치 열병: 과잉 시대의 돈과 행복』, 미지북스).

______. (1986). *Choosing the Right Pond: Human Behavior and the Quest for Status*. Oxford University Press.

Frey, Bruno S. and Alois Stutzer. (2002). *Happiness and Economics,* World economics (김민주, 정나용 역. 2008. 『경제학, 행복을 말하다』, 예문).

Gerson, E.M. (1976). "On quality of life," *American Sociological Review*.

41, 793-806.

Glatzer, Wolfgang. (2012). "Cross-national comparisons of quality of life in developed nations, including the impact of globalization," Kenneth C. Land, Alex C. Michalos, M. Joseph Sirgy. Handbook of Social Indicators and Quality of Life Research. Springer.

Granovetter, M. S. (1973). "The strength of weak ties," American Journal of Sociology, 78(6), 1360-1380.

Helliwell, John and Robert D. Putnam. (2004). "The social context of well-being," *Philosophical Transactions of Royal Society: Biology*. 359: 1435-1446.

Hacker, J. S. (2006). The great risk shift: The new economic insecurity and the decline of the American dream. Oxford University press.

Haybron, D. M. (2000). "Two philosophical problems in the study of happiness," Journal of Happiness Studies, 1(2), 207-225.

Kim, Hisam and Fumio Ohtake. (2014). "Status Race and Happiness: What Experimental Surveys Tell Us," *KDI Policy Study*, 2014-01.

Kenneth C. Land, Alex C. Michalos, M. Joseph Sirgy. (2012). Handbook of Social Indicators and Quality of Life Research. Springer.

Layard, Richard. (2005). *Happiness: Lessons from a New Science,* Penguin, UK (정은아 역. 2011.『행복의 함정: 가질수록 행복은 왜 줄어드는가』, 북하이브).

Mishan, E. J. (1967). *The Costs of Economic Growth*. New York: F. A. Praeger.

Myers, D. G., and Diener, E. (1995). "Who is happy?" *Psychological science*, 6(1), 10-19.

Nisbet, R. E. (2003). The geography of thought. N. Brealey Publishing, London.

Noll, Heinz-Hervert. (2004). "Social Indicators and Quality of Life Research: Background, Achievements and Current Trends", Genov, Nicolai Ed. Advances in Sociological Knowledge Over Half a Century. Wiesbaden: VS Verlag fuer Sozialwissenschaften.

Pierre Bourdieu(1986), "The Forms of Capital," in John G. Richardson, *Handbook of Theory and Reseach for Sociology of Education*, New York:

Greenwood, pp. 241-258.

Pigou, A.C. (1929). "The monetary theory of the trade cycle," *Economic Journal*, 39(154): 183-94.

Putnam, Robert. (2000). Bowling Alone: The Collapse and Revival of American Community. Simon and Schuster.

Ronald Inglehart(1997), Modernization and Postmdernization: Cultural, Economic, and Political Change in 43 Societies, CA: Princeton University Press.

Ryff, C. D.(1989). Happiness is everything or is it? Explorations on the meaning of psychological well-being. *Journal of personality and Social Psychology*, 5, 1069-1081.

Sachs, J. D. (2015). Investing in social capital, World Happiness Report, 152-166.

Sarracino, Francesco. (2010). "Social capital and subjective well-being trends: Comparing 11 western European countries," *The Journal of Socio-Economics*, 39, 482-517.

Scanlon, T. (1993). "Value, desire, and quality of life," The quality of life, 1(9), 185-201.

Schneider, M. (1976). The "quality of life" and social indicators research. *Public Administration Review*, 36, 297-305.

Sen, Amartya. (1993). "Capability and well-being." pp. 30-53 in *The Quality of Life*, edited by M. Nussbaum and A. Sen. New York: Oxford University Press.

______. (1992). *Inequality Re-examined*, Oxford: Clarendon Press.

______. (1985). "Well-being, Agency and Freedom: the Dewey Lectures," *Journal of Philosophy*, 82(4), 169-221.

Simmel, G. (1971). Group expansion and the development of individuality.

Stiglitz, Joseph E., Amartya Sen & Jean-Paul Fitoussi. (2009). Report by the Commission on the Measurement of Economic Performance and Social Progress, Paris: Commission on the Measurement of Economic Performance and Social Progress.

Trewin, D. (2001). Measuring Wellbeing, Australian Bureau of Statistics.

UN. (2012). World Happiness Report.

(http://worldhappiness.report/wp-content/uploads/sites/2/2016/03/HR-V1_web.pdf)

Van Dethe, Jan. W. (1983), "The Persistence of Materialist and Post-Materialist Value Orientations," *European Journal of Political Research*, vol. 11.

Veenhoven, Ruut. (2002). "Why Social Policy Needs Subjective Indicators", *Social Indicators Research*, 58, 33-45.

______. (2000). "The four qualities of life. Ordering concepts and measures of the good life." *Journal of Happiness Studies,* 1, 1-39.

______. (1988). The utility of happiness. Springer.

Vesan, P. and Bizzotto, G. (2011). Quality of life Europe: conceptual approaches and empirical definitions, 108, LABORatorio R. Revelli, Centre for Employment Studies.

Walker, A. and Maeson, L. van der, eds. (2003). The Social Quality of Europe. Kluwer Law International, The Hague, Netherlands., Cited in Phillips and Berman.

Wallace, C., and Abbott, P. (2009). "The consequences for health of system disintegration in the commonwealth of independent states," Paper given at the European Sociological Association Conference, Lisbon, September.

White, K., & Lehman, D. R. (2005). "Culture and social comparison seeking: The role of self-motives," Personality and Social Psychology Bulletin, 31(2), 232-242.

Zapf, Wolfgang. (1984). "Individuelle Wohlfahrt: Lebensbedingungen und wahrgenommene Lebensqualität [Individual welfare: Living conditions and perceived quality of life]," in Lebensqualität in der Bundesrepublik. Objektive Lebensbedingungen und subjektives Wohlbefinden, edited by W. Glatzer and W. Zapf. Frankfurt: Campus.

『국민일보』 2015년 2월 8일 보도기사.

『연합뉴스』 2015년 4월 24일 보도기사.

『조선일보』 2016년 3월 17일 보도기사.

『한겨레신문』 2015년 8월 30일 보도기사.

한 준(韓準)

서울대학교 사회학과 졸업
서울대학교 대학원 사회학과 졸업(사회학 석사)
스탠포드대학교 대학원 사회학과 졸업(사회학 박사)
현재 연세대학교 사회학과 교수

김석호(金碩鎬)

성균관대학교 사회학과 졸업
성균관대학교 대학원 사회학과 졸업(사회학 석사)
시카고대학교 대학원 사회학과 졸업(사회학 박사)
현재 서울대학교 사회학과 교수

김옥태(金沃泰)

서울대학교 언론정보학과 졸업
서울대학교 대학원 언론정보학과 졸업(언론학 석사)
인디애나대학교 대학원 텔레커뮤니케이션학과 졸업(매스컴학 박사)
현재 한국방송통신대학교 미디어영상학과 교수

배 영(裵泳)

연세대학교 사회학과 졸업
연세대학교 대학원 사회학과 졸업(사회학 박사)
현재 숭실대학교 정보사회학과 교수

아 | 산 | 재 | 단 | 연 | 구 | 총 | 서

1 전환기의 중국경제
김윤환 외 | 단국대 경제학과

2 폴란드 경제의 변천 개혁과 그 전망
김광수 | 숭실대 경제학과

3 재소한인
이광규 외 | 서울대 인류학과

4 소련산림과 임업
홍성천 외 | 경북대 임학과

5 아세안의 정치경제
김국진 외 | 외교안보연구원

6 태국의 사회변동과 경제발전
최석만 외 | 전남대 사회학과

7 중국의 사회경제 통계분석
신한풍 외 | 고려대 통계학과

8 중국의 정치와 경제
박두복 외 | 외교안보연구원

9 동유럽의 개혁과 시장경제의 도입
허만 외 | 부산대 사범대학

10 동유럽의 개혁운동
박영신 | 연세대 사회학과

11 현대 러시아 연구
기연수 외 | 한국외대 노어과

12 전략적 선택과 기업의 국제경쟁력
이장호 | 서강대 경영대학

13 협동사회의 정착과 정부의 역할
이종범 외 | 고려대 행정학과

14 한국 제조기업 생산성의 동적 분석
노부호 외 | 중앙대 경영대학

15 분배의 정의
변형윤 외 | 서울대 경제학과

16 도덕적 행동의 강화
이훈구 외 | 연세대 심리학과

17 관료부패와 통제
김해동 외 | 서울대 행정대학원

18 한국경제의 내실 있는 성장
정창영 외 | 연세대 경제학과

19 한국국민정신운동의 역사와 발전방향
박수명 외 | 부산대 사범대학

20 한국대학생의 가치성향과 상담효과
이영희 외 | 숙명여대 교육학과

21 가출청소년과 학교관리체제
안창규 외 | 부산대 교육학과

22 동북아 정세변화와 한·일관계
한승조 외 | 고려대 정치외교학과

23 언론과 부정부패
정대철 외 | 한양대 신문방송학과

24 한국의 고등학교 교육
이원호 외 | 부산대 교육학과

25 가족과 방송
김학수 외 | 서강대 신문방송학과

26 재정개혁의 전망과 재산세제의 개편과제
오연천 | 서울대 행정대학원

27 청소년을 위한 전자게임 프로그램의 규제 및 평가체계 개발
박혜원 외 | 울산대 가정관리학과

28 정신장애자 가족의 사회심리적 특성
이근후 외 | 이화여대 의과대학

29 가족의 관계역동성과 문제인식
이광규 외 | 서울대 인류학과

30 현대인과 한국전통음식
승정자 | 숙명여대 식품영양학과

31 기업의 초고속정보통신망활용
안중호 | 서울대 경영학과

32 지역발전을 위한 교육자치제의 개선방안
김남순 | 조선대 사범대학

33 전환기의 공무원 가치관
조경호 | 울산대 행정학과

34 지방자치와 사회복지의 과제
김영모 | 중앙대 사회복지학과

35 WTO체제하의 지방중소기업 지원정책
최명주 외 | 계명대 통상학부

36 현대한국의 시민운동
이효선 | 중앙대 사회학과

37 기업 세계화의 단계 및 정도의 측정
허영도 외 | 울산대 경영학과

38 가족복지를 위한 가족주치의 시범사업의 효과
이혜리 외 | 연세대 가정의학교실

39 한국대학생의 삶의 만족도
김재은 외 | 이화여대 교육심리학과

40 지역경제와 지역산업구조의 개편방향
정기화 외 | 전남대 경제학부

41 중국기업의 소유형태별 경영특성
노철화 외 | 부산대 무역학과

42 남북한의 인성·사상교육
한승조 외 | 고려대 정치외교학과

43 연계적 뇌기능 조언을 위한 의료용 멀티미디어 시스템의 설계
유선국 | 연세대 의용공학교실

44 다민족국가의 민족문제와 한인사회
최협 외 | 전남대 인류학과

45 저소득층지역 청소년 여가문화와 소집단 활성화
박문수 외 | 서강대 사회학과

46 삶의 질의 국제비교와 지역간 비교분석
이재기 외 | 울산대 경제학과

47 21세기 지역주민의 삶의 질
양종회 외 | 성균관대 사회학과

48 삶의 질에 대한 국가간 비교
조명한 외 | 서울대 심리학과

49 외국인 노동자의 노사관계와 사회적 적응
석현호 외 | 성균관대 사회학과

50 한국의 사법제도와 발전 모델
정종섭 | 건국대 법학과

51 고령화사회와 중상층 노인의 사회활동
조성남 외 | 이화여대 사회학과

52 한국의 서비스 시장 개방정책
한홍렬 | 한양대 경제학부

53 한국과 AFTA간의 교역증진 및 경제 협력방안
손일태 외 | 경희대 경제통상학부항

54 물류비 절감을 위한 무역업체의 정보화전략
이영수 외 | 경북대 경제통상학부

55 사회주의 체제전환과 사회정책
오정수 외 | 충남대 사회복지학과

56 남북통일 이후 농업생산체계 개편
홍성규 외 | 건국대 농업경제학과

57 국제화와 세계화
하영선 외 | 서울대 외교학과

58 IMF 개혁정책의 평가와 한국경제의 신(新) 패러다임
조동근 | 명지대 경제학과

59 구조개혁과 실업대책
박동운 | 단국대 경제무역학부

60 21세기 신노사관계
심윤종 외 | 성균관대 사회학과

61 학교에서의 집단 따돌림
이춘재 외 | 가톨릭대 심리학과

62 한국노인의 정신건강실태와 건강증진
조맹제 외 | 서울대 의과대학

63 혁명과 개혁 속의 중국 농민
김광억 | 서울대 인류학과

64 중국의 경제환경과 한국기업의 진출 전략
지용희 외 | 서강대 경영학과

65 김대중 대통령의 시스템 사고
김동환 | 중앙대 공공정책학부

66 실업과 가족해체
최일섭 외 | 서울대 사회복지학과

67 합리적 부채비율 조정방안
오상근 | 동아대 경제학과

68 한국 중산층의 생활문화
문숙재 외 | 이화여대 소비자·인간발달학과

69 계층간 갈등상태에서 최적소득세
김진욱 | 건국대 경상학부

70 글로벌 경쟁력 제고를 위한 기업전략과 조직구축
이만우 외 | 고려대 경영학과

71 의료보험과 국민연금의 관리효율화를 위한 통합방안
사공진 외 | 한양대 경제학부

72 정부개혁의 과제와 전략
박우서 외 | 연세대 행정학과

73 책임운영기관 제도에 관한 비교분석
김근세 | 가톨릭대 행정학과

74 새로운 패러다임하에서의 한국기업의 바람직한 지배구조
최운열 외 | 서강대 경영학과

75 현대 한국사회의 계층구조
양춘 외 | 고려대 사회학과

76 한국의 산업정책과 산업구조조정
강인수 | 숙명여대 경제학부

77 기업구조조정
김석진 | 경북대 경영학부

78 지식경영을 위한 인적자원 개발 및 관리체계
장영철 | 경희대 경영학부

79 뉴 비즈니스 모델
전성현 | 국민대 정보관리학부

80 중산층의 정체성과 소비문화
함인희 외 | 이화여대 사회학과

81 외국관광객 유치를 위한 마케팅 전략
박상규 | 강원대 경영학과

82 한국인의 세대별 문학의식
이동순 | 영남대 국문과

83 공공부문의 효율성 평가와 측정
김재홍 외 | 울산대 사회과학부

84 한국 청소년의 정치의식과 형성요인
김광웅 외 | 숙명여대 아동복지학과

85 한국 대학생의 정치의식
배한동 | 경북대 윤리교육과

86 산업의 정보화와 산업발전
이기동 | 계명대 통상학부

87 한국 제조업의 고용조정 분석
이종원 외 | 성균관대 경제학부

88 지식자산에 대한 경영전략적 평가모형 개발
배재학 외 | 울산대 컴퓨터 · 정보통신공학부

89 관광사업을 위한 한국적 이미지의 휴식복 개발
채금석 | 숙명여대 의류학과

90 한국 정치제도의 개혁
신정현 | 경희대 사회과학부

91 e비즈니스와 아웃소싱 전략
정승화 외 | 연세대 경영학과

92 집단 따돌림의 진단 및 치료방안
홍준표 | 중앙대 인간생활환경학과

93 16대 총선과 낙선운동
조기숙 | 이화여대 국제대학원

94 부동층 유권자 행태 분석
진영재 | 연세대 정치외교학과

95 사이버 공동체의 성공요인
이재관 | 숭실대 경영학부

96 온라인 소비자 행동의 이론과 실증
윤성준 | 경기대 경영학부

97 글로벌 시대 정약용 세계관의 가능성과 한계
차성환 | 한일장신대 역사사회학과

98 러시아의 체제전환 과정에서 나타난 국가의 역할과 그 전망
이상민 외 | 부산대 정치외교학과

99 남북한의 경제발전 수준과 산업구조 비교, 그리고 경제교류 협력방향
주성환 | 건국대 경제학과

100 집단따돌림과 교육해체
한준상 | 연세대 교육학과

101 공적연금제도의 효율성과 개선방안
유금록 | 군산대 행정복지학부

102 벤처기업-대기업의 성공적인 협력 모델
나중덕 | 경산대 경영학과

103 북한의 재외동포정책
조정남 외 | 고려대 정치외교학과

104 사이버 공동체 형성의 역동적 모형
장용호 | 서강대 신문방송학과

105 기업이론과 기업의 소유지배구조
김일태 외 | 전남대 경제학부

106 가축분뇨 자원화를 위한 공동이용조직에 대한 농가선호도 분석
유덕기 | 동국대 생명자원경제학과

107 개혁정책과 전문가 집단
이경원 외 | 제주대 행정학과

108 현대 한국사회의 이중가치체계
신수진 외 | 이화여대 가정관리학과

109 한국의 산업구조 변화와 기업집단 다각화 전략
김용학 외 | 연세대 사회학과

110 지식정보사회의 경제적 모형 설정 및 사례 연구
김범환 | 배제대 경영정보학부

111 변호사징계제도
오종근 | 한림대 법학부

112 인터넷 특허법
김순석 | 광주대 법학과

113 e-비즈니스 시대의 금융 및 재정정책의 새로운 패러다임
이종욱 | 서울여대 경제학과

114 청소년의 하위문화와 정체성
조성남 | 이화여대 사회학과

115 디지털금융시대의 금융구조변화와 정부규제 및 정책
이충열 | 고려대 경제학부

116 지식경영을 위한 기업의 조직설계방안
김경수 외 | 전남대 경영학과

117 전자금융의 발달과 경제정책의 새로운 패러다임
이명훈 | 명지대 경제학과

118 동아시아의 안보와 유엔체제
강성학 편저 | 고려대 정치외교학과

119 유료 치매노인 그룹홈의 개발과 관련 정책
최정신 외 | 가톨릭대 소비자 · 주거학과

120 소비자 지향적 문화산업 정책
홍영준 | 호남대 광고홍보학과

121 국제 · 국가 · 지방 환경규제의 연계
정준금 외 | 울산대 행정학과

122 현행 회사 합병 · 분할제도의 평가와 개선방안
옥무석 외 | 이화여대 법학과

123 배려지향적 도덕성과 정의지향적 도덕성
정옥분 외 | 고려대 사범대학

124 기업구조조정에 대한 채권금융기관 및 금융감독기관의 역할과 책임
이중기 | 한림대 법학과

125 실업대책으로서 한국의 법정기준근로 시간 단축
박영범 | 한성대 경제학과

126 프랑스어의 비분리성 소유개념 표현
노윤채 | 연세대 언어정보연구원

127 지방채의 효율적 관리방안
강태구 | 호원대 법행정학부

128 21세기 산업구조 변화와 과학기술정책
임채성 외 | 그리스도신학대 경영정보학부

129 인터넷 쇼핑몰 이용자의 불평행동
예종석 | 한양대 경영학부

130 한국기업의 성과급제도 현황, 효과 및 개선방안
김성수 | 서울대 경영학과

131 전자상거래와 소비자보호
서민교 외 | 경일대 인터넷국제통상학과

132 평생학습 사회에서의 인적자원개발을 위한 사회적 파트너십 구축
김영화 | 홍익대 교육학과

133 한국 공교육의 새로운 구상과 전략
권대봉 외 | 고려대 교육학과

134 한국의 정부개혁
김태룡 | 상지대 행정학과

135 지방정부 생산성 측정의 이론과 실제
이은국 외 | 연세대 행정학과

136 불가 시문학론
배규범 | 경희대 학술연구 교수

137 남북경제교류의 법적 문제
제성호 | 중앙대 법학과

138 경제위기와 청소년 발달
구인회 | 서울대 사회복지학과

139 생명과학기술의 응용과 기본권보호적 한계
정상기 외 | 한남대 법학과

140 경제발전과 정치환경의 한 · 일 비교분석
정갑영 외 | 연세대 동서문제연구원

141 한국 공교육의 진단
윤정일 외 | 서울대 교육학과

142 우리나라 지방자치 발전을 위한 자치단체장의 역할
정성호 외 | 경기대 사회과학부

143 의료보험제도의 개혁방안
권순원 | 덕성여대 경제학과

144 중등 도덕교육의 현실과 문제
손동현 외 | 성균관대 철학과

145 사이버공동체 발전론
이명식 | 상명대 경영학과

146 남북경협 확대에 대비한 북한 담보제도의 정비방안
박훤일 | 경희대 법과대학

147 한국 공무원 인사제도 개혁
김판석 | 연세대 행정학과

148 교사화법 교육
임칠성 외 | 전남대 국어교육과

149 세계화의 문화정치학
임혁백 외 | 고려대 정치외교학과

150 효과적인 e-SCM을 위한 의사결정 조정 시스템 모형
이원준 | 성균관대 경영학부

151 환경거버넌스
김종순 외 | 건국대 행정학과

152 자동차산업의 인적자원관리
이덕로 | 서원대 경영학부

153 한국과 영국 간 지식기반산업 비교
이명호 | 한국외대 경영학과

154 한국 벤처기업의 기술네트워킹 및 기술마케팅 전략
장영일 | 인제대 경영학부

155 회사변호사의 윤리
오승종 | 성균관대 법과대학

156 미디어교육론
이정춘 | 중앙대 신문방송학과

157 조선시대 서원과 양반
윤희면 | 전남대 역사교육과

158 환경문제와 철학
박찬국 | 서울대 철학과

159 노인보건복지 이론과 실제
김명 외 | 이화여대 보건교육학과

160 북한의 법체계
권재열 외 | 숭실대 법학과

161 생명공학기술의 안전성 확보에 관한 법적 고찰
이재협 | 경희대 법학부

162 청소년복지학
김성이 외 | 이화여대 사회복지학과

163 변화하는 세계, 변화하는 복지국가
조영훈 | 동의대 사회복지학과

164 의리의 윤리와 한국의 유교문화
김낙진 | 진주교대 도덕교육과

165 미국의 통상정책과 통상법
윤충원 | 전북대 무역학과

166 사회복지 프로그램 평가
김학주 | 경상대 사회복지학과

167 환경주의와 지속가능한 발전
정대연 | 제주대 사회학과

168 무역과 환경
김기흥 외 | 경기대 경제학부

169 산업계 유해폐기물의 위험과 관리
김금수 | 호서대 경상학부

170 백범 김구의 지적 계발과정 탐색
문용린 | 서울대 교육학과

171 태평양전쟁 발발 이후 일제의 인적 지배와 그리스도교계의 대응
윤선자 | 전남대 사학과

172 거버넌스 상황에서 갈등관리를 위한 대체적 분쟁해결제도
서순복 | 광주대 법정학부

173 시장경제의 유형과 민주주의
최배근 | 건국대 경상학부

174 일본고전소설 총론
김현정 | 국립한국전통문화학교

175 국어 교육을 위한 국어 문법론
이관규 | 홍익대 국어교육과

176 율곡의 군주론
전세영 | 부산교대 윤리교육과

177 동북아시아 환경협력
정서용 | 명지대 법학과

178 기후변화협약과 기후정책
신의순 외 | 연세대 경제학과

179 인터넷과 국제 학술정보 네트워크-하이퍼링크 분석
박한우 | 영남대 언론정보학과

180 국내 기업복지의 활성화 방안
최수찬 | 연세대 사회복지대학원

181 세계화와 인간안보
김우상 외 | 연세대 정치외교학과

182 세계문화유산 종묘 이야기
지두환 | 국민대 국사학과

183 한국 평생교육의 사회철학적 과제
곽삼근 | 이화여대 교육학과

184 강점모델
정순둘 | 이화여대 사회복지학과

185 글로벌시대의 계약법
박영복 | 한국외대 법과대학

186 배심제와 시민의 사법참여
안경환 | 서울대 법학과

187 동북아공동체
김재한 | 한림대 정치외교학과

188 정치 참여와 탈물질주의
김욱 | 배재대 정치외교학과

189 퍼지전문가회로망을 이용한 금융기관의 사이버 기업여신결정 지원시스템의 개발
권혁대 | 목원대 경영학과

190 환경정책과 환경법
송인성 | 전남대 지역개발학과

191 포스트모던 시대의 평생교육학
한숭희 | 서울대 교육학과

192 현대 한국인의 세대경험과 문화
박길성 외 | 고려대 사회학과

193 서구의 근로연계복지
김종일 | 건국대 사회복지학과

194 사회복지운동론
현외성 | 경남대 사회복지학과

195 외국의 역모기지 사례
유선종 | 건국대 부동산학과

196 옛이야기와 어린이문학
이지호 | 진주교대 국어교육학과

197 노인사회복지관광의 정책과제와 방안
김창수 | 경기대 관광학부

198 복지서비스의 민간위탁 시스템 분석
김순양 | 영남대 행정학부

199 새로운 빈곤층의 대두와 정부의 정책과제
김진욱 | 건국대 경제학과

200 문화행정론
김정수 | 한양대 행정학과

201 스칸디나비아 노인용 코하우징의 계획과 적용
최정신 외 | 가톨릭대 생활과학부

202 북한의 자연생태계
공우석 | 경희대 지리학과

203 통계로 이해하는 러시아
전홍찬 | 부산대 정치외교학과

204 사회복지법인의 경영과 회계
이동규 | 충남대 회계학과

205 의약분업 정책과정
차흥봉 | 한림대 사회복지학과

206 지역공동체와 평생교육
오혁진 | 동의대 평생교육학부

207 아동보호서비스의 실제
한미현 | 백석대 사회복지학부

208 그린마케팅
박재기 | 충남대 경영학부

209 아동권리와 아동복지
이혜원 | 성공회대 사회복지학과

210 국제 이주와 인도인 디아스포라
김경학 | 전남대 인류학과

211 질병과 의료의 사회학
조병희 | 서울대 보건대학원

212 북한이탈주민의 사회통합을 위한 지역복지실천의 모색
이기영 | 부산대 사회복지학과

213 치매노인케어론
조유항 | 초당대 간호학과

214 노인상담입문
서혜경 외 | 한림대 대학원 사회복지학과

215 '통일 이후 통일과정'으로서의 독일 통일영화
이준서 | 이화여대 독어독문학과

216 중국의 사회보장
오정수 | 충남대 사회복지학과

217 환경자원의 경제적 가치와 환경오염의 사회적 비용
김재홍 | 울산대 사회과학부

218 사회복지프로그램의 경제적 평가방법
박창제 외 | 상주대 사회복지학과

219 자유의지와 결정론
안건훈 | 강원대 철학과

220 심리학자들이 쓴 행복한 결혼의 심리학
채규만 외 | 성신여대 심리학과

221 현대 해석학 강의
양해림 | 충남대 철학과

222 한국인의 주거 빈곤과 공공주택
하성규 | 중앙대 도시 및 지역계획학과

223 IMF 경제위기와 한국 출산력의 변화
김두섭 | 한양대 사회학과

224 동아시아의 영토분쟁과 국제법
이석우 | 인하대 법학부

225 독일 복지국가와 사회복지서비스
정재훈 | 서울여대 사회사업학과

226 사회복지사를 위한 실용 비모수통계
엄명용 | 성균관대 사회복지학과

227 피해자학 연구
이윤호 | 동국대 경찰행정학과

228 광고언어창작론
박영준 외 | 부경대 국어국문학과

229 환경규제 패러다임의 전환
한철 | 한남대 법학과

230 고령사회의 노동환경변화와 고용시스템의 문제점 및 법적 대응
고준기 | 국립군산대 법학과

231 세계화와 소득불평등
이성균 외 | 울산대 사회과학부

232 유비쿼터스 사회의 이해
안중호 외 | 서울대 경영학과

233 국제환경책임법론
박병도 | 건국대 법학과

234 한국의 선거와 민주주의
윤종빈 | 명지대 정치외교학과

235 한국 시민운동의 구조와 동학
조대엽 외 | 고려대 사회학과

236 또래관계
송영혜 | 대구대 재활심리학과

237 해외 한국기업과 현지인 노동자
석현호 외 | 에스코이이학술문화재단

238 독일 국가복지에서 민간복지단체의 역할과 의미
차성환 외 | 한일장신대 사회복지학부

239 청정공학
조정호 | 동양대 생명화학공학과

240 한국전통연희론
심상교 | 부산교육대 국어교육학과

241 정신장애와 가족
서미경 | 경상대 사회복지학부

242 빈곤통계의 작성과 활용
김주환 | 동국대 정보통계학과

243 인터넷과 한국정치
강원택 | 숭실대 정치외교학과

244 북한의 시장경제이행
정영화 외 | 서경대 법학과

245 시스템사고로 본 지속가능한 도시
문태훈 | 중앙대 도시및지역계획학과

246 실버산업과 유비쿼터스 컴퓨팅
고일상 | 전남대 경영학부

247 재활상담과 사례관리
나운환 | 대구대 직업재활학과

248 영유아교육기관에서의 장애 이해 교육
유수옥 | 우석대 유아특수교육과

249 장애의 사회적 의미와 사회통합
박수경 | 대진대 사회복지학과

250 경제분석의 수리적 기초
조인성 | 공주대 경제통상학부

251 비영리부문의 비교연구
김승현 | 서울산업대 행정학과

252 고등교육경제학
반상진 | 전북대 교육학과

253 과학윤리교육의 이론과 방법
조희형 | 강원대 과학교육학부

254 결혼이민자가족의 이해
김오남 | 대불대 사회복지학과

255 동아시아 국가의 공공부조
신동면 | 경희대 사회과학부

256 특수아동 진단 및 평가
이나미 | 대불대 특수교육과

257 계약형 사회복지와 권리옹호시스템
이명현 | 경북대 상주캠퍼스 사회복지학과

258 실내공기질 및 위해성 관리
양원호 | 대구가톨릭대 산업보건학과

259 충남 방언 문법
한영목 | 충남대 국어국문학과

260 교육권론
노기호 | 군산대 법학과

261 도시경관계획론
임승빈 | 서울대 조경 · 지역시스템공학부

262 교통의 새로운 패러다임
김형철 | 경원대 도시계획 · 조경학부

263 노인의 삶의 질 향상을 위한 주거환경디자인
천진희 | 상명대 디자인대학 실내디자인전공

264 사회복지와 문화
박병현 | 부산대 사회복지학과

265 장애인복지의 이론과 실제
이선우 | 인제대 사회복지학과

266 창의성 개발을 위한 디자인교육 콘텐츠
김선영 | 인천가톨릭대 조형예술대학 환경디자인학과

267 구성주의 사회복지 실천 기술론
고미영 | 서울신학대 사회복지학과

268 장애아교육학
김기흥 | 부산교육대 유아교육과

269 지역사회복지와 자원부문
한상진 외 | 울산대 사회학과

270 환경관리회계
육근효 | 부산외국어대 회계학부

271 인권 관점에서 보는 장애인복지
유동철 | 동의대 사회복지학과

272 정신증상
송지영 | 경희대 의과대학병원 신경정신과

273 사이버공간의 사회심리학
이성식 외 | 숭실대 정보사회학과

274 노인에 대한 사회적 돌봄과 돌봄 서비스의 질 보장
최희경 | 신라대 가족노인복지학과

275 아동 심리치료의 실제
신현균 | 전남대 심리학과

276 사회복지와 위험관리
노충래 | 이화여대 사회복지전문대학원

277 국제 탄소시장의 이해
양승룡 | 고려대 식품자원경제학과

278 타자의 초상
신문수 | 서울대 영어교육과

279 한국정치와 환경정치
나정원 | 강원대 정치외교학과

280 북한이주민
윤인진 | 고려대 사회학과

281 음주의 사회경제적 비용
정우진 외 | 연세대 보건대학원

282 지방정치와 동북아 도시거버넌스
박재욱 | 신라대 행정학과

283 노숙인 복지론
남기철 | 동덕여대 사회복지학과

284 유럽통합과정과 지역협력
이규영 | 서강대 국제대학원

285 사회복지재정 연구
지은구 | 계명대 사회과학대학 사회복지학과

286 지역사회 교육개혁을 위한 시민사회 조직의 참여
김영화 | 홍익대 교육학과

287 복지사회를 대비한 국민연금의 구조개혁
박영석 외 | 서강대 경영학부

288 한미 FTA 지재권 협상에 따른 의약품 분야 사회후생 변화
오근엽 | 충남대 무역학과

289 산업입지, 환경 그리고 지역경제
이기동 외 | 계명대 국제통상학과

290 감성지능 개발을 통한 삶의 질 향상
김경수 외 | 전남대 경영학부

291 교육복지론
이용교 외 | 광주대 사회복지학부

292 인간과 행복에 대한 철학적 성찰
박찬국 | 서울대 철학과

293 유럽연합의 사회통합 사례와 교훈
이무성 | 명지대 정치외교학과

294 민영화와 사회후생
이상호 | 전남대 경제학부

295 북한의 교육학 체계 연구
최영표 외 | 동신대 교육대학원

296 한국 지속가능발전의 구조와 변동
정대연 | 제주대 사회학과

297 우리나라의 공익 연계 마케팅에 관한 연구
임승희 | 전주대 경영학부

298 시각장애인복지론
김영일 | 조선대 특수교육과

299 그린에너지와 환경촉매
정석진 | 경희대 화학공학과

300 취약학교 초등학생을 위한 온라인 보건 교육 프로그램
박경옥 | 이화여대 보건관리학과

301 신탁제도를 통한 고령자의 보호와 지원
최수정 | 서강대 법학전문대학원

302 사회적 약자계층에 대한 실태분석 및 정책방안
이은우 외 | 울산대 경제학과

303 한류 문화와 동북아 공동체
최혜실 | 경희대 국어국문학과

304 노동유연화와 해고보호법
권혁 | 부산대 법학전문대학원

305 사회복지 위험관리의 이해
박미은 | 한남대 사회복지학과

306 의료기관의 회계와 세무
노준화 | 충남대 경영학부

307 여성인적자원의 전문성 확보를 위한 경력개발
백지연 | 이화여대 국제사무학과

308 정신병리
강선경 | 서강대 신학대학원

309 바다의 반란 적조
윤양호 | 전남대 해양기술학부

310 한국 장애인 복지 발달사
이성규 | 서울시립대 사회복지학과

311 서양예술 속의 동양 탐색
진상범 | 전북대 독어독문학과

312 한국인의 도덕성 발달 진단
문용린 | 서울대 교육학과

313 영국정치와 국가복지
고세훈 | 고려대 공공행정학부

314 인간학적 사유를 여는 중도·중복장애 교육학
이숙정 | 단국대 특수교육과

315 개별화 교육과정
이소현 | 이화여대 특수교육과

316 인간의 긍정적 성품
권석만 | 서울대 심리학과

317 지방자치와 지역여성의 전망
이혜숙 | 경상대 사회학과

318 한국 현대 노년소설 연구
전흥남 | 한려대 교양학부

319 정보격차 해소를 위한 창의적 정보교육 프로그램
이영준 외 | 한국교원대 컴퓨터교육과

320 한국 가족과 젠더
손승영 | 동덕여대 교양학부

321 한국의 복지혼합
김진욱 | 서강대 신학대학원

322 사회자본과 자원봉사
김태룡 외 | 상지대 행정학과

323 농촌교육복지연구
박삼철 | 단국대 교양학부

324 사회정체성 평가 차원에 대한 국제비교조사
이명진 | 고려대 사회학과

325 캐나다 복지국가 연구
조영훈 | 동의대 사회복지학과

326 한국의 소수자운동과 인권정책
전영평 외 | 서울대 행정대학원

327 한국과 미국의 보육서비스 전달체계와 품질 비교분석
김근세 외 | 성균관대 국정관리대학원

328 한국사회의 소득불평등과 국민 의료이용
이용재 | 호서대 사회복지학과

329 정보시대의 인간안보
조화순 | 연세대 정치외교학과

330 가족의 사회경제적 특성과 아동발달
김광혁 | 전주대 사회복지학과

331 초·중·고등학생의 학업소진 진행과정 및 경로분석
이상민 | 고려대 교육학과

332 다문화사회의 사법통역
이지은 | 이화여대 통역번역대학원

333 동아시아 지역주의
유현석 | 경희대 정치외교학과

334 환경친화적 공공시설관리와 지역공동체의 삶의 질
이소영 | 중앙대 실내디자인·주거환경학과

335 의료보험의 법정책
김나경 | 성신여대 법과대학

336 양극화 시대 가족해체와 청소년의 적응에 관한 한국과 미국의 비교 연구
오승환 외 | 울산대 사회복지학과

337 기업의 사회적 책임과 지역경제사회발전 연구
허영도 외 | 울산대 경영학부

338 노인의 삶의 질 향상을 위한 온라인 소셜 네트워크 구축 방안
김진우 | 연세대 경영학과

339 청소년 생활역량
윤명희 외 | 동의대 평생교육학과

340 외국인 배우자의 다양성과 국제결혼의 안정성
김두섭 | 한양대 사회학과

341 정보인권의 규범구체화
이민영 | 가톨릭대 법학과

342 한국 사회복지실천의 고유성
최성재 외 | 서울대 사회복지학과

343 스웨덴의 환경책임 실천모형
최희경 | 경북대 행정학부

344 자율운동과 주거공동체
윤수종 | 전남대 사회학과

345 한국인의 공공봉사동기
김상묵 | 서울과학기술대 행정학과

346 한국 이혼가정 아동의 성장
김혜숙 | 경인교육대 교육학과

347 동양 사상과 노인 복지
홍승표 외 | 계명대 사회학과

348 노동과 사회보장의 연계
오문완 | 울산대 법학과

349 학습장애 위험군 아동의 조기선별을 위한 읽기검사 표준화 연구
김애화 외 | 단국대 특수교육학과

350 신 · 재생에너지에 기초한 녹색성장과 사회통합
김인호 | 이화여대 법학전문대학원

351 문화교류역량과 다문화 경영이 기업 경영성과에 미치는 영향
임병학 외 | 부산외대 경영학부

352 빈곤영유아의 발달과 적응
정익중 외 | 이화여대 사회복지학과

353 민사법질서와 인권
양천수 | 영남대 법학전문대학원

354 성년후견제도와 사회복지제도의 연계
신권철 | 서울시립대 법학전문대학원

355 한국 다문화사회의 이방인
김순양 | 영남대 행정학과

356 현대 시민사회와 소비자계약법
이병준 | 한국외대 법학전문대학원

357 개인의 사회적 정보보호를 위한 공공 정보서비스 개선 연구
장항배 | 상명대 경영학과

358 여성교육투자에 대한 교육경제학적 탐색
백일우 외 | 연세대 교육학부

359 사회적 기업과 지속가능한 지역발전
임업 외 | 연세대 도시공학과

360 다문화가정 구성원에 대한 투트랙 한국어 교육방안 연구
박시균 | 군산대 국어국문학과

361 아시아의 빈곤과 한국기업의 역할
한인수 | 충남대 경영학부

362 유치원 · 초등학교 연계 환경교육
박희숙 | 공주대 유아교육학과

363 비정규 고용과 사회정책
구인회 외 | 서울대 사회복지학과

364 사생활의 자유에 관한 비교법적 연구
이창현 | 서강대 법학전문대학원

365 다중융합 환경 기반의 미디어스킨을 활용한 문화콘텐츠 디자인 적용방안에 관한 연구
오문석 외 | 광운대 미디어영상학부

366 북한이탈주민 여성의 성인식 관련 기초조사
한인영 외 | 이화여대 사회복지학과

367 노인주택 파노라마
유선종 | 건국대 부동산학과

368 시설보호 청년의 적응
정선욱 | 덕성여대 사회복지학과

369 다수 집단과 소수 집단의 심리
김혜숙 | 아주대 심리학과

370 바이오 휴머니티
권택영 | 경희대 영어학부

371 프랑스 다문화교육의 이해
이경수 | 상명대 불어교육과

372 한 · 중 서비스산업의 비교분석과 교역 확대 방안
김상호 | 리츠메이칸 아시아태평양대 국제경영학부

373 현대의학에 있어서 생명의 시간과 인간의 존엄
김학태 | 한국외대 법학전문대학원

374 0~3세 영유아의 영상물 과몰입 실태조사 및 정신건강증진 프로그램 개발과 적용
이경숙 | 한신대 재활학과

375 복지국가의 조세와 정치
양재진 외 | 연세대 행정학과

376 청소년기 자살행위 실태와 관련 요인
박선희 | 경희대 간호과학대학

377 기술혁신에 따른 지역 간 정보격차
최정혜 외 | 연세대 경영대학

378 한국 사회의 이중구조와 생애주기적 불평등
안상훈 편 | 서울대 사회복지학과

379 소비자의 친환경행동에 영향을 미치는 사회적 · 경제적 가치에 대한 고찰
송재기 | 텍사스테크대 경영학과

380 어머니 양육행동 관련 변인들과 유아 사회정서행동 간의 구조모형 분석
심숙영 | 숙명여대 원격대학원

381 조선족 여성, 동남아시아 여성 그리고 새터민의 적응 유형 분석 및 삶의 질 향상 방안 모색
정태연 | 중앙대 심리학과

382 세계의 연금, 한국의 연금
허만형 | 중앙대 공공인재학부

383 노인요양원과 문화 변화
최재성 | 연세대 사회복지학과

384 시민사회와 국제개발협력
손혁상 | 경희대 공공대학원

385 복지국가의 변화와 빈곤정책
김윤태 | 고려대 사회학과

386 다문화가정의 미디어 이용과 사회적 자본의 관계
진창현 | 경기대 경영학과

387 사회진출 대졸 초년생의 탄력성 변화 양상
이상민 | 고려대 교육학과

388 사회자본과 경제발전 그리고 정부의 질
도수관 | 대구가톨릭대 행정학과

389 망명과 귀환이주
서장원 | 고려대 독일문화학과

아 | 산 | 재 | 단 | 연 | 구 | 보 | 고 | 서

1 한국인의 도덕성 연구
배해수 | 고려대 국문학과

2 산업화와 청소년 진로
이원호 | 울산대 교육학과

3 공동체의식과 시민운동
김영섭 | 한양대 행정학과

4 한국청년의 삶의 의미 충족도와 만족적 태도
안정수 | 경희대 철학과

5 중국조선족의 사회발전과 한·중관계의 위상
손장권 | 고려대 사회학과

6 해송림 "솔껍질깍지벌레"의 천적 및 주요 종의 생태
김규진 | 전남대 농생물학과

7 사회정의와 실천윤리
박종대 | 서강대 철학과

8 동구개혁의 영향
김달중 | 연세대 정치외교학과

9 한국청소년의 의식세계
김문조 | 고려대 사회학과

10 고강도 철근 콘크리트 구조의 실용화
정헌수 | 중앙대 건축학과

11 신기술의 연관형태 및 출현예측의 구조모형
권철신 | 성균관대 산업공학과

12 민간기업의 연구개발을 위한 조세정책
권영훈 | 한양대 경제학부

13 기술개발 활성화방안
송승구 | 울산대 화학공학부

14 부패의 현상과 진단
이문조 | 영남대 정치외교학부

15 연구투자의 지역적 편중화와 부산지역의 기초과학연구 활성화방안
윤웅찬 | 부산대 화학과

16 GATT의 신구 덤핑방지협정과 그 대응방안
전창원 | 동국대 무역학과

17 한국사회의 도덕성 제고를 위한 진단과 처방
황경식 | 서울대 철학과

18 새로운 노사관계 방향
이진규 외 | 고려대 경영학과

19 21세기 동북아 정세예측과 한국의 전략적 대응방안
최평길 외 | 연세대 행정학과

20 소련의 한국에 대한 정책목표분석
신승권 | 한양대 정치외교학과

21 메모리 커패시터용 $Pb(Zr_xTi_{1-x})O_3$ 강유전체 박막의 제작과 특성
장지근 외 | 단국대 전자공학과

22 러시아 국제법학의 전통
김용구 | 서울대 외교학과

23 유럽연합의 현황과 전망
김동현 외 | 성균관대 행정학과

24 중국의 정치동원
송영우 외 | 건국대 정치외교학과

25 산업적 활용을 위한 이동로보트 시스템의 개발
박민용 외 | 연세대 전자공학과

26 중국조선족의 정치사회화과정과 동화적 국민통합의 방향
전인영 외 | 이화여대 사회생활학과

27 공적부조의 이론과 실제
최일섭 외 | 서울대 사회복지학과

28 대외통상환경의 변화와 법제개편
서헌제 | 중앙대 법학과

29 기업금융의 국제화
최생림 | 한양대 경영학부

30 자동차부품공업의 노사관계
김호진 외 | 고려대 행정학과

31 산업화 과정에서의 한국가족의 실태와 전망
정창수 외 | 성균관대 사회학과

32 공무원 가치관 실태와 정립방안
배병룡 외 | 경상대 행정학과

33 해외귀국청소년의 국내적응연구
이장영 | 국민대 사회학과

34 초고속정보통신망에서 LAN서비스 제공방안
이재용 | 연세대 전자공학과

35 WTO체제의 정책적 대응
김병진 외 | 경희대 행정학과

36 유럽의 통합정치
최수경 외 | 충남대 정치외교학과

37 유기질폐기물을 이용한 고단백사료원인 조류의 생산공정
최정우 외 | 서강대 화학공학과

38 초고속정보통신망의 수용성과 정책방향
박영상 외 | 한양대 신문방송학과

39 중국의 강남사회와 한중교섭
조영록 외 | 동국대 사학과

40 세계화시대의 사회 · 문화의식
신행철 외 | 제주대 사회학과

41 국내 외국인 노동자의 문제와 대책
성규탁 외 | 연세대 사회복지학과

42 노인인력 활용정책과 프로그램
김정후 외 | 강원대 법과대학

43 한일간 학술교류 현황과 활성화방안
정홍익 외 | 서울대 행정대학원

44 계량모형에 의한 한일 경제관계의 이해
김명직 외 | 한양대 경제학부

45 직장인의 음주행태와 삶의 질
진기남 외 | 연세대 보건행정학과

46 유통정보 시스템의 구조와 설계
정용길 | 충남대 경영학과

47 남북통일 이후 사회통합을 위한 교육의 역할
안기성 외 | 고려대 교육학과

48 대중음악에 심취한 청소년들의 심리적 특성
김인경 외 | 연세대 인간행동연구소

49 멀티미디어 시스템을 활용한 교육환경의 개선방안
김한일 | 제주대 컴퓨터교육학과

50 탈냉전기 한일관계의 쟁점
최상룡 | 고려대 정치외교학과

51 자치시대 새로운 '삶의 질' 지표의 모색
김형기 외 | 경북대 경제통상학부

52 유럽통합의 역내외 협력과 갈등
이호재 외 | 고려대 정치외교학과

53 21세기를 대비한 신노사관계
김재원 | 한양대 경제학부

54 대학의 시간제학생 등록제
안규철 외 | 전남대 교육학과

55 21세기에 대비한 방송통신정책
한진만 외 | 강원대 신문방송학과

56 주민참여를 통한 혐오시설 관리운영방안
박균성 외 | 경희대 법학부

57 여성의 정치적 권리인식과 정치참여
전경옥 외 | 숙명여대 정치외교학과

58 한국인 위장질환과 식생활 · 환경요인 및 *H. pylori* 감염과의 관계
이양자 외 | 연세대 식품영양학과

59 학생과 시민의 자원봉사활동
윤정일 외 | 서울대 교육학과

60 동북아 환경문제와 지역환경협력의 모색
신연재 외 | 울산대 정치외교학과

61 노인 자원봉사활동을 통한 사회통합 프로그램 개발
김동배 | 연세대 사회복지학과

62 물류정보 시스템
김태현 | 연세대 경영학과

63 전자식 문서교환을 이용한 항공화물 운송체계
민재형 | 서강대 경영학과

64 청소년과 성
이근후 | 이화여대 의과대학

65 민족통합과 무궁화호 위성의 남북한 공동활용방안
방정배 | 성균관대 신문방송학과

66 채식주의가 20대 여성의 영양상태와 에스트로겐 대사에 미치는 영향
성미경 | 숙명여대 식품영양학과

67 가상정보공간을 통한 지역개발 활성화 전략
유재천 외 | 한림대 언론정보학부

68 조산아 관리현황 및 정책수립 방안
박상기 외 | 조선대 의과대학

69 남북한관의 의식조사와 통일교육 개선방안
김동규 외 | 고려대 북한학과

70 동양 전통 자연사상 탐구
장동순 | 충남대 환경공학과

71 초고속정보망의 시뮬레이터 구현
한기준 | 경북대 컴퓨터공학과

72 유통원가 시스템의 유효성
정다미 | 명지대 경영학과

73 국악과 문화관광의 만남
정익준 외 | 동아대 국제관광통상학부

74 기업의 지식경영 활용사례
김창은 | 명지대 산업공학과

75 선진국과 한국의 직업교육 · 훈련제도의 특성과 한계
정주연 | 고려대 경제학과

76 제주지역 성인 여성의 자원봉사활동
이상철 외 | 제주대 사회학과

77 M&A와 문화충돌 관리
박원우 | 서울대 경영학과

78 폐금속광산 인근 주민들의 중금속 오염실태
정종학 외 | 영남대 의학과

79 북한 농촌 · 농업실태와 인력자원개발 시스템을 통한 북한 농민의 구호방안
박성열 | 건국대 교육공학과

80 중소 소매점의 경쟁력과 소매성과
채명수 외 | 한국외대 무역학과

81 고령자를 위한 쾌적한 실내온도와 착의량의 설정
정운선 | 안동대 의류학과

82 지역문화 이벤트 PR
박종민 | 경희대 언론정보학부

83 인터넷 지역정보화의 실태와 전략
유평준 외 | 연세대 행정학과

84 여성 삶의 질 향상을 위한 사회교육 활성화 방안
김양희 | 중앙대 가족복지학과

85 벤처기업과 벤처금융
강대석 외 | 충남대 무역학과

86 구조조정기에 있어서 실업대책과 사회안전망 구축
박천익 | 대구대 경제학과

87 한국 유아의 조기교육
이명조 외 | 한국외대 교육대학원

88 남북한 경제공동체 형성전략
이상만 | 중앙대 경제학과

89 지방자치회계의 투명성과 주민의 알 권리
권찬태 외 | 경북대 경영학부

90 정치지도자의 정책리더십
이해영 | 경일대 행정학과

91 경제위기와 한국인의 복지의식
신광영 외 | 중앙대 사회학과

92 북한의 노동
김강식 | 한국항공대 경영학과

93 우리나라 중소기업의 정보기술 활용 현황과 경쟁력 강화를 위한 제안
정승호 | 부산외대 정보시스템학과

94 인간배아복제의 법적 · 윤리적 문제점과 그 해결방안
최병규 | 한경대 법학부

95 가치변화에 따른 투표행태
조찬래 외 | 충남대 정치외교학과

96 인터넷 경매에서의 계약체결과 소비자 보호
이기수 외 | 고려대 법과대학

97 세계화시대 남북한 통합의 방향과 과제
윤민재 | 서울대 사회발전연구소

98 글로벌 시대 지방정부의 문화마케팅 전략
박흥식 | 중앙대 행정학과

99 대졸여성실업의 실태분석 및 대학-노동 시장 간 효율적 연계방안
이은우 외 | 울산대 사회과학부

100 그린 투어리즘의 분석
이응진 | 대구대 관광학부

101 지방자치단체장의 부정부패
오일환 | 한양대 아태지역연구센터

102 산업화가 유교체제하 중국여성의 지위에 미친 영향
천성림 | 배재대 사회과학연구소

103 움직이는 말하기
유혜숙 외 | 나사렛대 교양학부

104 장애학생을 위한 특수교육공학의 활용
김용욱 | 대구대 중등특수교육과

105 지식기반사회의 평생교육 이해와 평생교육 프로그램 개발
박성열 | 건국대 교육공학과

106 N세대의 미술교육
김동철 | 대구교육대 미술교육학과

107 노후계획과 투자
권택호 | 여수대 국제통상학과

108 영화산업
양영철 | 경성대 연극영화학부

109 동유럽의 변혁과 언론의 역활
정대수 | 경남대 정치언론학부

110 환율, 임금, 물가가 국제경쟁력 및 수출입산업에 미치는 영향
하인봉 | 경북대 경제통상학부

111 일본기업의 기술혁신 전략
위정현 | 중앙대 상경학부

112 노후보장정책과 역저당연금제도
조덕호 외 | 대구대 행정학과

113 유비쿼터스 라이프와 미래 사회
김석수 | 한남대 멀티미디어공학과

114 죽음과 관련된 생명윤리적 문제들
구인회 | 가톨릭의과대 인문사회과학교실

115 경제적 세계화와 빈곤문제, 그리고 국가
김준현 | 한일장신대 인문사회과학부

116 한국의 세계불교유산
김종명 | 한국학중앙연구원 한국학대학원

117 복지레저서비스론
고태규 | 한림대 국제학부

118 자생적 철학체계로서 인간중심철학
선우현 | 청주교대 윤리교육과

119 전략적 통합과 한반도 평화체제
김승채 | 고려대 정책대학원

120 환경사법론
전경운 | 경희대 법학부

121 인터넷 자료를 통해 본 한국의 이혼 문화와 사회복지
성정현 외 | 협성대 사회복지학과

122 유럽연합의 사회정책에 관한 연구
문진영 | 서강대 신학대학원 사회복지학과

123 여성건강의 통합적 관점
김혜원 | 관동대 간호학과

124 복잡계 네트워크 과학
강병남 | 서울대 물리천문학부

125 경제적인 3세대 전원주택 개발
박근준 | 호서대 건축공학과

126 사회복지와 인적자원개발
이상일 | 인제대 국제경상학부